미래 금융 지도

미래 금융 지도

디지털 금융 트렌드와 넥스트 파이낸스

곽호경 지음

마인드빌딩

추천사

오늘날 디지털 기술은 우리의 일상은 물론 금융의 정의와 작동 방식까지도 근본적으로 바꾸고 있다. 전통적인 금융서비스는 플랫폼 기반 디지털 서비스로 빠르게 진화하고 있으며, 이는 단순한 기술 혁신을 넘어 금융의 가치와 접근 방식, 사용자 경험 전체를 새롭게 재편하고 있다.『미래 금융 지도』는 이러한 전환기 속에서 금융의 현재와 미래를 통찰력 있게 조망하며, 독자들이 변화의 흐름을 깊이 있게 이해할 수 있도록 안내하는 귀중한 이정표 역할을 하는 책이다.

이 책은 무엇보다도 디지털 금융이 어떻게 우리의 삶에 스며들고 있는지를 구체적이고도 체계적으로 설명한다. 디지털 금융서비스의 개념부터 시작해 그것이 실생활에 어떤 영향을 주는지, 그리고 이를 가능하게 만든 기술적·환경적 요소들은 무엇인지에 대해 탄탄한 논리를 바탕으로 풀어낸다. 이러한 접근은 독자들로 하여금 변화의 본질을 보다 선명하게 인식하게 해준다.

이어 금융산업 내부의 주요 플레이어들—기존 금융기관, 핀테크, 빅테크—의 디지털 전략을 분석하며, 이들이 어떻게 경쟁과 협력의 균형 속에서 미래 금융의 지형을 그려가고 있는지를 통찰한다. 이는 오늘날의 금융 환경이 더 이상 단일 주체에 의해 주도되지 않는, 복합적이고 동적인 생태계로 전환되고 있음을 잘 보여준다.

이 책의 인상적인 부분 중 하나는 글로벌 메가 트렌드의 총체적 분석이다. 오픈 파이낸스, 임베디드 금융, 슈퍼앱, 디지털자산, 녹색디지털금융,

BNPL 2.0, 전략적 파트너십 등 금융산업을 재편 중인 다양한 흐름을 명료하고 체계적으로 제시한다.

더불어 이 책은 단순히 현재의 트렌드에 머무르지 않고, AI, 블록체인, 클라우드, 빅데이터, 사물인터넷 등 차세대 금융서비스를 이끌 핵심기술들을 깊이 있게 다루고 있다. 특히 각 기술이 향후 금융산업에 어떤 방식으로 영향을 미칠 수 있는지에 대한 전망까지 함께 제시함으로써, 독자들은 단순한 이론 습득을 넘어 실제 산업의 변화를 읽어내는 통찰력을 갖출 수 있게 된다.

뿐만 아니라, 디지털 금융 시대가 가져올 규제 환경의 변화와 이에 대한 글로벌 차원의 대응, 그리고 정책적 프레임워크를 폭넓게 제시함으로써, 독자들은 글로벌 규제 체계 정비의 흐름과 주요 트렌드를 한눈에 파악하고, 그 배경과 방향성에 대한 통찰을 얻을 수 있다.

마지막으로, 디지털 금융 비즈니스 모델의 발전 양상과 혁신 사례들을 바탕으로, 미래 금융의 패러다임을 선도하는 전략적 모델들을 소개한다. 독자들은 이 과정에서 단순한 현황 파악을 넘어, 사례 속 혁신 금융기업들이 왜 시장을 선도하는지, 그리고 그들의 전략과 비즈니스 모델이 산업 전반의 방향성을 어떻게 재편하고 있는지를 폭넓게 이해하고, 실질적인 인사이트를 얻을 수 있다.

『미래 금융 지도』는 단순한 정보 제공서나 기술 해설서가 아니다. 금융의 본질적 변화를 다면적으로 탐색하고, 독자 스스로가 글로벌 금융 환경의 흐름을 통찰할 수 있도록 돕는 지식서이다. 이 책은 디지털 금융을 처음 접하는 독자에게는 훌륭한 입문서가, 실무자나 연구자에게는 미래 금융의 흐름을 주도적으로 이해할 수 있도록 돕는 지적 안내서가 되어줄 것이다. 급변하는 금융 환경 속에서 방향을 찾고자 하는 모든 이들에『미래 금융 지도』는 단연코 강력히 추천할 수 있는 저서이다.

이근주, 한국핀테크산업협회(핀산협) 회장

인생은 본질적으로 욕구를 충족해 나가는 연속적인 과정이라 할 수 있다. 욕구가 없는 삶은 상상하기 어렵다. 생존이라는 가장 근원적인 욕구로부터 출발하여, 더 풍요롭고 나은 삶에 대한 인간의 열망은 끊임없이 새로운 형태의 욕구를 만들어내고 있다. 인류 문명의 발전 역시 이러한 욕구 충족 수단의 진화 과정으로 이해될 수 있다.

　이러한 욕구 충족 수단의 발전 양상은 크게 두 가지 방향으로 구분된다. 첫째는 기존 수단의 성능과 효율성을 점진적으로 향상시키는 방식이며, 이는 차량이나 항공기와 같은 이동 수단의 발전에서 쉽게 찾아볼 수 있다. 둘째는 기존의 수단 자체를 불필요하게 만들어 욕구 충족의 경로를 근본적으로 전환하는 도약적 발전으로, 통신 기술의 비약적 발전을 통해 직접 이동하지 않고도 소통과 협업이 가능해진 현실이 대표적인 예이다.

　최근 금융산업에서 나타나는 변화는 근본적인 전환을 이끄는 도약적 발전의 대표적인 사례로 볼 수 있다. 사회 전반에 걸친 디지털 전환이 가속화됨에 따라, 금융산업은 구조적 변화를 경험하고 있으며, 최근 금융시장에서 일어나고 있는 혁신은 단순히 거래를 더 빠르고 편리하게 만드는 기술적 개선에 그치지 않는다. 오히려 기존의 절차와 구조를 불필요하게 만들며, 금융 욕구 충족의 과정을 본질적으로 단순화하는 방향으로 전개되고 있다.

기술의 발전은 과거 당연하게 여겨졌던 금융의 불편함 또한 해소하고 있다. 불필요한 절차와 비용을 수반하던 전통적 금융기관의 중개 역할은 점차 줄어들고 있으며, 자본의 조달과 공급, 투자위험의 관리, 자본 배분, 거래 및 결제와 같은 금융의 핵심 기능은 기술을 통해 독립적으로 수행될 수 있는 환경이 조성되고 있다. 이러한 변화로 인해 전통적인 금융기관의 역할은 빠르게 재정의되고 있으며, 기술에 기반한 새로운 금융서비스의 출현은 금융의 개념 자체에 대한 근본적인 재해석을 요구하고 있다. 지금 우리는 단순히 금융의 변화를 목도하는 것을 넘어, 금융서비스의 본질을 다시 정의해야 하는 변곡점에 서 있는 것이다.

이러한 시대적 흐름 속에서, 『미래 금융 지도』는 금융이 나아가고 있는 방향성과 핵심 트렌드를 체계적으로 조망함으로써, 우리에게 '앞으로의 금융은 어떤 모습이어야 하는가'라는 질문에 실질적인 답을 제시해주는 탁월한 저서이다. 이 책은 디지털 기술이 어떻게 금융산업의 구조를 변화시키고 있는지를 다층적인 시선으로 탐색한다. 인공지능AI, 블록체인, 클라우드 컴퓨팅, 빅데이터, 사물인터넷 등 오늘날 금융을 둘러싼 기술적 기반을 하나

하나 짚어가며, 각 기술이 금융산업에서 어떤 식으로 응용되고, 어떠한 파급 효과를 낳고 있는지를 세심하게 풀어낸다.

특히 이 책이 돋보이는 점은, 기술적 요소들을 단순히 나열하거나 소개하는 데 그치지 않고, 해당 기술들이 실제 금융 비즈니스 모델 내에서 어떻게 구체적으로 구현되고 있는지를 다양한 실증 사례를 바탕으로 심층적으로 분석하고 있다는 점이다. 글로벌 선도 금융기업들의 디지털 전환 전략은 물론, 첨단 기술을 기반으로 급부상한 테크핀 및 핀테크 기업들의 비즈니스 모델 등을 생동감 있게 조망함으로써, 독자들에게 이론을 넘어선 실질적이고도 전략적인 인사이트를 제공하고 있다.

더불어, 미래 금융의 지형을 결정짓는 주요 변수들을 통찰력 있게 분석한 것도 인상적이다. 기술의 발전과 함께 도래한 규제 이슈, 디지털 격차로 인한 접근성 문제, 개인정보 보호와 보안, 탈중앙화 금융DeFi 확산에 따른 기존 금융 체계의 위상 변화 등 단순히 기술과 시장의 문제를 넘어서 사회·정치적 맥락까지 고려하여 금융의 미래를 입체적으로 성찰하고 있다는 점에서 이 책은 그 깊이가 남다르다.

저자는 복잡하고도 방대한 금융의 전환기를 놀라울 정도로 명료한 언어로 풀어낸다. 다소 생소할 수 있는 디지털 금융의 개념들을 독자의 눈높이에 맞추어 설명하며, 독자가 스스로 사고를 확장해 나갈 수 있도록 이끈다. 이 책은 단순한 정보 제공서가 아니라, 독자 스스로가 넓은 시야에서 금융의 미래를 형성해가는 흐름을 조망하고, 그 속에서 미래 금융의 방향성을 인식하고 성찰할 수 있도록 이끄는, 전략적인 관점을 담은 저서라 할 수 있다.

『미래 금융 지도』는 지금 이 순간에도 변화하고 있는 디지털 금융 생태계를 정확히 이해하고자 하는 모든 이들에게 강력하게 권하고 싶은 책이다. 금융업계에 종사하지 않는 일반 독자들도 이 책을 통해 디지털 금융의 흐름과 본질을 쉽게 이해할 수 있으며, 정책 입안자, 투자자, 창업가, 연구자 등 다양한 분야의 독자들에게도 유의미한 인사이트를 제공할 것이다. 변화의 중심에서 '앞을 내다보는 눈'을 갖고자 하는 사람이라면 반드시 읽어야 할 필독서이다.

미래를 대비하기 위해 필요한 것은 정보 그 자체보다, 변화의 흐름을 읽고 그것을 나만의 전략으로 해석할 수 있는 힘이다. 『미래 금융 지도』는 바로 그 해석의 틀을 제공하는 귀중한 나침반이며, 디지털 금융 시대의 의미 있는 동반자가 되어줄 것이다.

이인석, 한국예탁결제원 상임이사

빠르게 변화하는 금융 환경 속에서, 기술과 금융의 융합은 기존의 금융 개념과 시스템에 새로운 전환을 촉진하고 있으며, 전통적인 틀을 넘어서는 구조적 변화가 불가피한 상황이다. 하지만 이러한 변화는 종종 일반 독자들에게는 난해하고 복잡하게 느껴지기 마련이다. 『미래 금융 지도』는 바로 이러한 간극을 해소하고, 누구나 쉽고 명확하게 다가갈 수 있도록 구성된 의미 있는 저작이다.

이 책의 가장 큰 장점은 금융을 잘 모르는 독자들도 쉽게 이해할 수 있도록 배려된 구성에 있다. 복잡하고 추상적인 금융 개념들을 평이하고 친숙한 언어로 풀어내어, 독자들이 자연스럽게 내용을 따라갈 수 있도록 돕고 있다. 용어 설명부터 사례 제시, 개념 간의 관계 설명까지 전반적인 서술 방식이 명확하며, 독자가 '금융'이라는 주제를 두려움 없이 접할 수 있도록 돕는 저자의 세심한 의도가 곳곳에 녹아 있다.

특히 주목할 만한 점은, 이 책이 단순히 금융 용어 해설서의 차원을 넘어선다는 것이다. 저자는 최근 급변하고 있는 디지털 금융 환경 속 주요 이슈들을 독자들이 직관적으로 이해할 수 있도록, 복잡한 배경과 맥락을 간결하면서도 핵심적으로 정리한다. 그 결과, 독자들은 단순히 지식을 습득하는 데서 그치지 않고, 변화의 흐름과 그 배경에 대해 보다 입체적으로 이해할 수 있는 기반을 얻게 된다.

또한 책의 내용은 독자 친화적 구성에 그치지 않고, 글로벌 금융산업의 구조적 변화와 트렌드를 파악할 수 있는 체계적인 틀을 제공한다. 단편적인 사례 나열이 아니라, 거시적 시각에서 현재의 금융 환경을 조망하며, 글로벌 시장에서 일어나고 있는 주요 변화들을 명확한 흐름 속에서 설명한다. 이로써 독자들은 단순히 정보를 나열식으로 접하는 것이 아니라, 변화의 맥락과 방향성을 함께 이해할 수 있게 된다.

『미래 금융 지도』는 금융에 익숙하지 않은 독자도 쉽게 접근할 수 있도록 친절하고 깊이 있게 구성된 책이다. 금융을 처음 접하는 일반 독자 혹은 금융을 둘러싼 최근 이슈를 보다 체계적으로 정리하고자 하는 독자들에게 이 책은 매우 유익한 가이드가 될 것이다. 특히 미래 금융의 전개 양상을 이해하고자 하는 이들에게는 지금 이 시점에 가장 알맞은 입문서이자 통찰서라 할 수 있다.

금융은 더 이상 특정 전문가들만의 영역이 아니라, 우리 일상과 직결된 모든 이들의 관심사이다. 그런 점에서 『미래 금융 지도』는 독자들이 금융을 '이해'하고, 나아가 금융을 통해 변화하는 세상을 '예측'할 수 있도록 돕는 귀중한 책이다. 단순한 설명을 넘어서 변화의 본질을 정확히 전달하고자 하는 이 책의 진정성은, 독자들로 하여금 복잡한 세상을 이해할 수 있는 통찰의 틀을 갖추게 한다.

진정한 전달은 복잡한 내용을 쉽게 설명하는 데서 시작된다. 『미래 금융 지도』는 그 원칙을 충실히 실현한 귀중한 성과이다.

정유신, 서강대학교 기술경영대학원 원장/전(前) 한국핀테크지원센터장 겸 이사장

차 례

추천사 4
머리말 14

제1장 디지털 금융서비스는 어떻게 우리 생활에 영향을 미치는가?

금융서비스에 일고 있는 디지털 물결 19
디지털 금융서비스를 가능하게 한 요소는? 22
디지털 금융서비스가 가져온 변화 34

제2장 금융업계 플레이어의 디지털 금융서비스 방향성

디지털 금융과 경쟁구도 47
금융기관, 핀테크, 빅테크가 그리는 금융산업의 미래는? 55

제3장 금융산업의 미래를 견인할 글로벌 메가 트렌드

오픈뱅킹의 넥스트, 오픈 파이낸스 63
비금융에 금융을 입히다, 임베디드 금융 68
금융·비금융을 아우르는 유니버설 통합서비스, 슈퍼앱 74
금융 생태계의 새로운 패러다임, 디지털자산 81
지속가능금융과 디지털의 결합, 녹색디지털금융 87
결제의 넥스트 웨이브, 선구매 후결제 2.0 93
경계 없는 혁신, 금융과 비금융의 빅블러 98

경쟁을 넘어 생존으로, 전략적 파트너십	104
혁신의 열쇠, 인공지능과 데이터 애널리틱스	108
금융 안정성의 최전선, 사이버 보안	114

제4장 차세대 금융서비스를 이끌 핵심기술 동향

신기술, 금융의 미래를 그려 나가다	125
인공지능	127
블록체인	139
클라우드 컴퓨팅	150
빅데이터	160
사물인터넷	173

제5장 차세대 금융 시대의 글로벌 규제 프레임워크

디지털 금융이 금융 규제 변화에 미치는 영향	189
미래 금융을 준비하는 글로벌 규제 동향	202

제6장 미래 금융 패러다임을 선도하는 혁신 비즈니스 모델

디지털 금융 비즈니스 모델의 발전 양상	277
미래 금융산업의 패러다임을 제시하는 디지털 혁신 사례	281

머리말

4차 산업혁명 시대의 도래와 함께 금융산업은 디지털 전환이라는 거대한 변혁의 소용돌이 속에 놓였다. 디지털 기술의 급격한 발전은 금융의 패러다임을 근본적으로 변화시키고 있으며, 금융산업 내 고객의 다변화된 니즈 충족을 위한 경쟁이 치열해지고 있다. 이에 금융기관들은 생존을 위한 필수과제로 디지털 전환을 가속화하고 있다.

디지털 전환은 단순한 기술 도입을 넘어 금융의 모든 영역에 걸쳐 혁신적인 변화를 야기하고 있다. 현대의 금융서비스는 금융 전문성뿐만 아니라 디지털 기술 역량을 동시에 갖춘 융합형 전문성과 역량이 요구되며, 기술 역량이 금융서비스의 혁신을 주도하는 핵심동력으로 부상하였다. 더불어 오프라인·지점 중심의 기존 금융서비스 모델은 온라인·모바일을 중심으로 전환되고, 이러한 패러다임 변화 속에서 디지털 금융은 금융기관이 경쟁력을 차별화하고, 미래 성장을 이끌어내는 핵심요소로 자리매김했다.

『미래 금융 지도』는 디지털 금융의 전반적인 방향성과 트렌드를 체계적으로 다루며, 혁신적인 미래형 금융 비즈니스 모델과 사례를 심층 분석하여 제시한다. 금융산업의 거대한 흐름인 디지털 전환과 그로 인해 발생하는 구조적 변화, 그리고 다양한 디지털·핀테크 트렌드를 조망함으로써, 금융산업의 미래 전망에 대한 독자들의 이해를 돕고자 하였다.

이 책은 다음과 같은 목적을 바탕으로 저술되었다. 첫째, 금융에 익숙하지 않은 일반 독자들도 쉽게 이해할 수 있도록, 이해하기 쉬운 용어와 명확한 개념 설명을 중심으로 복잡한 금융 개념을 단순화하고 알기 쉽게 전달하고자 하였다. 둘째, 독자들이 최신 금융 이슈와 변화의 배경을 직관적으로 이해할 수 있도록 내용을 구성하였다. 더불어 금융의 미래를 형성해가는 글로벌 금융산업의 전반적인 흐름과 주요 트렌드를 손쉽게 파악할 수 있도록 내용을 체계적으로 전달하여 미래 금융의 방향성에 대한 독자들의 이해를 돕고자 하였다. 셋째, 금융 지식의 접근성을 높이고 독자들이 글로벌 금융 환경을 깊이 이해할 수 있도록, 다양한 실제 사례를 풍부하게 포함하여 글로벌 금융의 현황을 생생하게 반영하고자 하였다.

본서가 미래 금융에 대한 단서를 제시할 수 있는 안내서가 되길 기대한다.

곽호경

- 금융서비스에 일고 있는 디지털 물결
- 디지털 금융서비스를 가능하게 한 요소는?
- 디지털 금융서비스가 가져온 변화

제1장

디지털 금융서비스는 어떻게 우리 생활에 영향을 미치는가?

✦✦ **용어해설** ✦✦

인공지능(Artificial Intelligence, AI)
컴퓨터로 구현한 지능 또는 이와 관련한 전산학의 연구 분야로 자연어 처리, 컴퓨터 비전 및 패턴 인식, 로보틱스 등에 응용되고 있다.

머신러닝(Machine Learning, Ml)
컴퓨터 프로그램이 데이터와 처리 경험을 이용한 학습을 통해 정보처리 능력을 향상시키는 것 또는 이와 관련된 연구. 자율주행 자동차, 필기체 문자인식 등과 같이 알고리즘 개발이 어려운 문제의 해결에 유용함.

분산원장기술(Distributed Ledger Technology)
분산 네트워크 참여자가 암호화 기술을 사용하여 거래정보를 검증하고 합의한 원장(Ledger)을 공동으로 분산·관리하는 기술.

클라우드 컴퓨팅(Cloud Computing)
인터넷 기반 컴퓨팅의 일종으로, 일반적으로는 정보를 자신의 컴퓨터가 아닌 클라우드에 연결된 다른 컴퓨터로 처리하는 기술을 의미.

응용 프로그래밍 인터페이스(Application Programming Interface, API)
운영체제, 프로그래밍 언어 등에 있는 라이브러리를 응용 프로그램 개발 시 이용할 수 있도록 규칙들을 정의해놓은 인터페이스.

금융서비스에 일고 있는 디지털 물결

우리가 삶을 영위하는 데 금융은 필수적이다. 금융은 개인이 재정 안정을 달성할 수 있는 수단을 제공하는 중요한 역할을 한다. 사람들은 경제적 활동에 참가함으로써 자연스럽게 금융을 접하게 되며, 집 구매, 사업, 은퇴 준비 등 다양한 목적으로 금융서비스를 이용하게 된다. 금융을 통해 사람들은 자신의 재정을 효과적으로 관리할 수 있게 된다.

금융과 관련하여 사람들이 느끼는 공통적인 생각은 아마도 '금융은 어렵고 복잡하다'일 것이다. 이는 금융상품의 복잡성, 전문적인 용어, 금융에 대한 이해 부족 등 다양한 이유가 있지만, 가장 큰 이유는 높은 규제적 요건 때문이라 할 수 있다. 금융과 관련된 개인의 재무적 의사결정은 대부분 개인의 생애주기에 큰 영향을 미치기 때문에 금융은 규제 및 컴플라이언스Compliance의 벽이 타 산업 대비 상당히 높다.

은행을 이용하는 사람들은 누구나 한 번쯤 지점에서 번호표를 뽑고 은행업무를 보기 위해 많은 시간을 기다려본 경험이 있을 것이다. 왜 사람들은 단순한 은행업무를 위해 그토록 많은 시간을 소비해야 하는 것일까? 금융기관은 소비자 보호, 개인정보 보호, 자금세탁 방지 등 엄격한 법규를 준수해야 하며, 이를 위해 신원 확인, 서류 검증 등 다단계에 걸친 철저한 심사 절차를 거쳐야 한다. 이와 같은 수많은 규제적 요구사항은 금융을 필연적으로 복잡하게 만들고, 금융 관련 거래비용Transaction Cost을 높이는 요인으로 작용한다. 이러한 이유 때문에 소비자 입장에서는 금융이 불편하고 어렵게 느껴지게 마련이다.

한편 지난 10년 동안 인공지능Artificial Intelligence, AI, 머신러닝Machine Learning, ML, 분산원장기술Distributed Ledger Technology, 클라우드 컴퓨팅Cloud Computing, 응용 프로그래밍 인터페이스Application Programming Interface, API 등과 같은 기술이 비약적으로 발전하였다. 기술의 발전과 모바일의 대중화 등으로 촉발된 디지털 혁신은 경제·산업계 전반에 큰 변화를 불러일으키고 있다.

이러한 변화의 물결은 금융산업에서 특히 두드러진다. 과거 금융서비스가 지니던 고질적인 복잡성과 불편함은 디지털 금융서비스를 통해 크게 해소되며, 금융소비자의 만족도와 삶의 질을 크게 개선시키고 있다. 뿐만 아니라 간편결제, P2PPeer-to-Peer 대출, 로보어드바이저 기반 자산관리서비스, 인슈어테크Insurtech(4차 산업 기술을 활용하여 기존 보험산업을 혁신하는 서비스 기술), 가상자산Virtual Asset 등 금융산업의 근간을 바꿀 만한 변화가 전 세계적으로 목격되고 있으며, 금융서비스 경쟁력에 대한 정의마저 흔들리고 있다.

게다가 소비자의 기대를 충족하고자 신기술과 새로운 비즈니스 모델을 가진 핀테크Fintech(금융을 뜻하는 Finance와 기술을 뜻하는 Technology의

합성어로, 디지털 기술을 활용하여 기존 금융서비스의 단점, 편의성, 접근성을 크게 개선한 금융서비스를 의미) 기업이 생겨나고, 비금융 영역에서 다양한 온라인·디지털 서비스를 제공하며 우수한 디지털 경험을 제공하는 빅테크Bigtech(첨단기술 및 플랫폼 등을 기반으로 온라인상에서 금융·비금융을 망라하는 다양한 서비스를 제공하는 대형 IT기업을 의미) 기업이 금융산업으로 진출을 확대하는 등 디지털화로 촉발된 변화는 금융산업의 기존 지형을 구조적으로 변화시키고 있다.

디지털 금융의 급격한 성장은 기존 금융산업의 경쟁 구도에도 근본적인 변화를 가져오고 있다. 핀테크·빅테크가 주도하는 새로운 디지털 플랫폼의 등장과 전통적인 금융기관의 디지털 전환은 치열한 경쟁 환경을 조성하며, 금융산업 전체의 디지털 혁신을 가속화하고 있다. 생존을 위한 필수 과제로 인식된 디지털 전환은 금융기관의 금융 경쟁력 확보를 위한 핵심 전략으로 자리매김하고 있다. 과거부터 오랫동안 금융서비스를 제공하며 금융산업의 전통을 지켜온 기존 금융기관과, 신기술과 신속함, 우수한 고객 경험을 무기로 성장해온 핀테크, 그리고 비금융 영역에서의 방대한 고객층과 높은 고객 충성도, 데이터 경쟁력을 내세우며 금융산업에서 영향력을 크게 확대하고 있는 빅테크 등 각 플레이어 간 총성 없는 치열한 전쟁은 지금도 현재 진행형이다.

디지털 금융서비스를 가능하게 한 요소는?

기술의 발전

기술의 발전은 디지털 금융의 촉발에 중추적인 역할을 했다. 기술 발전은 기존의 제약을 극복하고, 금융산업에 혁신을 가져와 기존에는 상상할 수 없었던 새로운 비즈니스 모델과 거래 방식을 가능하게 했다. 인터넷과 같은 고속 통신망의 구축은 원활한 데이터 전송을 가능하게 하여 온라인 금융서비스에 대한 접근성을 높였다. 이에 따라 온라인 뱅킹 플랫폼, 디지털 결제 시스템 등 다양한 디지털 금융 도구의 개발이 촉진되었으며, 이는 금융서비스의 이용 편의성을 향상시키고 새로운 비즈니스 모델을 창출하는 데 기여했다.

데이터 저장 및 처리기술의 발전으로 방대한 양의 금융데이터를 저장하고 분석할 수 있게 되면서 금융서비스의 개인화, 리스크평가 고도화 등이 가능해졌으며, 빅데이터 및 머신러닝 알고리즘을 사용하여 금융데

부상하고 있는 금융 관련 4차 산업 기술	
인공지능 & 머신러닝	• AI를 활용한 빅데이터 분석을 통해 고객 니즈 파악 • AI 기반의 챗봇(Chatbot)이 대고객 업무 대체 및 고객의 얼굴 및 음성 인증
분산원장 & 블록체인	• 블록체인 기술의 발전으로 접근 권한이 있는 당사자에게 데이터의 편집·제거·변조가 불가능한 금융서비스 제공 현실화
바이오메트릭스	• 얼굴·음성 인식 등 생체 인식은 실시간 고객 신원 확인 • 고객에 대한 고급 프로파일링(Advanced Behavioral Profiling) 수행
5G	• 초고속 모바일 인터넷 속도가 잠재적으로 초당 1기가 바이트에 도달할 것으로 전망되어, 고객 경험과 실시간 금융서비스 품질을 크게 향상
클라우드 컴퓨팅	• 데이터 저장·처리에 대한 하드웨어 부담을 제거하여, 고객지원을 위한 온라인 기반 금융서비스의 획기적인 확대 및 대규모 데이터 처리
사물인터넷	• 모든 사물이 인터넷에 연결되고 데이터를 생성할 수 있게 되어 은행의 상품·서비스를 고도로 개인화·맞춤화
가상현실 & 증강현실	• 은행 상품·서비스를 다양한 방법으로 제공하여 고객 의사결정 지원 • 비대면 고객에 대한 금융서비스 접근성 크게 확대
양자 컴퓨팅	• 사물인터넷을 통해 생성된 방대한 양의 데이터 처리 가능 • 인공지능과 머신러닝의 학습효과 가속화

출처: 삼정KPMG 경제연구원(2021), 은행산업에 펼쳐지는 디지털 혁명과 금융 패권의 미래

이터에서 고객에 대한 인사이트를 도출하고 데이터에 기반한 의사결정이 가능해져 금융서비스의 정확성이 개선되었다.

이와 더불어 암호화 및 보안기술의 발전으로 온라인을 통해 금융거래를 안전하게 수행할 수 있게 되었으며, 금융거래정보 및 개인정보 등과 같이 민감한 데이터를 효과적으로 보호할 수 있게 되었다. 이러한 보안 기술의 발전은 온라인 금융서비스의 안전성을 강화함으로써 디지털 금융서비스의 확대에 공헌하였다.

클라우드 컴퓨팅 기술의 발전은 디지털 금융서비스의 확장성을 제약하던 기존 인프라의 한계를 극복하고 유연한 IT 환경을 제공함으로써,

비용 효율적인 인프라 구축이 가능해졌다. 이로 인해 금융기관이나 핀테크 기업들이 서비스를 보다 저렴한 비용으로 제공하고 관리할 수 있게 되었다. 또한 다양한 기기 간 데이터 동기화를 실시간 지원하여 금융서비스 이용 시 고객의 편의성을 높이고 원활한 거래를 가능하게 하였다.

이와 더불어 접근이 허용된 사용자를 대상으로 데이터베이스에 저장된 정보와 데이터를 원활히 주고받을 수 있게 연결하는 게이트웨이 역할을 하는 API는 서로 다른 금융시스템 간 인터페이스를 가능하게 하여 데이터의 상호 운용성Interoperability을 크게 개선하였다. API를 통한 데이터 접근성 향상은 개발자들에게 기존 금융 인프라를 활용한 금융서비스 개발 가능성을 열어주어 혁신적인 금융서비스 개발을 촉진하고, 새로운 금융 생태계를 조성하는 데 기여하였다.

최근 급부상한 블록체인 및 분산원장기술은 데이터를 여러 데이터베이스에 분산 저장하고, 암호화Encryption 기술을 적용하여 높은 보안성을 확보한 것이 특징이다. 지금까지 거의 모든 산업분야에서 채택되어온 중앙집중식 시스템Centralized System은 기록 관리의 책임이 해당 시스템을 관리하는 특정기관에 집중되고, 해당 기관에 대한 신뢰를 바탕으로 데이터가 중앙 서버에서 관리된다.

반면 탈중앙화Decentralized System로 대변되는 블록체인 기반 시스템은 거래 기록과 데이터가 네트워크 참여자들에 의해 공동으로 관리되고 검증된다. 모든 거래과정이 투명하게 공개되고, 데이터가 암호화될뿐만 아니라 위변조가 거의 불가능에 가까워 정보의 무결성이 확보된다. 블록체인 기술은 향후 금융산업에서 기존의 거래 및 증명방식의 근본적 변화를 가져올 혁신적인 기술로 평가받고 있다.

머신러닝, 자연어 처리Natural Language Processing, 챗봇Chatbot 등 인공지능 기술이 디지털 금융에 미치는 영향은 예측하기 어려울 정도로 광범위하고 혁신적이다. AI 기반 챗봇은 고객 상담을 자동화하고 맞춤형 정보 제공을 통해 고객 경험을 향상시키고 있으며, 가상 비서Virtual Assistant는 개인의 재무 상황을 분석하여 맞춤형 자산관리 서비스를 제공한다. 이처럼 AI 기술은 금융서비스의 다양한 영역에서 혁신을 이끌어내며 새로운 가능성을 열어가고 있다. 뿐만 아니라 머신러닝 알고리즘은 금융거래의 리스크 평가 및 부정Fraud 탐지에 활용되어 금융서비스의 효율성과 정확성을 크게 향상시키고 있다.

이와 같이 기술의 발전은 금융 인프라, 연결성, 보안, 자동화, 데이터 관리 등 디지털 금융의 핵심요소를 강화하여 금융서비스의 다양화와 고도화를 가능하게 함으로써, 금융서비스의 편의성을 크게 개선하는 데 기여하고 있다.

모바일의 대중화

모바일 기기, 특히 스마트폰은 금융을 위한 새롭고 혁신적인 고객 접점(플랫폼)으로 역할하며, 소비자들이 금융거래에 참여하는 방식을 혁신적으로 변화시켰다. 모바일의 대중화로 소비자는 언제 어디서나 지속적으로 온라인 금융서비스에 접근할 수 있는 수단을 얻게 되었다.

모바일의 대중화는 금융서비스 이용 방식에 근본적인 변화를 가져왔다. 과거에는 금융기관의 영업점을 직접 방문해야만 금융서비스를 이용할 수 있었던 반면, 모바일 기기의 보급과 함께 시간과 공간의 제약 없이 언제 어디서든 금융거래가 가능해져 금융소비자의 편의성이 크게 향상되었다. 모바일은 금융서비스 채널을 다변화하고, 은행 지점과 같은 물리적 인프라의 필요성을 크게 감소시킴으로써, 금융서비스의 접근성을 획기적으로 높이는 데 기여했다.

소비자들은 모바일에 설치된 여러 금융 애플리케이션Application(이하 앱)을 활용하여 잔액 및 거래내역 조회, 자금 이체, 청구서 지불 등 다양한 금융서비스를 일상에서 손쉽게 이용할 수 있게 되었으며, 모바일 금융은 이제 소비자들의 일상생활에 깊숙이 자리 잡았다.

한국은행에 따르면 2022년 시중은행의 모바일뱅킹 등록고객수 및 이용건수는 2019년 대비 각각 1.2배, 1.5배 증가하였고, 인터넷전문은행의 모바일뱅킹 등록고객수 및 이용건수는 같은 기간 2.5배, 2.7배 증가하여, 모바일뱅킹 이용 규모가 지속 증가하고 있는 것으로 나타났다. 이처럼 소비자들의 금융서비스 소비 방식이 지점 중심에서 모바일 중심으로 전환되면서, 모바일을 기반으로 금융서비스를 제공하는 핀테크 기업들이 활성화되고, 모바일 금융서비스의 다양화로 이어졌다.

대표적인 예로, 디지털 지갑Digital Wallet 또는 모바일 결제앱을 들 수 있는데, 마그네틱 보안전송MST, Magnetic Secure Transmission, 근거리무선통신NFC, Near-Field Communication 또는 QR코드와 같은 기술을 통해 비접촉식 간편결제가 가능하게 되었다. 최근에는 지문, 안면 인식과 같은 생체인증 기술Biometrics과 원클릭 결제 기능 등의 도입으로 결제 절차가 더욱 간소화되어 소비자는 더욱 편리하고 효율적으로 결제를 진행할 수 있게 되었다.

금융앱은 진화를 거듭하여 위치, 행동 패턴과 같은 고객 데이터를 활용하여 맞춤화된 상황 인식 금융서비스를 제공하는 단계에까지 이르렀다. 모바일뱅킹 앱은 소비자의 위치를 기반으로 근처 은행이나 특정 장소를 방문하면 포인트를 적립해주는 맞춤형 실시간 서비스를 제공하기도 한다. 모바일 기기를 통해 수집된 소비자 데이터를 기반으로 금융서비스는 개인의 특성과 니즈에 맞춰 맞춤화되고 있으며, 이는 소비자 경험의 질적 향상으로 이어지고 있다.

또한 모바일은 금융뿐만 아니라 소셜미디어, 전자상거래, 차량 호출 등의 서비스를 제공하는 다양한 앱의 허브Hub 역할을 함으로써, 앱과 데이터 생태계의 활성화에 지대한 역할을 했다. 앱 생태계가 성장함에 따라 비금융권의 다양한 모바일 앱에서 소비자들의 원활한 거래를 지원하기 위해 결제 기능과 같은 디지털 금융서비스 기능이 탑재되거나 통합되기 시작했다. 예를 들어 전자상거래 앱은 디지털 금융의 인앱In-app(앱 안에서 구매 활동이 이루어진다는 뜻으로, 앱상에서 서비스를 구매할 때 이용할 수 있는 결제 모듈) 결제 기능을 통합하여 소비자가 앱을 사용하는 도중에 물건을 구매할 수 있도록 결제를 지원한다. 이렇게 비금융앱과 디지털 금융이 통합됨으로써 고객 경험이 크게 개선되었고, 그 결과 디지털 금융과 비금융앱의 생태계가 선순환적으로 더욱 발전하게 되었다. 이는 디지털 금융서비스가 더욱 확장되고 대중화되는 결과로 이어졌다.

모바일 기기는 현대인의 삶에서 밀접하게 연관되어 이제는 없어서는 안 될 생활 필수품으로 자리 잡았다. 이에 따라 금융업계에서는 모바일을 기반으로 서비스의 단순성, 사용 편의성, 직관성 등을 개선하는 데 중점을 두고, 모바일에 최적화된 소비자 인터페이스User Interface, UI와 소비

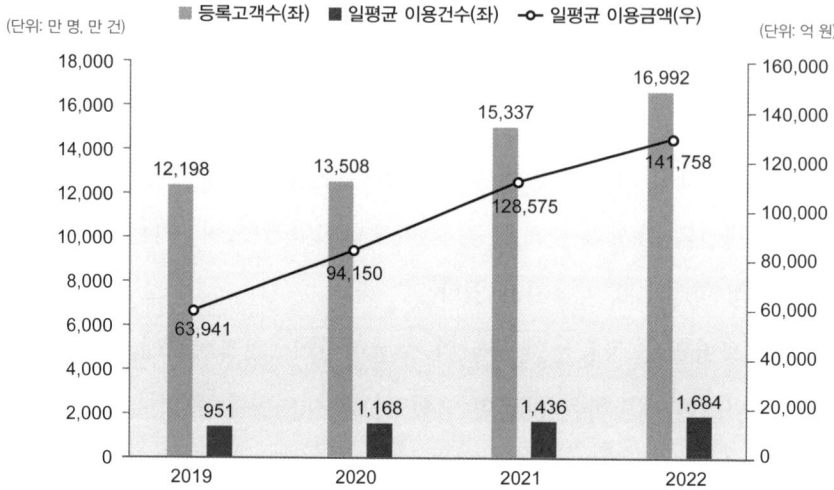

국내 모바일뱅킹 실적 추이

출처: 한국은행(2022), 2022년중 국내은행 인터넷뱅킹서비스 이용현황, 저자 재작성
* 각 연도말 19개 국내은행, 우체국예금 고객 기준(동일인이 여러 은행에 등록한 경우 중복 합산)

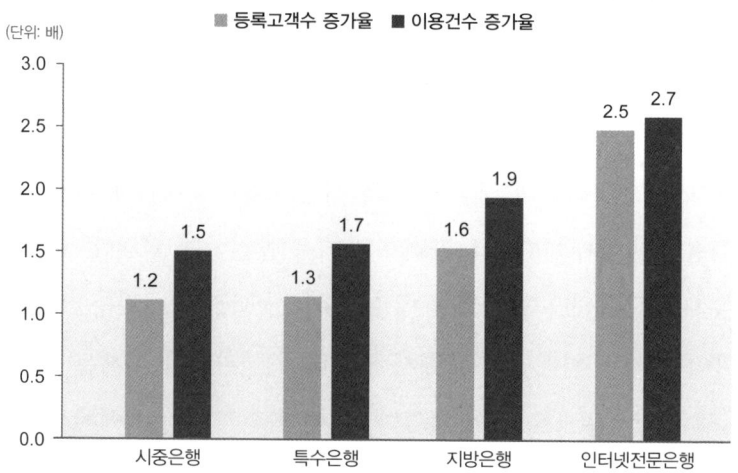

2019년 대비 2022년 국내 모바일뱅킹 규모 비교

출처: 한국은행(2022), 2022년중 국내은행 인터넷뱅킹서비스 이용현황, 저자 재작성
* 2019년 대비 2022년 몇 배 규모로 성장하였는가를 나타내며, 등록고객수는 동일인이 여러 은행에 등록한 경우 중복 합산

자 경험User Experience, UX을 개발하는 데 사활을 걸고 있다. 앞서 살펴본 바와 같이 모바일은 오프라인 위주의 기존 금융서비스를 온라인·디지털 기반 금융서비스로 전환함으로써, 소비자가 금융서비스를 소비하는 방식을 근본적으로 변화시키고, 디지털 금융시장이 본격적으로 성장하고 확대되는 데 결정적인 역할을 했다.

데이터 경제를 촉진하는 글로벌 규제 동향

규제는 금융소비자 보호 및 금융 안정성을 유지하는 구조화된 프레임워크Framework를 제공하며 디지털 금융 촉진에 기여하고 있다. 세부적인 내용은 국가 또는 지역에 따라 다르나, 최근 금융 관련 규제는 전 세계적으로 데이터 개방을 의무화하며 혁신을 장려하는 하는 추세를 보이고 있다.

금융 혁신을 촉진하는 가장 대표적인 규제는 바로 유럽연합European Union, EU의 지급결제서비스 지침2Payment Services Directive 2, PSD2를 꼽을 수 있는데, PSD2는 데이터 주체인 금융소비자가 동의할 경우, 은행을 포함한 금융기관으로 하여금 표준화된 API를 통해 데이터를 개방 또는 공유하는 오픈뱅킹Open Banking을 의무화하였다.

오픈뱅킹은 크게 다음과 같은 3가지 토대를 제공함으로써 금융 혁신을 촉진한다. 첫째, 데이터 전송에 대한 표준화를 제공함으로써 데이터에 대한 상호 운용성Interoperability과 활용성을 높인다. 데이터 활용이 극대화되기 위해서는 데이터 전송에 대한 표준화된 기준이 반드시 마련되

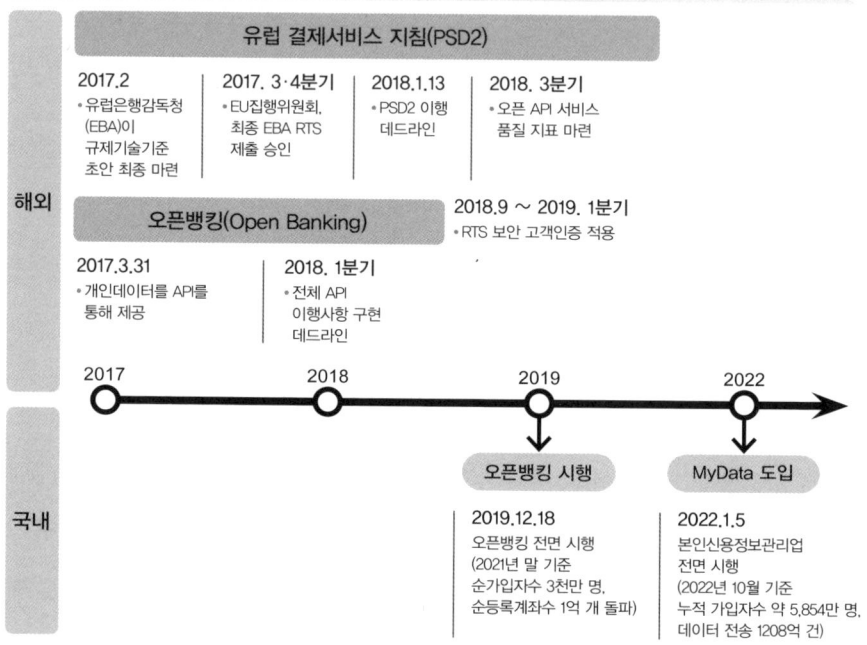

| 출처: 삼정KPMG 경제연구원(2021), 은행산업에 펼쳐지는 디지털 혁명과 금융 패권의 미래, 저자 재작성
* 규제 기술기준(Regulatory Technical Standards, RTS)

어야 한다. 표준 API를 통한 데이터 전송을 의무화한 오픈뱅킹은 데이터의 상호 운용성을 높여 은행과 제3자 서비스 제공자 간의 원활하고 안전한 데이터 전송을 가능하게 하며, 핀테크 기업이 데이터 클렌징 등 기술적 장벽에 의해 방해받지 않고 데이터를 활용하여 서비스를 개발하는 것을 용이하게 한다.

둘째, 표준 API 방식은 API 내 포함된 데이터만 전송받을 수 있으므로 필요 이상의 과도한 개인정보 수집 이슈로부터 자유롭기 때문에 소비자의 신뢰 확보가 용이하다. 소비자의 금융데이터는 매우 민감한 정보이므로 서비스 활성화에 있어 소비자의 신뢰 확보가 특히 중요하다. 그렇기 때문에 전 세계적으로 오픈뱅킹 관련 규제는 소비자 신뢰 확보를 위해 개인정보 보호 및 보안에 중점을 두고, 데이터 활용 동의 절차, 저장 및 처리 기준 등을 명확히 규정하고 있으며, 정보 유출 시 사고에 대한 책임이 있는 기업에게 막대한 페널티와 엄격한 책임을 부과하고 있다.

셋째, 오픈뱅킹은 금융산업 내 공평한 경쟁의 장을 제공함으로써 금융서비스 기업간 경쟁 및 협력을 촉진하고, 혁신적인 서비스 개발, 고객 경험 향상, 상품 다양화를 이끌며 새로운 시장 창출과 산업 성장을 촉진하고 있다. 오픈뱅킹은 소비자 동의를 전제로 하므로 정보를 생산하는 주체인 소비자의 데이터 자기결정권이 강화되었으며, 소비자의 요청에 의한 금융기관 간 데이터 전송이 의무화됨에 따라 오픈뱅킹은 금융기관에 의해 소비자 데이터가 거의 독점적으로 관리되었던 기존의 틀을 허무는 계기가 되었다.

뿐만 아니라, 오픈뱅킹을 통해 핀테크 기업과 같은 제3자 금융서비스 제공자들은 개방된 데이터를 활용하여 새롭고 혁신적인 금융서비스를 제공하는 것이 이전보다 훨씬 용이해졌으며, 소비자 데이터 확보 측면에서 전통적인 금융기관과 어느 정도 대등한 경쟁구조를 가져갈 수 있게 되었다. EU의 PSD2를 통해 본격화된 오픈뱅킹은 금융데이터를 개방하여 데이터 경제 활성화의 토대를 마련한 것으로 평가받는다.

국내에서도 오픈뱅킹 시스템은 금융데이터 생태계를 활성화하고, 핀테크 산업 성장을 견인했다. 2019년 12월 18일 국내에서 전면 시행된 오픈뱅킹은 2년 만에 순가입자수 3천만 명, 순등록계좌수 1억 개를 달성하는 등 단기간 내 가시적인 성과를 기록하며 금융시장에 성공적으로 안착했다. 향후에도 오픈뱅킹은 다양한 혁신서비스가 출시될 수 있는 공정한 생태계 조성에 기여하며 금융산업의 혁신과 변화를 이끌 것으로 전망된다.

오픈뱅킹 시행 효과

구 분	개방 효과
핀테크 기업	• 별도 제휴 없이 모든 금융회사에 접근 가능 • 이체·송금 분야에서 획기적인 비용절감 → "본질적인 대고객서비스 혁신에 주력"
금융회사	• 전국민 대상 서비스 제공을 통한 신규 고객 확보 • 핀테크 기업과의 경쟁·협력을 통한 신규 비즈니스 기회 창출 → "플랫폼으로서의 뱅킹이 전환하는 계기"
소비자	• 하나의 앱으로 금융서비스 One-Stop 이용 • 고객 니즈에 맞는 다양한 상품 등장으로 금융서비스 선택의 폭 확장 → "새로운 금융 경험 및 이용편의 증진"

출처: 금융위원회(2021), 오픈뱅킹 시행 2년이 만든 디지털 금융 혁신 성과

국내 오픈뱅킹 이용 현황(2021.12월 기준)

오픈뱅킹 등록현황(중복 포함)

오픈뱅킹 이용건수(누적)
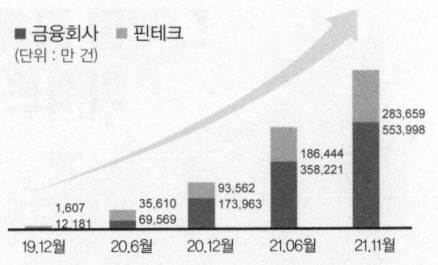

오픈뱅킹 API 이용비중(21.11월 기준)
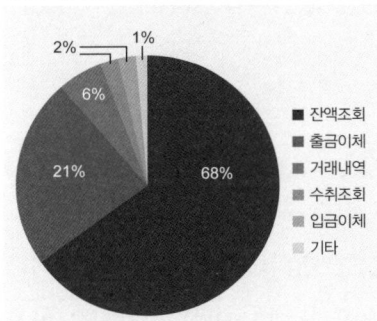

카드·선불정보 조회건수(누적)
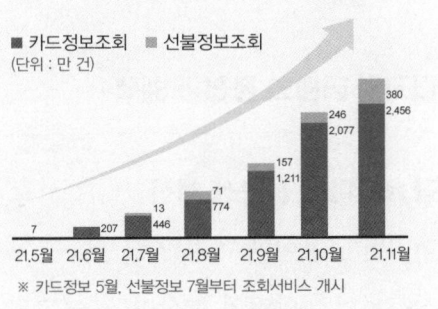

※ 카드정보 5월, 선불정보 7월부터 조회서비스 개시

오픈뱅킹 참여 기관수(2021.12월 기준)

금융회사				핀테크 기업		합계
은행	상호금융	금투사	카드사	대형	중소형	
19	7	18	8	51	17	120

출처: 금융위원회(2021), 오픈뱅킹 시행 2년이 만든 디지털 금융 혁신 성과

디지털 금융서비스가 가져온 변화

디지털 금융의 장점과 혜택

금융서비스 접근성 개선

디지털 금융이 우리의 일상생활에 가져온 큰 변화 중 하나는 금융서비스 접근성의 비약적인 향상이다. 디지털 금융을 통해 소비자는 지점을 방문할 필요 없이, 어디서든 24시간 연중 무휴로 디지털 금융서비스에 접속해 거래를 할 수 있게 되었다. 이는 소비자가 금융기관의 업무시간이나 지점 위치와 같은 물리적인 제약을 받지 않고 언제든지 필요한 거래를 수행할 수 있게 되었음을 의미한다. 또한 소비자는 디지털 금융을 통해 해외주식 투자와 같은 국경 간 금융서비스를 기존보다 훨씬 저렴하게 이용할 수 있게 되었다. 디지털 금융서비스의 확산은 시간과 공간의 제약 없이 누구나 손쉽게 금융서비스를 이용할 수 있도록 하여 금융 접근성을 크게 향상시켰다.

소비자 편의성 향상

디지털 금융은 실시간 금융정보 확인 및 문서의 디지털화 등을 통해 정보 검색 및 관리 효율성을 높인다. 또한 예산 설정 및 추적, 지출 패턴 분석 등의 기능을 제공하여 소비자의 효과적인 재무관리와 데이터 기반의 합리적인 의사 결정을 지원하고, 다양한 금융상품 비교 및 선택을 위한 맞춤형 서비스를 제공하기도 한다. 디지털 금융 플랫폼은 예금, 보험, 대출, 투자, 자산관리 등 서로 다른 종류의 서비스를 단일 플랫폼에서 통합적으로 제공하기 때문에, 소비자는 여러 금융앱을 일일이 설치하여 사용하거나 금융기관을 방문하는 대신, 단일 앱을 통해 다양한 금융서비스를 편리하게 이용할 수 있다.

거래 효율성 강화

디지털 금융은 인건비, 임대료 등 지점 운영에 소요되는 고정 비용을 절감하고, 자동화된 시스템을 통해 운영 효율성을 높여 비용 효율적이다. 싱가포르를 대표하는 금융기관인 DBS는 인도 시장을 타깃으로 인도 최초의 모바일 전용은행인 디지뱅크Digibank를 출시했는데, 고객 질의의 약 80%를 챗봇인 디지봇Digibot이 처리하였다. 이는 금융기관의 수익성 제고에도 유리하다. 뿐만 아니라 디지털 금융은 자동화된 시스템을 통해 거래 처리 시간을 단축하고, 인적 오류를 최소화하여 거래 정확도를 높인다. 또한 AI나 빅데이터 등을 접목한 디지털 금융을 통해 의심스러운 거래행위를 신속하게 탐지하여 금융거래 피해를 최소화할 수 있게 되었다.

금융 포용성 개선

금융 포용성Financial Inclusion이란 개인과 기업이 필요 시 대출, 보험 등과 같은 금융서비스에 지속가능한 방식으로 용이하게 접근할 수 있음을 뜻한다. 국내의 경우, 금융시스템의 비약적인 발전으로 국민 대부분이 언제 어디서든 편리하게 금융서비스를 이용할 수 있는 인프라와 환경을 갖추고 있다.

그러나 아프리카나 동남아시아 등과 같이 경제발전이 더딘 신흥국들의 경우, 금융 인프라의 부족과 빈곤 등으로 인해 일부 부유한 사람들을 제외한 국민 대다수가 금융시스템 이용이 극히 제한되어 오직 현금으로만 거래를 하고 있다. 금융 포용의 목표는 개인과 기업이 자신의 재무상태를 관리하고, 재무적 위험을 최소화하기 위해 필요한 수단에 접근할 수 있도록 하는 것이다. 세계은행은 금융 포용성의 확대가 전 세계적으로 빈곤을 줄이고, 공동 번영을 촉진하는 수단이라고 언급한 바 있다. 이는 사회 및 경제적 지위, 지리적 위치, 성별, 연령 또는 기타 요인에 관계없이 모든 계층의 사람들에게 은행, 보험, 대출, 결제 등 다양한 금융서비스를 제공하는 것을 포함한다.

디지털 금융은 전 세계적으로 금융 포용성을 높일 수 있는 잠재력을 가진 수단으로 크게 각광받고 있다. 그렇기 때문에 말레이시아, 케냐, 인도 등 금융 포용성이 낮은 국가들은 자국의 금융 포용성을 개선하기 위해 정부가 주도하여 정책적으로 디지털 금융을 확대하기 위해 노력하고 있다. 금융 포용성은 2011~2017년에 세계은행World Bank 등을 중심으로 전 세계적으로 큰 성과를 이루었다. 세계은행의 핀덱스Findex 데이터에 따르면 2011년 기준 금융기관 계좌를 보유하지 못한 성인Unbanked은 약 25

억 명으로 추산되었다. 해당 기간 중 80개국 이상에서 모바일 기반 디지털 금융서비스가 개시되었으며, 전통적인 금융시스템에서 소외되고 혜택 받지 못했던 12억 명이 금융서비스를 이용할 수 있는 계정Account을 갖게 되었다. 그 결과 2017년 기준 전 세계적으로 금융계정을 보유한 성인의 비율은 69%까지 증가하였다.

향후에도 디지털 금융은 서비스 접근성이 뛰어나고, 물리적 제한으로부터 자유롭게 이용할 수 있는 장점으로 인해 전 세계적으로 금융 포용성을 개선하는 데 크게 공헌할 것이다.

2021년 기준 전 세계 은행 계좌보유 현황

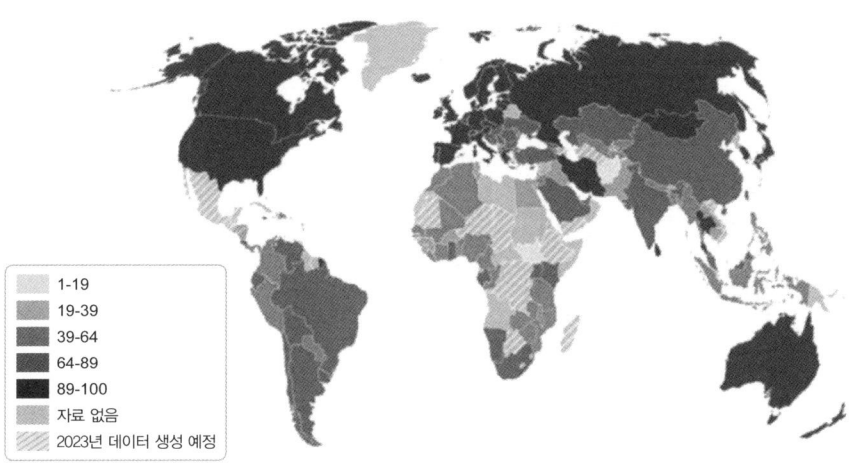

출처: Asia-Pacific Economic Cooperation (2021), 오픈뱅킹 시행 2년이 만든 디지털 금융 혁신 성과

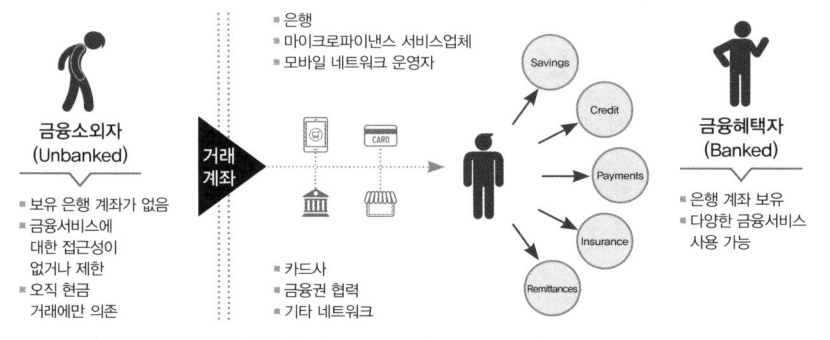

출처: World Bank(2016)

디지털 금융 관련 개선이 필요한 영역

보안 및 개인정보

디지털 금융은 높은 편의성과 접근성 등 수많은 혜택을 제공하지만, 보완이 필요한 점도 분명 존재한다. 디지털 금융시스템은 적절한 보안장치가 마련되지 않거나 범죄에 대한 인식 부족 등이 해결되지 않을 경우, 금융정보나 데이터를 노리는 사이버 범죄자의 표적이 될 수 있는 등 다양한 형태의 개인정보 및 데이터 유출 위험에 노출될 가능성이 상존한다. 특히 디지털 금융 비즈니스 모델의 진화로 시스템 내 적재되는 데이터가 많아질수록, 개인정보나 금융정보의 누출에 따른 피해가 커질 위험이 있다.

사이버 공격에 활용되는 공격방식은 더욱 대담해지며 진화를 거듭하고 있는데, 대표적으로 피싱Phishing은 범죄자들이 진짜처럼 보이는 이메일, 메시지 또는 웹사이트를 사용하여 은행과 같은 합법적인 금융기관을 사칭하고, 사용자를 속여 금융거래에 대한 민감한 정보나 사용자 비밀번호 등과 같은 중요한 정보를 탈취한다. 악성 소프트웨어Malware는 사용자의 기기를 감염시키고, 금융정보 도용에 사용될 수 있다. 랜섬웨어Ransomware는 원하는 금전적 보상을 받을 때까지 사용자의 기기를 잠그거나, 디지털 금융에 대한 액세스를 방해한다.

디지털 금융의 지속적인 성장에 따라 사이버 보안의 중요성이 더욱 부각되고 있으며, 보안에 대한 소비자의 인식 개선 및 교육, 금융업계의 최신 보안기술 도입, 금융기관, 감독기관, 기술업체 등 유관기관 간 협력을 통한 강력한 사이버 보안 거버넌스 체계 구축 등과 같은 다각적인 노력이 필요하다. 디지털 금융의 성장과 더불어 최근 사이버 공격의 지능화·다양화로 인해 사이버 보안 강화는 금융업계의 핵심과제로 남아 있다.

디지털 문해력(Digital Literacy)의 격차

디지털 문해력이란 디지털 시대에 필수적으로 요구되는 정보를 이해하고 이를 판단하여 활용할 수 있는 개인의 역량을 의미한다. 디지털 문해력은 디지털 금융서비스를 원활하게 사용하기 위해 중요한 요소이다. 그러나 기술지식이 부족하거나 혹은 디지털에 익숙하지 않은 소비자들의 경우, 디지털 서비스 메뉴 탐색, 디지털 용어에 대한 이해 부족 등을 포함하여 디지털 금융서비스를 효과적으로 사용하는 위해 필요한 디지털 문해력이 부족할 수 있다.

디지털 금융을 안전하게 사용하기 위해 필요한 디지털 금융 문해력에는 사용자의 적절한 보안 인식과 잠재적인 위협을 방지하기 위한 판단도 포함된다. 제한된 디지털 문해력을 가진 사용자는 합법적인 금융기관이 제공하는 서비스와 범죄 목적의 피싱 등을 구별하지 못하거나, 악성 소프트웨어에 적절히 대응하지 못할 가능성이 크기 때문에 사이버 공격 등에 더 취약해진다.

높은 편의성과 접근성을 바탕으로 디지털 금융서비스의 영향력이 확대되면서, 제공되는 서비스의 종류가 이전과 비교할 수 없을 정도로 다양해지고 있으며, 그 범위도 크게 확대되고 있다. 디지털 문해력과 기술에 익숙하지 않은 소비자들에게는 오히려 디지털 금융이 서비스를 원활히 사용하지 못하게 하는 장벽으로 작용하여 서비스에서 소외될 가능성도 상존한다.

코로나19 팬데믹은 디지털 혁신을 가속화하며, 경제활동에서 디지털의 역할을 더욱 부각시키고 디지털 문해력의 중요성을 다시 한번 일깨워주는 계기가 되었다. 특히, 비대면 서비스 체계로의 전환이 가속화되며, 원활한 경제 및 사회활동 참여를 위해 디지털 문해력 함양의 중요성은 점점 더 확대되고 있다. 디지털은 현대사회의 발전을 이끌어내는 거대한 동력이지만, 디지털 격차 해소를 위한 노력 없이는 그 효과는 제한적일 수밖에 없으며, 디지털 문해력의 부족은 국가 차원의 경쟁력 저하와 사회 불평등 심화로 이어질 수 있다.

따라서 디지털의 혜택을 모든 구성원이 누릴 수 있도록 디지털 포용성을 높이기 위한 사회 전반적인 노력도 뒤따라야 한다. 더불어 디지털 문해력 개선을 위한 지속적인 교육, 사용자 친화적인 디지털 서비스 및 사용자 인터페이스, 각기 다른 디지털 문해력을 가진 사용자들을 위한 금융기관의 맞춤형 지원 서비스와 같은 포괄적인 노력이 병행되어야 한다.

ITU의 디지털 스킬 컨티뉴엄(Digital Skills Continuum)

기본 역량(Basic Skills)
- 온라인 프로필(Online Profile) 작성
- 컴퓨터를 사용하여 문서를 입력, 편집, 저장하는 워드 프로세싱(Word processing)
- 기능 설정 관리
- 키보드 및 터치스크린 사용
- Email

심화 역량(Advanced Skills)
- 인공지능
- 가상세계(Virtual Reality)
- 빅데이터
- 사이버 보안
- 사물인터넷(Internet of Things)
- 디지털 기업가정신(Digital Entrepreneurship)

중간 역량(Intermediate Skills)
- 디지털 그래픽 디자인
- 디지털 마케팅
- 원고 작성, 편집, 디자인 등을 컴퓨터로 하는 출판작업(Desktop Publishing)

출처: International Telecommunication Union(2018), Digital Skills Toolkit

디지털 문해력 개선을 위한 전 세계 국가 및 국제기구의 이니셔티브(Initiative)

국가/기관	내용
미국 국제개발처 (USAID)	• 개발도상국에서 포용적인 디지털 생태계를 달성하기 위해 2020년 첫 번째 '4개년 디지털 전략 계획'을 발표 • 2022년 4월, 디지털 문해력 입문서(Digital Literacy Primer) 발표
유네스코 (UNESCO)	• 피어슨 에듀케이션(국제 기업 Pearson plc의 교육 출판 및 서비스 자회사)의 Project Literacy program과 협력하여 비정부 기구, 정부 및 민간 부문이 디지털 문해력 프로젝트를 추진할 때 참고할 수 있는 디지털 문해력 지침을 제작 • 유네스코 교육정보기술원(UNESCO Institute for Information Technology in Education, IITE)은 토론 행사를 주최하고, 교육자와 학교, 디지털 문해력 교육 정책 입안자 등을 대상으로 트레이닝 프로그램 등을 제공
경제협력개발기구 (OECD)	• 국제 학생 평가 프로그램(Program for International Student Assessment, PISA)은 디지털 기술 접근방안 등에 관한 보고서 등을 통해 디지털 격차를 해소하기 위한 이니셔티브를 장려
국제전기통신연합 (ITU)	• '디지털 혁신 센터(Digital Transformation Centers)', '스마트 빌리지(Smart Villages)', 정부 서비스 디지털화 등을 통해 디지털 포용을 중심으로 전 세계에서 관련 프로젝트를 진행 • 신흥국의 디지털 기술 및 문해력 격차 해소를 모색하기 위해 시스코 시스템즈(Cisco Systems)와 파트너십 체결
세계은행 (World Bank)	• 디지털 접근성을 확대하고 디지털 역량 개발을 촉진하기 위해 개발 데이터 그룹(Development Data Group)을 창설 • 세계 개발 보고서 2021: 더 나은 삶을 위한 데이터(World Development Report 2021: Data for Better Lives) 등의 보고서 등을 발간하며 디지털 문해력 캠페인 및 전략에 대한 권장사항 등을 제시 • 디지털 문해력을 개선하기 위해 2006년부터 전 세계 여러 지역에서 다양한 프로젝트 시행 • 르완다, 나이지리아, 우간다 등 다양한 나라의 여성들의 디지털 역량 및 문해력을 높이는 것을 목표로 EQUALS(기술 부문의 성별 역량 격차 해소를 목적으로 하는 정부 및 조직의 글로벌 파트너십) 및 지역 조직 등과 협력하여 공동 프로그램 운영
유엔아동기금 (UNICEF)	• 다양한 관계자와 협력하여 디지털 문해력 프레임워크, 다양한 교육 프로그램 등에 대한 연구를 진행하고, 디지털 문해력에 관한 보고서를 연구하고 발간
유럽연합 (EU)	• 2025년까지 성인의 70%가 기본적인 디지털 역량을 갖추고, 컴퓨팅 및 디지털 활용능력이 저조한 10대의 비율을 2019년 30%에서 2030년까지 15%로 감소시키는 것을 목표로 하는 디지털 역량 어젠다(Skills Agenda) 수립
오만	• 마이크로소프트(Microsoft)의 디지털 문해력 커리큘럼을 사용하여 ICT 산업 인력 양산
우크라이나	• 75개 이상의 강좌와 교육자료를 제공하는 Diia Digital Education이라는 국가 디지털 교육 플랫폼 출시
가나	• 세계은행의 아프리카 디지털 경제 이니셔티브(Digital Economy for Africa initiative)와 제휴하여 교육, 멘토링 및 기술에 대한 접근성을 높이기 위해 2억 1,200만 달러 규모의 eTransform 프로그램 운영

출처: Center for Strategic and International Studies(2022), The Digital Literacy Imperative, 저자 재작성

POINT

- 기술발전과 모바일의 대중화 등으로 촉발된 디지털 혁신은 거의 모든 경제·산업계 전반에 큰 변화를 불러일으키고 있다.
- 디지털 변화는 특히 금융산업에서 두드러지며, 디지털 금융서비스의 발전으로 기존 금융서비스의 고질적인 단점과 불편함이 크게 해소되었다.
- 금융의 디지털화로 촉발된 금융산업의 변화와 시장 재편은 금융산업의 지형에 큰 변화를 가져오고 있다.

◆ 디지털 금융과 경쟁구도
◆ 금융기관, 핀테크, 빅테크가 그리는 금융산업의 미래는?

제 2 장

금융업계 플레이어의
디지털 금융서비스 방향성

✦✦ **용어해설** ✦✦

레거시 시스템(Legacy System)
과거로부터 전해 내려온 낡은 기술이나 방법론, 컴퓨터 시스템, 소프트웨어 등을 의미.

애자일(Agile)
본래 소프트웨어 개발 방법론 중 하나였으나, 최근에는 빠르게 변하는 비즈니스 환경에서 민첩하고 유연하게 대응이 가능한 방법론을 의미.

데브옵스(DevOps)
개발을 뜻하는 Development와 운영을 뜻하는 Operation을 결합한 말로, 운영자와 개발자가 긴밀한 협업 및 소통을 통해 조직이 서비스를 빠른 시간에 개발·배포하는 것을 목적으로 한다.

가치제안(Value Proposition)
소비자들의 욕구를 만족시키기 위해 고객들에게 회사가 전달하기로 약속한 가치 또는 이익과 혜택들의 집합 등을 의미.

사용자 인터페이스(User Interface, UI)
사용자가 제품/서비스를 사용하기 위해 접하는 매개체 등의 사용자와의 접점을 의미.

사용자 경험(User Experience, UX)
사용자가 상품이나 서비스에 대해 전체적으로 느끼는 사용자 경험을 의미.

디지털 금융과 경쟁구도

디지털 금융의 등장은 기존 금융서비스 모델에 대한 근본적인 변화를 야기하고, 금융산업의 경쟁 구도를 재편하며 금융의 미래를 새롭게 정의하고 있다. 디지털 금융의 확산은 금융산업 내 업권별 다양한 주체들의 비즈니스 모델, 시장 지위, 기술 역량 등에 따라 상이한 영향을 미치고 있다. 그러나 업권의 차이에도 불구하고, 전통적인 금융기관들은 디지털 금융의 확산으로 인해 고객가치 창출 방식에 대한 근본적인 변화와 혁신을 추진하고, 디지털 역량을 강화하여 고객가치를 극대화해야 하는 공통 과제에 직면해 있다. 이 장에서는 디지털 금융이 기존의 금융지형에 어떤 변화를 불러일으키고 있는지 심층적으로 조망해보기로 한다.

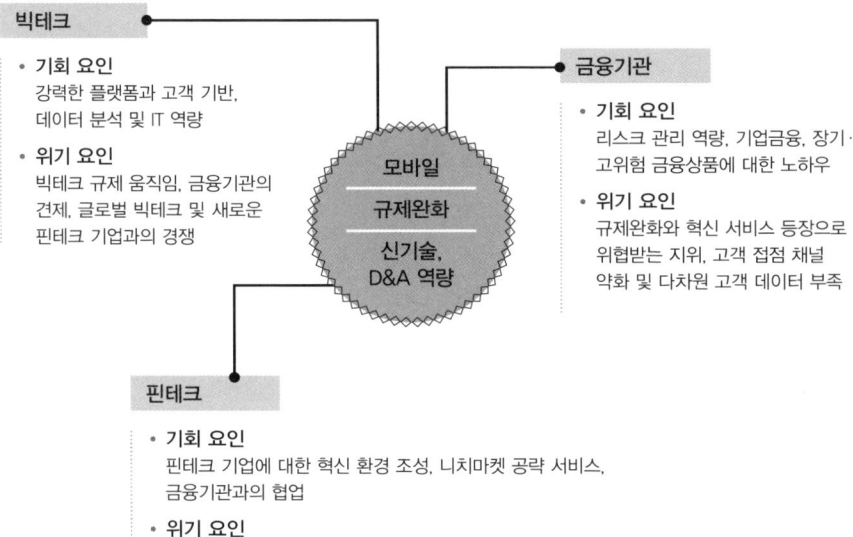

| 출처: 저자 작성

전통적 금융기관, 기존 금융 비즈니스 모델의 혼란에 직면

핀테크·빅테크 기업은 결제, 보험, 대출, 환전, 투자 등 특정 금융 분야(세그먼트)를 대상으로 혁신적인 비즈니스 모델에 기반하여 전통적인 금융기관보다 사용자 친화적이고 비용 효율적인 솔루션을 제공하며 경쟁력을 확보해왔다.

먼저 핀테크·빅테크 기업은 디지털 기술 및 비즈니스 모델을 기반으로 원활한 고객 경험을 제공하는 데 탁월하다. 핀테크·빅테크 기업이 제공하는 편의성이 극대화된 금융서비스는 기존 은행에 대한 고객 충성도를 약화시킬 수 있는 위협이다. 고객 편의성과 고객 경험 측면에서 부족한 면이 있고, 오히려 다소 불편하기까지 했던 기존 금융서비스에 비해 핀테크·빅테크 기업이 제공하는 편의성이 극대화된 금융서비스는 소비자들로부터 폭넓은 지지를 받으며 점차 영역을 확대했다.

핀테크·빅테크 기업의 편리한 금융서비스에 익숙해진 금융소비자들은 전통적인 금융기관에도 동일한 수준의 편의성을 기대하게 되었고, 이러한 기대치를 충족하지 못하는 금융기관은 기술력과 편의성 측면에서 우위를 점하고 있는 새로운 경쟁자들에게 고객을 빼앗길 위험에 직면하게 되었다. 과거와는 달리 금융소비자는 더 이상 전통적인 금융기관에 국한되지 않고, 자신들의 요구와 니즈Needs에 보다 부합하는 빅테크 또는 핀테크 기업과 같은 다양한 금융서비스 제공자를 선택할 수 있기 때문이다.

전통적인 금융기관은 역사적으로 영업활동 및 고객과의 상호작용을 오프라인 지점에 의존해왔다. 그러나 디지털 뱅킹의 부상으로 금융소비자는 언제 어디서든 온라인을 통해 금융서비스를 사용할 수 있게 됨에 따라 고객의 선호도가 디지털 채널로 급전환하게 되었다. 이로 인해 오프라인 지점 중심의 전통적 금융기관의 비즈니스 모델은 심각한 위협을 받게 되었다.

핀테크·빅테크 기업은 일반적으로 인건비 등 많은 비용을 필요로 하는 지점을 기반으로 하지 않고, 기술과 틈새 공략을 기본으로 하는 새롭고 효율적인 금융 비즈니스 모델을 기반으로 디지털 금융서비스를 제공한다. 더불어 전통적인 금융기관의 고정적인 운영 방식에서 벗어나 신속하고 유연한 시스템을 구축함으로써, 고객에게 더욱 경쟁력 있는 금융서비스를 제공할 수 있다. 예를 들어, 핀테크 기업은 은행보다 낮은 수수료와 보다 좋은 환율 조건으로 24시간 자유롭게 환전할 수 있는 서비스를 제공할 수 있는데, 핀테크 서비스의 이러한 높은 유연성과 신속함은 전통적인 금융기관이 갖추기 어려운 특징이다.

핀테크·빅테크 기업의 역할 확대에도 불구하고, 전통적인 금융기관은 오랜 기간 축적된 업에 대한 전문성과 견고한 리스크 관리 체계, 풍부한 자본, 그리고 규제로 인한 진입 장벽 등을 바탕으로 금융시장에서의 지위를 수성하고 있다. 그러나, 전통적인 금융기관은 노후화된 레거시 시스템Legacy System(과거로부터 전해 내려온 낡은 기술이나 방법론, 컴퓨터 시스템, 소프트웨어 등을 의미), 관료주의적 조직문화, 위험 회피 성향, 시장 변화에 대한 낮은 민첩성 등으로 인해 핀테크·빅테크 기업이 불러일으키는 금융 혁신에 효과적으로 대응하는 데 어려움을 겪고 있다.

핀테크·빅테크 기업과의 혁신 격차 심화로 위기감을 인식한 전통적인 금융기관들은 이에 대응하기 위해 디지털 혁신 수용, 핀테크 기업과의 파트너십 확대, 애자일Agile(본래 소프트웨어 개발 방법론 중 하나였으나 최근에는 빠르게 변하는 비즈니스 환경에서 민첩하고 유연하게 대응이 가능한 방법론을 의미) 방식 도입, 고객 경험 개선 및 혁신연구소Innovation Lab 투자 등 다양한 전략을 통해 경쟁력 강화를 모색하고 있다. 특히, 데이터 경제 시대 도래와 함께 디지털 금융 역량의 중요성이 부각되면서 전통적인 금융기관들은 기업의 사활을 걸고, 기업 생존을 위한 시대적 과제인 디지털 전환Digital Transformation에 박차를 가하며, 금융 본연의 경쟁력을 유지·강화하기 위해 노력하고 있다.

금융 혁신을 선도하는 진격의 핀테크

핀테크 기업은 송금, 결제, 보험 등 특정 금융 영역·서비스를 중심으로 전통적인 금융기관이 제공하는 기존 서비스의 페인 포인트Pain Point(제품이나 서비스를 이용할 때 소비자가 불편, 불안, 고통 따위를 느끼는 지점을 뜻함)를 데이터 역량, 기술 등을 활용하여 크게 개선함으로써 소비자들의 만족을 얻고 있다. 핀테크 기업은 금융산업의 디지털 전환을 선도하며, 혁신적인 금융서비스를 통해 기존 금융시장의 판도를 변화시키고 있다.

핀테크의 특징은 고객의 반응에 빠르게 대응할 수 있는 민첩성과 유연성이다. 핀테크 기업은 스타트업 특유의 민첩한 조직문화와 데브옵스(개발을 뜻하는 Development와 운영을 뜻하는 Operation을 결합한 말로, 운영자와 개발자가 긴밀한 협업 및 소통을 통해 서비스를 빠른 시간에 개발·배포하는 것을 목적으로 함) 기반의 개발 환경을 통해 시장 변화에 대한 빠른 대응력을 확보하고 있다. 따라서 핀테크 기업은 민첩성과 유연성을 바탕으로 비즈니스 가치를 극대화하고, 급변하는 시장 환경에서 경쟁 우위를 선점할 수 있다.

핀테크 기업의 또 다른 특징은 혁신적인 기술과 새로운 비즈니스 모델을 기반으로 기존 서비스 대비 효율성과 접근성, 편의성이 크게 개선된 금융서비스를 제공한다는 것이다. 핀테크 기업들은 기술, 데이터 분석 및 고객 중심 접근방식을 융합하여 기존 금융서비스의 한계를 극복하고, 보다 효율적이고 편의성이 극대화된 금융 솔루션을 제공하고 있다. 예를 들어 모바일 결제, QR코드 결제, 디지털 지갑 등 혁신적인 결제 수단을 도입하여 기존의 복잡한 결제 절차가 크게 간소화된 결제서비스를 제공한다. 아울러, P2P 대출 및 크라우드 펀딩과 같은 대안 금융시장을 확대하여 금융 중개 과정의 효율성을 제고하고, 금융소비자에게 더욱 다양한 투자 기회를 제공하고 있다.

글로벌 시장을 선도하는 핀테크 기업으로는 미국의 스트라이프Stripe, 블록Block(이전 Square)과 같은 결제 솔루션 기업, 민트Mint와 같은 개인 자산 관리 플랫폼, 어펌Affirm과 같은 할부 결제 플랫폼, 그리고 알리페이Alipay로 유명한 중국의 앤트그룹Ant Group, 개인 금융서비스 플랫폼 루팍스Lufax, 중국 최초의 인터넷전문은행 위뱅크Webank 등이 있다. 국내에서는 간편송금 서비스로 시작하여 종합금융플랫폼으로 성장한 토스Toss, 간편결제서비스 기업 페이코Payco, 인슈어테크 기업 인슈로보Insurobo와 보맵Bomapp, 디지털자산거래소 업비트Upbit를 운영하는 두나무Dunamu 등이 한국을 대표하는 핀테크 기업으로 꼽힌다.

금융과 비금융을 망라하는 서비스를 제공하는 빅테크

빅테크 기업은 일반적으로 첨단기술과 플랫폼을 기반으로 금융·비금융을 망라하여 다양한 온라인·디지털 서비스를 제공하는 대형 IT기업을 의미한다. 검색엔진, 모바일 운영시스템Operating System, OS 등 다양한 서비스를 제공하는 구글Google, 전자상거래 및 클라우드 서비스 등을 제공하는 아마존Amazon, 아이폰으로 유명한 애플Apple, 소셜미디어 플랫폼 메타Meta(이전 Facebook), 컴퓨터 OS, 소프트웨어 및 클라우드 서비스 등을 제공하는 마이크로소프트Microsoft 등이 미국을 대표하는 빅테크 기업으로 거론된다.

중국의 경우, 세계 최대 규모의 온라인 쇼핑몰을 운영하는 알리바바Alibaba, 중국 최대 규모의 검색엔진 및 포털 사이트를 운영하는 바이두Baidu, 엔터테인먼트 서비스 중심의 종합 IT기업 텐센트Tencent 등이 대표적인 빅테크 기업으로 꼽힌다. 국내의 경우 검색엔진·포털서비스를 기반으로 성장한 네이버Naver, 메신저 플랫폼을 기반으로 사업을 다각화한 카카오Kakao, 로켓배송으로 유명한 전자상거래 기업 쿠팡Coupang 등이 있다.

빅테크 기업은 일반적으로 소셜 네트워크, 전자상거래, 검색 등 다양한 비금융 영역에서 사용자 경험을 중심으로 설계된 온라인·디지털 플랫폼을 통해 우수한 고객 경험과 데이터 기반 맞춤형 서비스를 제공함으로써 높은 충성도를 가진 거대한 사용자 규모를 확보하고, 이를 기반으로 다양한 분야로 사업을 확장함으로써 강력한 플랫폼 생태계를 구축했다. 최근에는 비금융 분야에서 축적된 플랫폼 역량과 대규모 사용자를 기반으로 금융업 진출을 확대하고 있다.

빅테크 기업은 금융산업으로 성공적으로 확장할 수 있는 다양한 강점을 가지고 있는데, 빅테크 기업은 충성도 높은 대규모의 사용자 기반을 보유한 동시에 강력한 브랜드 신뢰도를 구축하고 있다. 더불어 플랫폼을 구축하고 최적화할 수 있는 강력한 기술적 역량과 확장 가능한 인프라도 갖추고 있으며, 사용자 친화적인 인터페이스와 원활한 디지털 경험을 구축하는 데도 탁월한 역량을 보유하고 있다. 이는 신뢰도와 사용 편의성이 매우 중요한 금융산업에서 큰 강점으로 작용한다.

이러한 강점들을 기반으로 빅테크 기업은 전자상거래 및 소셜미디어 등 기존 비금융 생태계의 핵심서비스와 금융서비스를 통합하여 고객에게 우수한 고객 경험을 제공하는 등 금융과 비금융서비스를 통합함으로써 전통적인 금융기관과 차별화된 서비스를 제공할 수 있다. 금융과 비금융서비스의 통합은 가치제안Value Proposition 강화, 교차판매 증가 등과 같은 상당한 시너지를 발휘할 수 있다.

빅테크 기업은 플랫폼의 막강한 영향력을 바탕으로 전통적인 금융기관과 전략적 파트너십을 구축하거나 특정 금융 영역에서 뛰어난 역량을 보유한 핀테크 기업을 인수하면서 금융산업으로의 확장을 가속화하고 있다.

금융기관, 핀테크, 빅테크가 그리는 금융산업의 미래는?

빅테크·핀테크 기업, 전통적인 금융기관의 미래는 기술 발전, 규제 등과 같은 경쟁 요인들의 역학적 변화에 의해 결정될 가능성이 높다. 전통적 금융기관과 핀테크·핀테크 기업을 중심으로 향후 예측되는 금융산업의 미래에 대한 잠재적 시나리오는 다음과 같다.

시나리오 1: 협력적 시너지 관계를 기반으로 성장

첫 번째 시나리오는 전통적인 금융기관과 핀테크 기업이 서로의 강점을 활용하여 보다 포괄적이고 고객 중심적인 금융 생태계를 조성하는 효과적인 협업 방법을 모색하는 것이다. 이 시나리오에서 전통적인 금융기관은 금융시장의 경쟁 심화에 대응하고, 빅테크 기업의 영향력을 견제하기 위해 핀테크 기업과의 건설적인 협력 관계를 강화하게 된다. 또한 전통

미래 금융산업의 구조 재편 시나리오

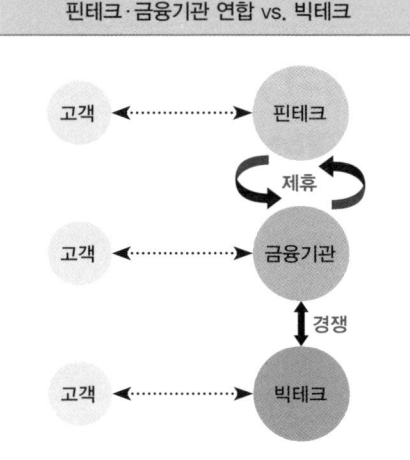
핀테크·금융기관 연합 vs. 빅테크

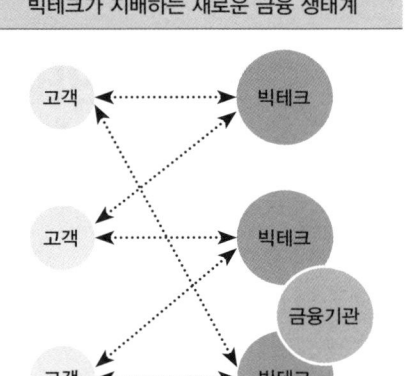
빅테크가 지배하는 새로운 금융 생태계

출처: 한국은행(2020.4), 우리나라 은행산업의 미래와 시사점, 저자 재작성

적인 금융기관은 낙후된 레거시 시스템이나 관행 중심의 조직문화를 개선하고 혁신적인 기술을 적극적으로 수용하는 등 디지털 전환을 효과적으로 수행함으로써 금융 경쟁력 강화에 성공한다.

전통적인 금융기관은 기본적으로 빅테크 기업과 경쟁 관계를 유지하게 되고, 그 결과 금융시장은 금융기관·핀테크 연합과 빅테크 기업으로 양분된다. 전통적인 금융기관은 빅테크 기업과 효과적으로 경쟁함과 동시에 핀테크 기업에 대한 협력과 투자를 확대하며 금융시장 내 힘의 균형이 유지된다. 이는 전통적인 금융기관들이 가장 바라는 시나리오이며, 전통적인 금융기관의 오랜 업력과 경험, 전통으로 비롯되는 명성과 소비자들의 신뢰, 지점과 같은 대면 채널의 경쟁력, 강력한 리스크 관리 및 컴플라이언스 역량 등과 같이 전통적인 금융기관이 빅테크 기업 대비 비교 우위에 있는 강점을 기반으로 생존 과제인 디지털 전환을 통한 혁신 및 신사업 진출 등을 성공적으로 수행했을 때 가능한 시나리오다.

시나리오 2: 빅테크 기업, 기존 금융기관을 잠식하며 지배자 역할

두 번째 시나리오는 빅테크 기업이 금융산업에서 지배적인 역할을 수행하는 것이다. 방대한 소비자 기반과 기술력을 갖춘 빅테크 기업은 금융산업의 주요 주체로 자리매김하며 전통적인 금융기관들이 수행했던 역할을 대신하고, 뱅킹과 보험, 투자 등 다양한 금융서비스를 주도적으로 제공하게 된다.

진보하는 기술 트렌드에 뒤떨어지고, 효과적인 디지털 전환에 실패한 전통적인 금융기관들은 고객과의 접점을 빅테크 기업에 대부분 잠식당하고, 상품·서비스에 대한 제조 역할만 실질적으로 기능하게 된다. 일부 전통적인 금융기관들은 변화하는 금융 환경에 적응하지 못하고, 금융 경쟁력을 상실하며 빅테크 기업들에게 종속적인 파트너십을 맺고 보이지 않는 상품 제공자 역할을 수행하게 되거나, 빅테크 기업이나 타 금융기관에게 합병당하며 금융산업에서 주류 자리를 상실하게 된다.

빅테크 기업이 금융산업에서 주도권을 가지게 됨에도 불구하고 핀테크 기업들은 혁신을 지속하며 전문화된 틈새시장에 집중하거나, 생존을 위해 빅테크 기업과의 파트너십을 바탕으로 보완적인 서비스를 제공하게 된다. 그럼에도 불구, 상당수의 핀테크 기업들은 빅테크 생태계에 흡수될 수 있다.

각 금융주체들, 금융 경쟁력 강화에 조직의 역량을 집중해야

향후 금융산업의 미래는 위에서 언급한 시나리오처럼 완전히 상호 배타적인 방식으로 전개되지는 않을 것이다. 미래 금융의 모습은 오히려 위 시나리오에서 언급된 다양한 요소가 조합된 형태로 나타날 가능성이 높으며, 실제 결과는 각 금융산업 주체들이 기술의 발전, 규제 변화 및 소비자 니즈 등과 같은 금융 환경의 근본적인 변화를 얼마나 빨리 수용하고, 얼마나 효과적으로 대응하는가에 달려 있다.

전통적인 금융기관을 포함한 빅테크·핀테크와 같은 금융산업 주체들은 급격히 변화하는 금융 환경에서 살아남기 위해 민첩성, 디지털 역량, 고객 경험 등을 강화하고 본연의 금융 경쟁력을 혁신함으로써, 궁극적으로 금융소비자들의 선택을 받는 데 생존을 건 노력을 다해야 할 것이다. 이들의 미래에 가장 큰 영향을 미치는 것은 결국 금융소비자들의 선택일 것이기 때문이다.

POINT

- 디지털 금융은 전통적인 금융 비즈니스 모델에 혼란을 불러일으키며 금융산업의 경쟁 구도를 재편하고 있다.

- 온라인 플랫폼을 기반으로, 핀테크·빅테크 기업은 결제, 대출, 투자 등 특정 금융 분야(세그먼트)를 대상으로 전통적인 금융기관보다 사용자 친화적이며 비용 효율적인 디지털 솔루션을 제공하며 경쟁력을 확보해왔다.

- 오프라인 지점 중심의 전통적 금융기관의 비즈니스 모델은 심각하게 위협받게 되었으며, 디지털 뱅킹의 부상으로 위기를 느낀 기존의 금융기관은 이에 대응하기 위해 디지털 전환 등 디지털 혁신 수용, 핀테크 기업과의 파트너십 등을 통해 본업 경쟁력을 강화하고자 한다.

- 오픈뱅킹(Open Banking)의 넥스트, 오픈 파이낸스(Open Finance)
- 비금융에 금융을 입히다, 임베디드 금융(Embedded Finance)
- 금융·비금융을 아우르는 유니버설 통합서비스, 슈퍼앱(SuperApp)
- 금융 생태계의 새로운 패러다임, 디지털자산(Digital Asset)
- 지속가능금융과 디지털의 결합, 녹색디지털금융(Green Digital Finance)
- 결제의 넥스트 웨이브, 선구매 후결제 2.0(Buy Now, Pay Later 2.0)
- 경계 없는 혁신, 금융과 비금융의 빅블러(Big Blur)
- 경쟁을 넘어 생존으로, 전략적 파트너십(Strategic Partnership)
- 혁신의 열쇠, 인공지능(Artificial Intelligence)과 데이터 애널리틱스(Data Analytics)
- 금융 안정성의 최전선, 사이버 보안(Cybersecurity)

제3장

금융산업의 미래를 견인할 글로벌 메가 트렌드

✦✦ 용어해설 ✦✦

지급결제 서비스지침2(Payment Services Directive 2, PSD2)
EU 역내 지급결제시장의 통합·경쟁 촉진, 보안 강화, 이용자 보호 등을 위해 기존의 지급서비스지침(PSD)을 개선한 개정 지급서비스지침(PSD2)을 의미.

오픈뱅킹(Open Banking)
고객의 사전동의 하에 고객의 금융데이터를 은행 외 제3자가 접근하도록 허용하는 것을 통칭하는 개념으로 ①정보주체의 자기결정권 강화, ②API의 개방(Open API), ③고객 데이터와 금융결제망에 대한 접근성 확대를 핵심요소로 한다.

오픈 파이낸스(Open Finance)
오픈뱅킹의 개념을 은행뿐만 아니라 보험, 대출, 자산운용, 연금 등 모든 금융상품에 보다 확대한 개념을 의미.

대체불가토큰(Non-fungible Token, NFT)
블록체인 기술을 활용하여 디지털자산의 소유권을 증명하는 고유하면서 상호 교환할 수 없는 토큰을 의미.

탈중앙화 금융(Decentralized Finance, DeFi)
은행과 같은 중앙 집중식 기관 없이 블록체인 기술과 스마트계약(Smart Contract)을 통해 이용할 수 있는 다양한 금융상품 및 서비스를 의미.

오픈뱅킹Open Banking의 넥스트, 오픈 파이낸스Open Finance

2018년 1월 유럽연합EU은 지급결제 서비스지침2Payment Services Directive 2, PSD2를 발표하여 은행이 개방형 애플리케이션 프로그램 인터페이스Application Programming Interface, API를 통해 고객의 데이터를 개방하도록 의무화였다. PSD2는 정보 주체인 개인고객이 동의할 경우, 은행의 계좌 정보와 이체 기능 및 금융정보 등을 제3자 지급서비스 제공자Third Party Payment Service Provider, TPP에게 개방하는 것을 핵심으로 하고 있다. 이렇듯 전 세계적으로 금융산업 관련 규제는 고객의 권리를 강화함과 동시에 고객 관련 데이터를 의무적으로 개방하는 추이를 보이고 있다.

국내에서도 2019년 12월 18일 고객의 동의를 전제로, 고객의 은행 계좌 정보와 이체 기능을 제3자 지급서비스 제공자TPP에게 개방하도록 의무화한 오픈뱅킹Open Banking이 전면 시행되었다.

오픈뱅킹의 시행으로 금융데이터 접근성이 확대됨에 따라 핀테크 기업과 같은 제3자 지급서비스 제공자들이 새롭고 다양한 금융서비스를 개발할 수 있는 토대와 기반이 조성되었다. 언론보도에 따르면, 2023년 말 기준 오픈뱅킹 가입자수는 약 3,564만 명을 기록하고 있으며, 약 1억 9,375만 개에 이르는 계좌가 오픈뱅킹 앱에 등록되어 있다.

오픈 파이낸스Open Finance는 오픈뱅킹보다 광의의 개념으로, 오픈뱅킹을 넘어 은행, 보험, 자산운용, 대출, 연금 등 다양한 금융 분야로 데이터 공유를 확대함으로써, 금융시장의 디지털 혁신을 촉진하는 새로운 패러다임이다. 오픈 파이낸스는 종종 오픈뱅킹과 비교되는데, 간단히 말해 오픈 파이낸스는 오픈뱅킹의 다음 단계로, 오픈뱅킹의 개념을 보다 확대한 것이라 할 수 있다. 오픈 파이낸스의 지향점은 오픈뱅킹과 마찬가지로 소비자의 금융데이터에 대한 자기 결정권을 강화하는 것이다. 그러나 오픈뱅킹이 은행데이터에 국한된 반면, 오픈 파이낸스는 훨씬 광범위한 금융데이터에 대한 접근을 허용함으로써 그 파급력은 오픈뱅킹을 크게 상회할 것으로 예상된다.

오픈뱅킹-오픈 파이낸스-오픈 데이터의 관계

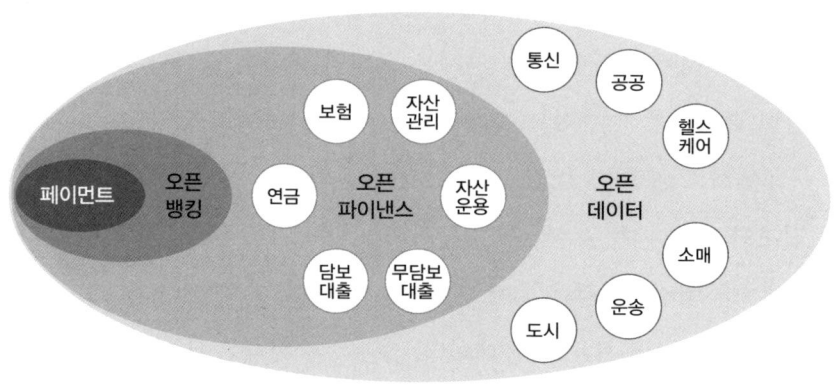

출처: 한국핀테크지원센터, 2022 한국 핀테크 동향 보고서

오픈 파이낸스의 주요 이점 중 하나는 금융업계의 혁신을 크게 촉진한다는 것이다. 오픈 파이낸스는 오픈뱅킹보다 훨씬 더 방대한 양의 금융데이터를 활용할 수 있도록 함으로써, 오픈뱅킹과는 비교할 수 없을 정도로 금융시장의 혁신을 가속화하고, 소비자에게 더욱 다양한 금융서비스를 제공할 수 있는 토대를 마련할 수 있다. 이는 궁극적으로 소비자에게 더욱 향상된 금융서비스를 제공하는 데 기여할 것이다. 오픈 파이낸스는 금융 포용성 향상에도 공헌할 수 있다. 오픈 파이낸스는 핀테크 기업에게 오픈뱅킹을 넘어선 데이터 활용 기회를 제공함으로써, 전통적인 금융시스템에서 혜택을 받지 못하거나 배제되었던 소비자들이 오픈 파이낸스를 통해 대출이나 보험 등의 금융서비스 혜택을 누리게 될 수도 있다.

전 세계 오픈 파이낸스 시행 현황

출처: Arab Regional Fintech Working Group(2021), Open finance: A framework for the Arab region is more than a question of scope

오픈 파이낸스의 주요 과제 중 하나는 데이터 보안과 개인정보 보호라 할 수 있다. 금융기관이 보유한 민감한 고객 데이터에 제3자 지급서비스 제공자의 접근을 허용하는 등 데이터의 개방성을 높여 유통을 활성화하고 데이터의 활용성을 높이는 것이 오픈 파이낸스의 핵심 메커니즘이기 때문이다. 이는 자연스럽게 개인정보와 관련한 사고 위험 증가로 이어진다. 따라서 이러한 위험을 완화하기 위해서는 강력한 데이터 보안 및 개인정보 보호 방안을 마련하는 것이 필수적이다. 오픈 파이낸스의 활성화를 위해서는 업계 전반을 아우르는 데이터 표준화 기준의 확립도 필요하다. 오픈 파이낸스에 대한 업계 전반의 표준이 부재하면 데이터 활용의 상호 운용성이 떨어져 프로그램 개발이 용이하지 않게 되고, 금융 혁신을 위한 동력이 떨어지는 결과로 이어지기 때문이다.

오픈뱅킹이 다수 국가에서 법적 의무 사항으로 자리매김한 반면, 오픈 파이낸스는 아직까지 법적 의무 사항은 아니다. 그러나 오픈뱅킹이 전 세계적으로 빠르게 확산되면서 금융데이터 공유에 대한 관심이 높아지고, 이에 따라 오픈 파이낸스 체계 구축에 대한 논의가 유럽연합을 중심으로 진행되고 있다. 2022년, 유럽연합 집행위원회European Commission는 금융 부문의 오픈 파이낸스 체계와 데이터 공유 방안에 대해 논의하기 위해 다양한 이해관계자들과 공개 의견 수렴 절차를 실시하였으며, 2023년 6월에는 오픈 파이낸스 프레임워크에 대한 입법 제안을 발표한 바 있다. 한국에서도 오픈 파이낸스 활성화를 위한 노력이 이루어지고 있다. 2021년 11월 금융위원회는 '오픈뱅킹 시행 2년이 만든 디지털 금융 혁신 성과' 보도자료를 통해 오픈뱅킹을 넘어 오픈 파이낸스로의 발전을 위해 향후 추진방향을 마련하겠다고 발표하였으며, 금융데이터 규제혁신TF 등을 운용하며 금융데이터 산업 발전을 위한 다양한 과제를 도출하는 등 금융데이터의 활용성을 촉진하기 위한 세부 방안을 추진하고 있다.

오픈 파이낸스는 초기 단계에 있으나 금융산업 전반에 걸친 혁신적 변화를 주도할 잠재력을 지니고 있으며, 향후 금융서비스의 개방성과 협력성을 기반으로 한 새로운 패러다임을 형성할 전망이다. 글로벌 금융산업은 데이터 개방과 오픈 이노베이션Open Innovation을 향한 세계적 흐름에 부응하여 보다 효율적이고 포용적인 금융 생태계 조성을 목표로 노력하고 있으며, 이를 통해 다양한 이해관계자의 참여를 촉진하여 산업의 경계를 확장하고 새로운 비즈니스 기회를 창출할 것으로 전망된다.

글로벌 주요국 오픈 파이낸스 시행 비교

범위	오픈뱅킹			오픈 파이낸스		
	지급결제에 초점을 두고 시행			지급결제 이외에도 대출, 모기지, 신용카드, 투자펀드 등을 포함		
규제가 시행의 주요 동인	EU	UK	Bahrain	Brazil	Mexico	Australia
	Japan	UAE	Saudi Arabia	Hong Kong	India	South Korea
산업 내 자발적 시행	Switzerland	New Zealand		Singapore	USA	China

출처: Arab Regional Fintech Working Group(2021), Open finance: A framework for the Arab region is more than a question of scope

비금융에 금융을 입히다, 임베디드 금융Embedded Finance

임베디드 금융은 응용 프로그램 인터페이스Application Programming Interface, API를 기반으로 전통적인 금융기관의 디지털 금융서비스가 비금융 기업과 같은 제3자의 플랫폼에 내장되어 제공되거나, 제3자의 상품 및 서비스에 통합되어 제공되는 서비스 모델을 의미한다. 전통적인 금융기관이 API를 통해 금융인프라를 개방하면, 비금융기업이 금융기관의 디지털 서비스 기능에 접근할 수 있게 되고, 이를 통해 금융기관의 디지털 금융서비스를 비금융 기업의 상품·서비스에 결합하거나 운영 플랫폼에 탑재하여 고객에게 한층 원활하고 편리한 서비스를 제공할 수 있다.

임베디드 금융은 금융서비스가 금융기관을 중심으로 제공되던 방식에서 벗어나, 제3자 플랫폼에 디지털 금융 기능을 내재화하여 소비자에게 더욱 편리한 금융 경험을 제공하는 모듈형 서비스로, 임베디드 금융을 적용하면 비금융 기업도 자사 플랫폼에서 통합된 디지털 금융서비스를 제공할 수 있다. 이러한 서비스 모델은 '서비스형 금융(Finance as a

Service 또는 Banking as a Service)'이라 불리며, 디지털 금융서비스에 대한 접근을 보다 단순하고 용이하게 한다. 서비스형 금융은 전통적인 금융기관, 핀테크 기업, 비금융 기업 간의 파트너십과 협업을 통해 API를 기반으로 이루어진다.

임베디드 금융을 촉진하는 동인Drivers은 금융서비스에 대한 전반적인 수요 증가와 편리함을 추구하는 소비자의 요구, 핀테크 기업을 중심으로 이루어지는 기술혁신, 그리고 전통적인 금융기관의 새로운 수익 창출 니즈 등을 꼽을 수 있다. 소비자들은 원활한 금융 경험을 기대하며, 일상적으로 사용하는 플랫폼 내에서도 손쉽게 금융서비스를 이용하기를 원한다. 예를 들어 중고차 구매 앱을 통해 고객들은 중고차 탐색은 물론, 중고차 구매를 위한 대출이나 할부서비스까지 별도로 알아보지 않고 한 번에 해결할 수 있기를 원한다. 중고차 구매 앱을 운영하는 비금융 기업은 임베디드 금융을 통해 자사의 주요 서비스에 디지털 금융 기능을 결합하여 소비자에게 원활한 금융 경험을 제공할 수 있다.

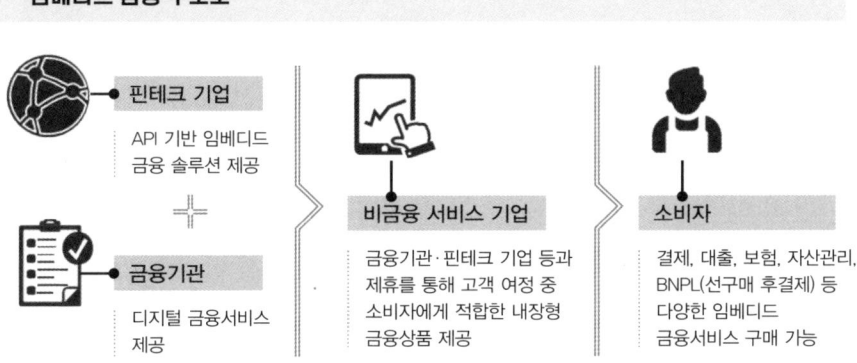

| 출처: 삼정KPMG 경제연구원(2023), 기로에 선 보험산업, 무엇을 준비해야 할까, 저자 재작성

임베디드 금융은 다양한 산업 분야의 플랫폼과 유연한 통합을 통해 새로운 비즈니스 모델을 창출할 수 있는 잠재력을 지니고 있으며, 글로벌 금융 생태계의 새로운 성장 동력으로 주목받고 있다. 이러한 움직임의 하나로 핀테크 기업들을 중심으로 API 기술을 활용하여 비금융 플랫폼에서 금융기관의 디지털 금융서비스를 접목할 수 있는 혁신적인 비즈니스 솔루션 등이 출시되고 있다.

또한 금융기관들은 서비스형 금융을 통해 금융을 넘어 비금융 부문까지 진출을 확대하며 새로운 비즈니스 기회를 발굴하고자 노력하고 있다. 기술이 발전되고 온라인·디지털 생태계가 확장됨에 따라 전 세계적으로 전자상거래, 모빌리티, 배달 등 디지털 플랫폼을 중심으로 임베디드 금융의 도입이 확대되고 있으며, 임베디드 금융은 결제를 넘어 보험, 대출 등 다양한 금융서비스로 확장되어 비금융 플랫폼 내에서 디지털 금융서비스의 접근성을 높이고 있다.

임베디드 금융은 모든 이해관계자에게 이익을 제공하는 윈-윈Win-Win 방식의 비즈니스 모델로 평가받는다. 소비자는 비금융 플랫폼 내에서 금융서비스까지 원스톱으로 이용할 수 있어 높은 서비스 편의성을 경험할 수 있다. 비금융 사업자는 자사 플랫폼이나 서비스에 디지털 금융서비스를 통합하여 고객 경험을 개선하고 만족도를 제고함으로써 고객 락인Lock-in 효과를 강화할 수 있다.

금융기관은 임베디드 금융을 통해 비금융 기업이 자체 서비스나 플랫폼에서 금융기관의 디지털 금융서비스를 제공할 수 있도록 함으로써 비금융 생태계 내에서 고객 접점을 확대할 수 있다. 또한 비금융 기업에게 디지털 금융 서비스 기능을 제공하고 이에 따른 수수료를 수취함으로써

글로벌 벤처캐피털 임베디드 금융 투자 추이

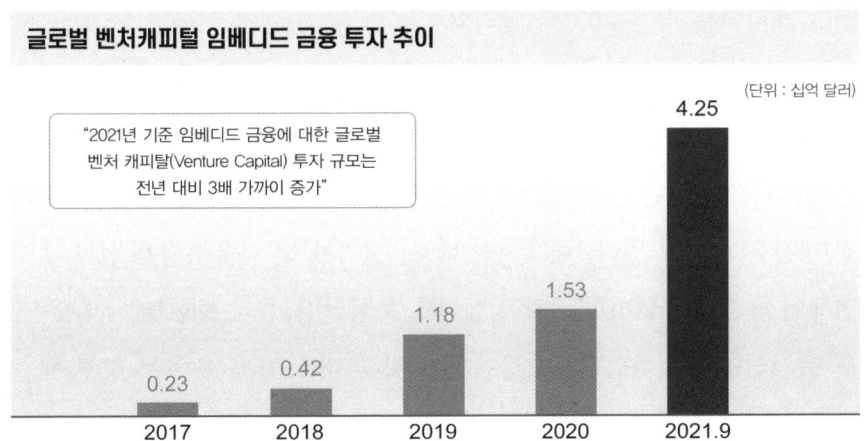

출처: Pitchbook, Statista, 저자 재작성

미국 임베디드 금융시장 규모 전망

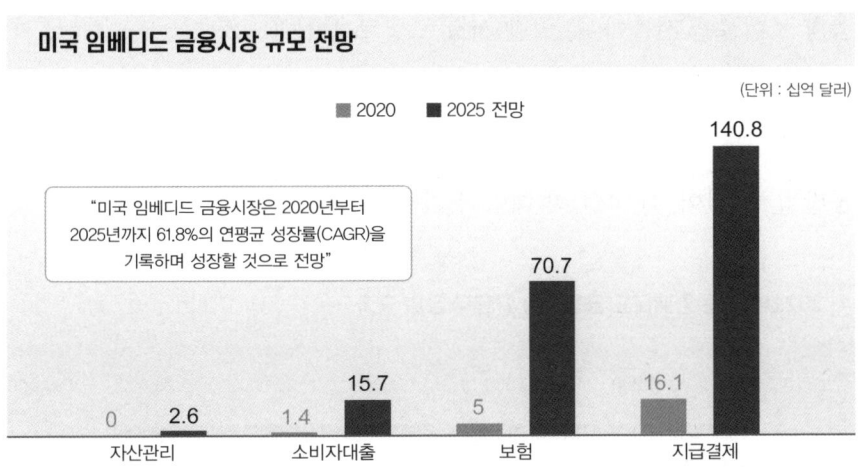

출처: Statista, 저자 재작성

새로운 수익원을 창출할 수 있다.

해외에서는 임베디드 금융이 이미 급성장세를 보이고 있다. 2022년 기준 미국의 임베디드 금융시장 규모는 약 265억 달러로 추산되어 가장 큰 시장을 형성하고 있는 것으로 조사되었다. 영국은 약 39.2억 달러, 독

일과 캐나다는 각각 26.0억 달러와 17.7억 달러로 그 뒤를 잇고 있으며, 브라질은 약 17.6억 달러의 시장 규모를 기록하여 라틴아메리카 최대의 임베디드 금융시장으로 평가되고 있다.

임베디드 금융은 특히 비금융영역 내 생태계가 형성된 분야에서 두드러진 성장을 보이고 있다. 대표적인 예로, 전기차 및 자율주행차 선도 제조업체인 테슬라는 2019년 8월 임베디드 보험인 '테슬라 보험Tesla Insurance'을 출시하였으며, 테슬라의 창립자인 일론 머스크Elon Musk는 향후 테슬라 보험이 테슬라 전체 기업가치의 30~40%를 차지할 잠재력이 있다고 언급한 바 있다. 테슬라는 차량 운행 시 수집되는 데이터를 기반으로 맞춤형 보험료를 산출하여, 일반 시장 보험료보다 20~30% 낮은 요율로 제공함으로써 테슬라 차량 구매자에게 강력한 락인 효과를 창출하고 있다.

임베디드 금융은 업종을 불문하고 다양한 비금융서비스와 유연하게 통합될 수 있어, 디지털 및 데이터 기반 생태계에서 그 잠재력이 매우 큰

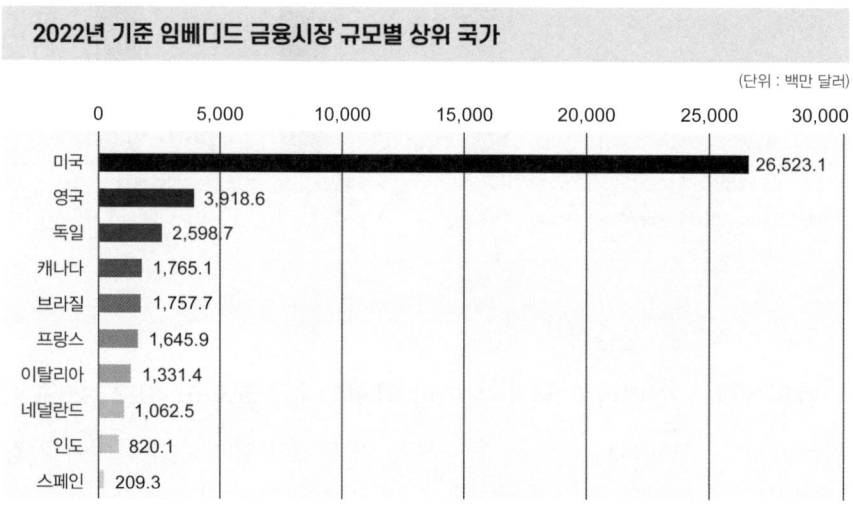

2022년 기준 임베디드 금융시장 규모별 상위 국가

(단위 : 백만 달러)

미국	26,523.1
영국	3,918.6
독일	2,598.7
캐나다	1,765.1
브라질	1,757.7
프랑스	1,645.9
이탈리아	1,331.4
네덜란드	1,062.5
인도	820.1
스페인	209.3

▮ 출처: Statista, 저자 재작성
 * 매출 규모 기준

비즈니스 모델로 평가된다. 이로 인해 향후 폭발적인 성장이 예상되며, 특히 금융과 비금융산업 간의 경계를 허물고 새로운 협업과 서비스 모델을 창출하는 중요한 촉매제가 될 것으로 전망된다. 임베디드 금융은 기존 금융서비스의 한계를 넘어, 비금융영역에서 보다 개인화되고 접근성 높은 디지털 금융 경험을 제공하여 소비자의 만족도를 크게 향상시킬 수 있는 강력한 도구로 자리 잡을 것이다.

출처: Statista, 저자 재작성

금융·비금융을 아우르는
유니버설 통합서비스, 슈퍼앱SuperApp

슈퍼앱Super App은 다양한 금융서비스뿐만 아니라 비금융서비스까지도 단일 플랫폼상에서 통합된 사용자 인터페이스를 통해 제공함으로써 사용자 편의성을 극대화한 모바일 앱을 의미한다. 단일 기능 앱과 달리, 슈퍼앱은 사용자의 다양한 니즈를 충족시키기 위해 하나의 플랫폼 내에서 포괄적인 서비스를 제공한다. 국내에서는 종합금융플랫폼 또는 디지털 유니버설 뱅크Digital Universal Bank라고 불리기도 한다. 기술의 발전, 디지털화, 모바일 기기의 대중화, 빅테크 등 비금융기관의 금융산업 진출 가속화 등으로 인해 슈퍼앱은 금융뿐만 아니라 다양한 산업분야에서도 메가 트렌드로 자리 잡는 추세다.

일반적으로 슈퍼앱은 전통적인 금융기관보다는 비금융 스타트업이나 핀테크 기업이 주도하는 경우가 많다. 초기에는 단일 핵심 서비스에 중점을 두고 출시되지만, 일정 수준의 사용자 기반이 확보되면 디지털 기술과 전략적 파트너십을 활용하여 다수의 서비스를 개발하고, 이를 통합

인터페이스에 접목하는 방식으로 확장되는 것이 일반적이다.

슈퍼앱은 사용자의 편의성을 증대하고 새로운 서비스 및 시장 창출에 기여하고 있다. 슈퍼앱의 주요 장점은 다양한 서비스를 하나의 플랫폼에서 제공함으로써 사용자 편의를 극대화하고 우수한 고객 경험을 창출하는 데 있다. 모바일 기반 서비스를 통해 접근성을 높이는 것은 물론, 사용자 데이터를 바탕으로 개인 맞춤형 서비스를 제공함으로써 사용자에게 높은 만족도를 제공한다. 또한, 슈퍼앱은 금융과 비금융을 아우르는 다양한 분야로 서비스 영역을 확장할 수 있는 높은 성장 잠재성을 보유하고 있다.

슈퍼앱의 일반적 지원 기능 및 서비스 예시

결제 및 금융	편의시설 예약	미디어 콘텐츠	리테일 서비스	기타
• 가상지갑 및 모바일 간편결제 • 투자 • 보험 • 대출 • 송금 • 자산관리 • 포인트 적립 및 보상 등	• 영화, 공연, 극장, 박물관 등 티켓 예약 • 호텔, 숙박시설, 식당 등 예약 • 여행 패키지, 기차, 비행기 등 티켓 발권 등	• 뮤직·영상 스트리밍, 게임, 엔터테인먼트 • 뉴스, 커뮤니티, 포털 및 검색 서비스 • 클라우드 스토리지 등	• 전자상거래 • 음식·음료 등 배달서비스 주문 • 중고거래·상품권 거래 지원 등	• 부동산 정보·거래 지원 • 기부 • 공과금 지급 • 공공 증명서 발급 • 택배

출처: 한국지능정보사회진흥원(2022), 국가지능정보화백서

해외의 경우 중국이 슈퍼앱 트렌드를 가장 주도적으로 이끌고 있다. 중국의 대표적인 슈퍼앱으로는 중국의 거대 인터넷 기업 텐센트Tencent가 2011년 출시한 위챗WeChat을 꼽을 수 있다. 위챗은 메신저앱으로 시작하였으며, 이후 모바일 결제, 송금, 청구서 결제, 디지털 지갑, 전자상거래,

음식 배달, 차량 공유, 게임, 비디오 스트리밍 등의 서비스로 확대하였다. 2022년 기준 약 13억 명에 달하는 사용자를 보유한 위챗은 중국 내에서 일상생활의 필수적인 플랫폼으로 자리 잡았으며, 중국의 디지털화와 중국 소비자들의 소비행태 변화에 크게 기여했다.

해외 주요 슈퍼앱 현황

중국	위챗 (WeChat)	• 중국 다국적 기술기업 텐센트(Tencent)가 2011년 출시하였으며, 2022년 1분기 기준 12억 6,000만 명의 활성 사용자 보유 • 가상지갑, 지급결제, 청구서 결제, 호텔·숙박시설·티켓·대중교통 예약, 비자 신청, 소개팅 등의 다양한 서비스를 통합하여 총 백만 개 이상 서비스 제공
	알리페이 (Alipay)	• 마윈이 1999년 설립한 중국 최초·최대의 전자상거래 플랫폼 알리바바(Alibaba)의 자회사 앤트그룹(Ant Group)이 2004년 설립 • 중국의 QR코드 기반 모바일 송금·결제 시장을 선점하며 2019년 기준 알리페이 시장점유율은 54.4%를 차지
미국	X (전 트위터)	• 2023년 7월 트위터의 리브랜딩 계획 발표와 함께 사명, 로고를 X로 변경 • 일론 머스크는 중국의 위챗을 지향한다고 언급하며 슈퍼앱으로 핵심 금융서비스를 제공하는 플랫폼으로 발전시킨다는 비전 제시 • X는 송금, 온라인 결제, 예금, 대출 등의 주요 금융서비스 제공 예정
	벤모 (Venmo)	• 디지털 지급결제 기업인 페이팔(PayPal)이 운영 • 사용자 맞춤형 대시보드, 결제수단 및 자동이체를 관리하기 위한 디지털 지갑, 디지털자산 거래 지원, 저축예금, 국제 송금, 기부, 캐시백, 청구서 지불 등의 서비스 제공
	캐시앱 (Cash App)	• 미국 기업 블록(Block)이 운영하며 2021년 기준 8천만 명의 활성 사용자 보유. 결제, 대출, 예금, 주식 및 비트코인 거래, 세무, 리워드 등 금융을 중심으로 서비스 제공 • 2021년 3월 음악 스트리밍 서비스인 타이달(Tidal), 선구매 후결제(Buy now Pay later) 기업인 애프터페이(Afterpay)도 캐시앱으로 통합
싱가포르	그랩 (Grab)	• 2021년 기준 2천 410만 월간 활성 사용자 보유 • 1) 결제, 전자상거래 및 보험 등의 금융서비스, 2) 음식, 택배, 문서 등의 배달, 3) 택시와 같은 대중교통 수단의 호출 등 3가지 영역을 중점적으로 통합 서비스 제공
인도네시아	고젝 (GoJek)	• 2020년 기준 3천 800만 명의 월간 활성 사용자 보유 • 승차 공유 서비스로 시작했지만 현재 운송 및 물류, 음식배달, 쇼핑, 디지털 결제, 뉴스 및 엔터테인먼트 등의 분야에서 20개 이상의 통합 서비스를 제공

| 출처: 국제금융센터, 한국지능정보사회진흥원(2022), 국가지능정보화백서, 저자 재작성

2021년 1분기 기준 9억 3,900만 명을 보유한 알리바바Alibaba도 중국을 대표하는 슈퍼앱으로 꼽힌다. 전자상거래 등 알리바바 생태계 내에서 핵심적인 역할을 수행하는 알리페이Alipay는 QR코드 결제서비스를 통해 중국 전역의 수백만 개에 달하는 가맹점에서 사용되고 있다.

미국에서는 아시아의 슈퍼앱과 같은 광범위한 서비스를 제공하는 사례를 찾기 어렵지만, 그중 하나로 트위터의 공동 창업자 잭 도시Jack Dorsey가 설립한 블록Block을 들 수 있다. 이전에 스퀘어Square라는 이름으로 알려진 블록은 핀테크 플랫폼인 캐시앱Cash App을 운영하고 있다. 블록은 2021년 3월에 스트리밍 서비스 플랫폼 타이달Tidal을, 2022년 5월에는 선구매 후결제Buy Now, Pay Later 서비스 기업인 애프터페이Afterpay를 인수하여 캐시앱에 통합했다. 이를 통해 블록은 단일 플랫폼에서 결제, 대출, 주식, 비트코인 투자, 음식 주문 등 다양한 서비스를 제공할 수 있도록 서비스 범위를 확장하고 있다.

동남아시아에서 흔히 그랩Grab으로 알려진 그랩 홀딩스Grab Holdings는 싱가포르에 본사를 둔 다국적 차량 호출 서비스 기업이자 금융서비스 기업이다. 2012년 설립된 이후, 그랩은 동남아시아의 주요 기술 기업 중 하나로 성장했으며, 차량 호출 서비스를 넘어 다양한 라이프스타일 서비스를 제공하는 슈퍼앱으로 자리매김했다. 또 다른 동남아시아 슈퍼앱인 인도네시아의 고젝Gojek은 2010년 차량 호출 플랫폼으로 시작하여 이후 금융, 교통, 음식 배달 등 다양한 영역으로 서비스를 확장하며 사용자의 일상적인 니즈를 충족하는 포괄적인 디지털 생태계를 구축하는 것을 목표로 하고 있다.

국내에서는 한국을 대표하는 대표적인 빅테크 기업으로 성장한 카카오Kakao나 간편송금에서 시작하여 국내 최초로 금융 분야에서 데카콘 Decacorn(기업가치 10조 원 이상의 비상장기업)을 넘보는 핀테크 플랫폼으로 성장한 토스Toss, 국내 숙박업계 선두주자 야놀자Yanoja 등이 좋은 예다.

카카오는 2006년 메신저 서비스인 카카오톡을 처음 선보였다. 유료 문자 메시지가 일반적이던 당시, 무료로 간편하게 메시지를 주고받을 수 있는 서비스를 제공하며 빠르게 사용자 기반을 확대했다. 이후 쇼핑, 금융, 게임, 모빌리티, 음식 주문, 콘텐츠 서비스 등 다양한 분야로 확장하며 한국의 대표 슈퍼앱으로 자리 잡았다.

글로벌 주요시장의 슈퍼앱 얼리 어답터(Early Adopter)수 및 지출규모 추정치

구분	미국	영국	독일	호주	합계
성인 인구수(백만 명)	258	53	69	26	406
연간 총 소비자 지출규모 (10억 달러)	8,020	1,105	2,265	523	11,913
슈퍼앱 얼리 어답터수 추정치(백만 명)	71	9	14	3	98
연간 총 슈퍼앱 얼리 어답터 지출규모 추정치(10억 달러)	2,223	282	612	134	3,251

| 출처: Statista, PYMNTS
* 2022년 1월 설문조사 기준 추정치

토스는 간편송금 서비스의 성공을 기반으로 송금, 결제, 투자, 보험, 은행 등 다양한 금융서비스를 제공하는 슈퍼앱으로 성장했다. 2016년에는 보험 서비스인 토스인슈어런스, 2017년에는 토스증권, 2018년에는 토스뱅크를 차례로 론칭하며 종합금융플랫폼으로서의 입지를 확립했다. 토스는 각 금융 분야에 특화된 기능과 혜택을 지속적으로 제공하여 사용

자의 만족도를 충족하고 있다.

야놀자는 2012년 12월 모텔을 포함한 다양한 숙박업소의 정보 제공 및 예약 서비스를 론칭하며 시장에 진입했다. 이후 숙박 앱의 성공을 기반으로 여행 및 레저 서비스로 영역을 확장하며 성장을 이어왔다. 2015년에는 레저, 2016년에는 항공, 2017년에는 공연, 2018년에는 렌터카, 2019년에는 쇼핑, 2020년에는 식음료, 2021년에는 스포츠, 2022년에는 헬스케어 등 다양한 분야의 서비스를 연이어 선보였고, 현재는 종합 라이프스타일 서비스 플랫폼으로 탈바꿈했다.

슈퍼앱은 사용자 경험의 개인화와 다양한 서비스 제공에 따른 강력한 락인Lock-in 효과를 통해 영향력을 더욱 확대될 전망이다. 슈퍼앱은 하나의 플랫폼에서 여러 서비스를 통합 제공함으로써 고객의 참여율을 높이고, 이에 따라 새로운 수익 창출 기회를 기업에 제공하는 궁극의 플랫폼으로 자리 잡고 있다. 특히, 슈퍼앱은 인공지능AI, 빅데이터 및 클라우드 기술을 활용한 고객 경험의 고도화가 예상되는데, 이는 각 사용자의 선호도와 생활 패턴에 맞춰 더욱 개인화된 맞춤형 서비스를 가능하게 한다. 더불어, 다양한 파트너십을 통해 슈퍼앱은 생활밀착형 서비스를 포함한 폭넓은 영역으로 발전을 지속할 것으로 보인다. 이러한 추세로, 슈퍼앱은 금융과 비금융서비스를 넘나들며, 고객이 단일 플랫폼에서 모든 일상적 니즈를 해결할 수 있는 종합 라이프스타일 솔루션 형태로 진화를 계속할 것이다.

2022년 국내 슈퍼앱 월간 활성 이용자수

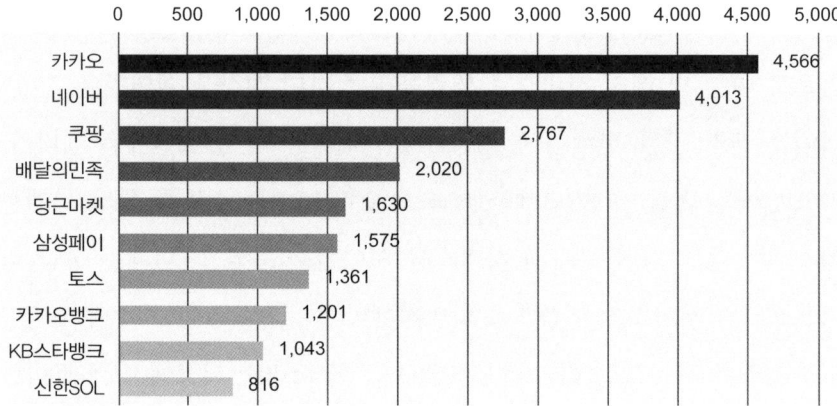

출처: 삼정KPMG, 언론보도
* 2022년 6월 기준

금융 생태계의 새로운 패러다임, 디지털자산 Digital Asset

디지털자산Digital Asset은 블록체인Blockchain 또는 분산원장기술Distributed Ledger Technology을 기반으로 암호화된 디지털 거래와 이전이 가능하며, 결제·투자 등의 목적으로 활용될 수 있는 디지털화된 가치 수단을 의미한다. 디지털자산은 가상자산Virtual Asset 또는 암호화폐Cryptocurrency로도 불리며, 다양한 형태로 금융시장에서 활용 범위를 넓혀가고 있다.

디지털자산은 중앙은행이나 공공기관에 의해 발행되거나 그 가치가 보장되지는 않지만, 교환, 투자, 서비스 등의 수단으로서 활용이 점차 확대되고 있다. 2017년에는 비트코인 등 디지털자산에 대한 투자 열풍으로 인해 가격이 급등한 첫 번째 사례가 나타났다. 이후, 코로나19 팬데믹에 따른 경기 부양책으로 시중에 공급된 풍부한 유동성, 새로운 산업의 성장 가능성에 대한 기대, 대체불가토큰Non-fungible Token, NFT에 대한 수요 확대와 투자 열풍 등이 맞물리면서, 2020년 5월 이후 전 세계 디지털자산의 시가총액은 급격한 성장세를 보이기 시작했다.

그 결과 디지털자산 내 다양한 생태계들이 태동하기 시작했는데, 블록체인 사상을 금융에 접목한 탈중앙화 금융인 디파이Decentralized Finance, DeFi나 디지털자산의 고유한 원본성과 소유권을 증명하는 디지털 정품 인증서 역할을 하는 NFT 등이 대표적이다.

탈중앙화 애플리케이션인 디앱Decentralized Application, DApp은 중앙화된 서버 없이 블록체인 기술을 기반으로 분산된 네트워크상에서 운영되는 응용 프로그램으로, 개인과 개인 간 형태로 작동하는 앱이다. 블록체인 기술을 활용해 제3의 인증기관 없이 개인 간 계약이 이루어질 수 있도록 하는 기술인 스마트 계약Smart Contract이 신뢰의 주체 역할을 수행하기 때문에 투명성과 자율성 및 경제성 등을 확보할 수 있다. 디지털자산은 탈중앙화 앱 생태계에서 결제 및 거래 수단이나 보상 및 인센티브를 위한 수단으로 활용되며 중요한 역할을 수행한다.

디파이는 블록체인의 스마트 계약을 통해 제3의 보증기관 없이 개인 간 직접 연결된 거래를 생성하고 자동 실행할 수 있도록 하는 탈중앙화 금융서비스를 의미한다. 기존의 중앙집중식 금융시스템은 은행과 같은 금융기관이 금융거래의 신뢰를 보증하는 주체 역할을 하므로 투명성이 제한되고, 복잡한 절차와 높은 거래 비용이 발생하는 한계를 가지고 있다. 디파이는 이러한 중앙집중식 금융시스템을 대체하여 더욱 투명하고 효율적인 금융거래 환경을 구축하는 것을 목표로 한다. 디앱은 블록체인 기반의 다양한 탈중앙화 애플리케이션을 의미하는 반면, 디파이는 탈중앙화 금융을 목적으로 한 디앱으로, 디파이는 디앱의 하위 개념으로 볼 수 있다.

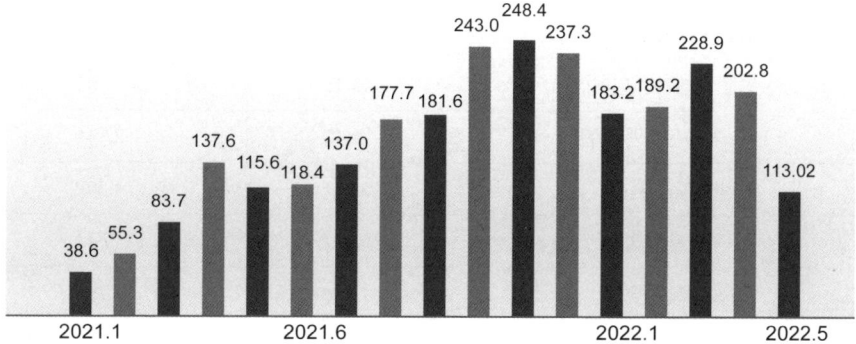

디파이의 총 예치금(Total Value Locked, TVL) 추이

출처: Statista, DeFi Llama
* TVL은 탈중앙화된 금융 플랫폼인 디파이(DeFi)에 예치되어 있는 자산 규모의 총합계를 의미하며, 숫자가 클수록 규모가 큰 생태계를 가지고 있다는 의미이다.

    대체 불가능한 디지털 아이템의 소유권을 나타내는 데 사용되는 NFT의 경우, 2021년 3월 디지털 아티스트 비플Beeple의 작품 '매일: 첫 5000일Everydays: the First 5000 Days'이 6,930만 달러에 낙찰되며 큰 반향을 일으켰다. 이후 엔터테인먼트와 스포츠 업계를 중심으로 NFT의 상업화가 성공적으로 이루어졌으며, 그 대표적 사례로는 'NBA 톱 샷NBA Top Shot'을 들 수 있다. NBA 톱 샷은 NBA 스타 선수들의 인상적인 경기 장면을 선별하여 짧은 영상 형태의 NFT로 제작해 수집품으로 판매하였고, 이는 소비자들로부터 큰 호응을 얻으며 높은 수익을 창출하는 데 성공했다.

NFT 관련 2020년 및 2021년 현황 비교

구분	2020	2021
시장 규모(백만 달러)*	82.49	17,695
평균 판매가격(달러)	49.18	897.52
판매 거래건수(백만 건)	1.42	27.41
활성 지갑수(개)	89,061	2,574,302
구매자수(명)	75,144	2,301,544
판매자수(명)	31,774	1,197,796

출처: Statista
*1차, 2차 시장 판매가격

디지털자산에 대한 인식이 확산되고 투자자들의 관심이 증가함에 따라, 전 세계 디지털자산 시가총액은 2021년 11월 사상 최고치인 3조 480억 달러를 기록했으며, 같은 시기 디지털자산을 대표하는 비트코인BTC 가격 역시 67,500달러를 돌파하는 기록을 세우기도 했다. 그러나 2022년 이후 전 세계적인 인플레이션 압력으로 미국을 비롯한 주요국들이 통화정책을 긴축 기조로 전환하면서 디지털자산 시장은 하락세를 보이기 시작했다. 특히, 2022년 5월 발생한 루나-테라 폭락 사태의 여파로 셀시우스Celsius, 쓰리 애로우스 캐피탈Three Arrows Capital, 3AC, 보이저 디지털Voyager Digital 등 주요 디지털자산 기업들이 연쇄적으로 파산하며 시장에 큰 충격을 주었고, 2022년 8월에는 전 세계 디지털자산 시가총액이 1조 달러 이하로 떨어지면서 디지털자산 시장이 큰 혼란을 겪었다.

앞서 언급된 바와 같이, 디지털자산은 극심한 변동성을 보이며 가격이 급격히 상승과 하락을 반복하는 특성이 있고, 디지털자산 투자와 관련된 투자자 보호 문제 역시 주요 이슈로 부각되면서, 전 세계적으로 디지털자산에 대한 규제 체계 마련의 필요성이 대두되었다.

그 결과, 2020년 9월 24일 유럽연합 집행위원회European Commission, EC는 핀테크 분야의 기술 경쟁력을 강화하고 금융 위험을 완화하기 위해 디지털자산에 대한 포괄적이고 새로운 입법인 미카Markets in Crypto-Assets, MiCA 법안을 제안했다. 미카는 주로 규제 사각지대에 놓인 스테이블코인과 디지털자산 서비스 제공업체Crypto Asset Service Provider, CASP에 대한 규제를 중점적으로 다루고 있다. EU는 디지털자산의 기본법인 미카 법안에 합의하였으며, 2023년 4월 유럽 의회는 찬성 517표, 반대 38표, 기권 18표로 전 세계 최초로 디지털자산 시장법을 통과시켰으며, 해당 법안은 2024년 6월 30일부터 시행이 본격화되었다.

미카는 기존 EU 금융서비스 관련 법령의 적용을 받지 않는 디지털자산에 대해 규제 체계를 수립함으로써 법적 명확성을 제공하고, 투자자 보호, 시장의 건전성, 금융 안정성을 강화하는 것을 목표로 한다. 미카의 주요 특징은 디지털자산과 디지털자산 서비스 유형을 별도의 법률을 통해 증권형과 비증권형으로 구분하고, 각 자산의 기능과 리스크에 맞는 차별화된 규제 체계를 마련했다는 점이다.

디지털자산의 미래는 두 가지 측면에서 긍정적인 전망을 기대할 수 있다. 첫째, 디지털자산은 지속적으로 생태계를 확장하고 있다는 점이다. NFT와 메타버스, 디파이 등을 통해 디지털자산은 금융, 게임, 엔터테인먼트 등 다양한 산업 분야에서 적용 사례를 확장하고 있다. 둘째, 전 세계적으로 디지털자산 관련 규제 체계가 점차 정립되고 있다. 미카처럼 디지털자산에 대한 규제 프레임워크가 형성됨에 따라 투자자 보호와 시장 안정성이 강화되고, 디지털자산에 대한 대중의 신뢰도는 점차 제고될 것으로 예측된다. 더불어 실물자산을 토큰화하는 실물연계자산Real-World Assets, RWA의 확대 등으로 디지털자산은 점차 실질적인 경제적 가치를 내포하게 됨에 따라 향후 금융 생태계 내에서 주류 자산군으로의 편입이 가속화되며 입지가 강화될 것으로 전망된다.

지속가능금융과 디지털의 결합, 녹색디지털금융 Green Digital Finance

현재 인류는 기후변화라는 중대한 위기에 직면해 있으며, 이에 대응하기 위해 환경 친화적 에너지 사용을 촉진하는 등 지속가능한 성장으로의 전환이 전 세계적인 흐름으로 자리 잡고 있다. 2015년 12월 파리협정 체결 이후, 지구 온난화로 인한 심각한 위기에 대응하기 위해 국제사회는 지속가능한 발전과 탄소중립을 목표로 하는 글로벌 공조를 강화하고 있다. 특히, 파리협정은 모든 당사국이 '산업화 이전 대비 지구 평균온도 상승을 2℃ 이내로 제한하고, 1.5℃ 목표를 추구한다'는 데 합의함으로써, 기후변화 대응에 대한 국제적인 공감대를 형성하였다.

파리협정 이행 시기가 도래함에 따라 기후변화 대응은 최근 국제사회의 주요 의제로 부상하고 있다. 특히, EU, 미국을 비롯한 주요국들은 환경 지속가능성을 중심으로 녹색 성장 패러다임을 장기 성장 전략으로 채택하여 추진함으로써, 글로벌 리더십을 강화하려는 경쟁이 심화되고 있다.

지속가능금융Sustainable Finance은 경제, 환경, 사회적 가치를 균형 있게 고려하여 장기적으로 지속가능한 성장을 추구하는 금융을 의미한다. 지속가능금융의 주요 목표는 기후변화 대응, 환경 보전, 사회적 형평성 등의 가치를 금융 의사결정에 반영하여, 자본이 환경 친화적이거나 사회적으로 긍정적인 프로젝트에 투자되도록 하는 것이다. 재생에너지 프로젝트, 지속가능한 인프라 구축, 친환경 농업 등에 대한 투자 등을 예로 들 수 있다.

지속가능금융에 대해 적극적인 행보를 보이는 유럽연합은 EU집행위원회의 2023년 지속가능금융 권고안을 통해 지속가능금융을 녹색금융 Green Finance과 전환금융Transition Finance을 모두 포괄하는 개념으로 명시한 바 있다.

지속가능금융 구조도

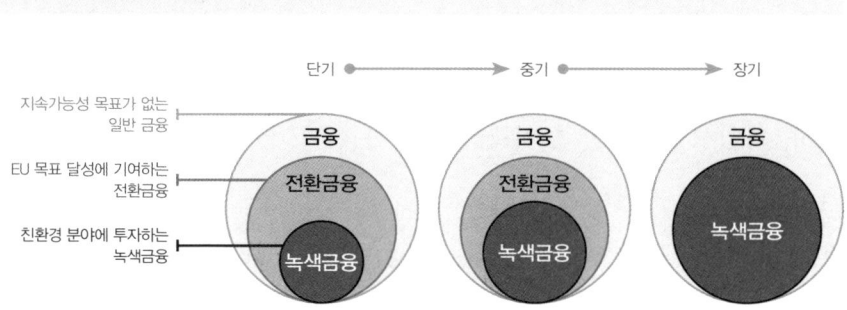

출처: European Commission(2023), COMMISSION RECOMMENDATION(EU) 2023/1425 of 27 June 2023 on facilitating finance for the transition to a sustainable economy

녹색금융은 지속가능금융의 하위 개념으로, 환경을 개선하고 긍정적인 영향을 주는 프로젝트 등에 자금을 조달하는 것을 의미한다. 탄소 배출 감소, 재생 가능 에너지 확대, 기후변화 완화 등과 같은 친환경 프로젝트에 자금을 공급함으로써 친환경 목표를 달성하는 것을 지원한다. 예를 들어, 태양광이나 풍력발전소 구축에 필요한 자금을 지원하는 것이 녹색금융에 해당된다.

전환금융은 기존 산업이 친환경 방식으로 전환하는 과정에서 필요한 자금을 지원하는 데 중점을 둔다. 전환금융의 목표는 탄소 집약적인 산업이 점진적으로 환경 친화적인 방식으로 변화하도록 지원하는 것으로, 이는 전통적으로 높은 탄소 배출을 유발하는 석유, 석탄, 화학 산업 등이 탈탄소화 목표를 달성하기 위해 저탄소 기술을 채택하고, 점진적으로 지속가능하게 변모할 수 있도록 자본을 제공하는 방식으로 이루어진다. EU는 전환금융이 고탄소배출 산업의 탄소중립 달성을 지원하기 때문에 장기적으로 녹색금융에 포함될 것으로 전망했으며, 녹색금융과 전환금융 모두 EU의 지속가능성 목표를 달성할 수 있는 자금 조달 수단으로 고려되고 있다.

유엔과 같은 국제기구는 지속가능 개발 목표SDGs 달성을 위한 핵심 수단으로 녹색금융의 중요성을 인식하고 있으며, 이에 유엔환경계획UN Environment Programme, UNEP 등을 중심으로 다양한 국가, 정부, 민간기업과의 협력을 통해 2030 지속가능 개발 의제 달성을 위한 노력을 기울이고 있다. 특히 글로벌 금융시스템의 지속가능성 전환을 위한 활동을 적극적으로 추진하고 있다.

이에 대한 일환으로 유엔환경계획은 2014년 '지속가능한 금융시스템 설계 탐색Exploring Sustainable Financial System Design' 프로젝트를 통해 지속가능한 성장을 위한 지속가능한 금융시스템Sustainable Financial System의 필요성을 설파했으며, 2018년 9월, '지속가능금융을 위한 디지털 기술 Digital Technologies for Mobilizing Sustainable Finance' 보고서를 통해 빅데이터, 머신러닝, 인공지능, 블록체인, 사물인터넷 등의 디지털 기술을 활용하여 지속가능금융을 활성화하는 녹색디지털금융Green Digital Finance에 대한 개념을 제안하였다. 녹색디지털금융은 지속가능한 디지털 금융Sustainable Digital Finance으로 지칭되기도 하는데, 디지털 기술을 활용해 지속가능금융의 효율성을 높이고 환경 목표를 달성하는 것을 의미한다.

녹색디지털금융은 디지털 기술 생태계를 활용하여 데이터 분석결과에 기반한 효과적인 자본 재배치와 지속가능자본 형성 등을 목적으로 한다. 지속가능한 발전을 목표로 하는 프로젝트는 일반적으로 높은 투자 위험과 낮은 수익률로 인해 자금 조달이 어려운 경우가 많다. 또한 친환경 프로젝트에 대한 투자 성과를 측정하고 평가하기 위해서는 환경이나 생태계 데이터에 대한 지속적인 모니터링이 필요하다.

녹색디지털금융은 다양한 디지털 기술을 활용하여 자연 생태계의 데이터를 수집하고 분석함으로써, 환경에 대한 보다 정확한 정보를 얻을 수 있다. 이를 통해 환경에 미치는 영향을 더욱 정밀하게 측정하고 관리할 수 있게 되어 친환경 프로젝트 및 지속가능금융의 투명성과 신뢰성을 높일 수 있다. 예를 들어 IoT는 탄소 배출량을 실시간으로 모니터링하여 데이터를 수집하고, 블록체인은 환경 영향에 대한 데이터를 기록하여 투명성을 높이며, 빅데이터와 AI는 수집된 데이터를 기반으로 지속가능성을 분석해 인사이트를 제공할 수 있다. 디지털 기술을 통해 확보된 데이터 및 분석 결과가 환경 투자의 의사결정에 중요한 근거로 활용될 수 있기 때문에 보다 합리적이고 효과적인 환경 투자를 가능하게 한다.

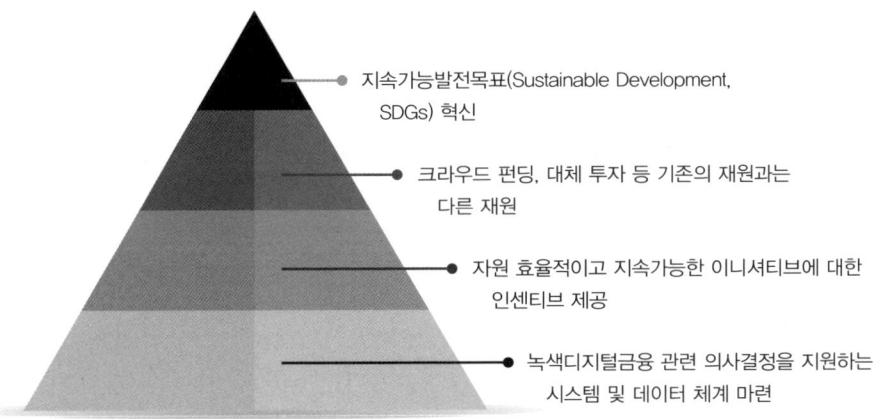

출처: UN Environment Programme, Green Digital Finance(2018)

　지속가능금융을 위한 디지털 기술 활용은 다양한 긍정적인 측면이 있음에도 불구하고, 녹색디지털금융은 아직 초기 단계에 머물러 있다. 전 세계적으로 지속가능금융에 대한 요구가 증대되고 있음에도 불구하고, 녹색디지털금융에 대한 연구는 아직 미흡한 수준에 머물러 있어, 지속가능금융과 디지털의 결합이라는 새로운 패러다임은 아직 갈 길이 먼 상황이다.

　지속가능한 금융을 위한 디지털 혁신의 가능성은 아직 충분히 실현되지 않았지만, 녹색디지털금융은 지속가능한 금융의 동력으로 부상하며 G20의 GFSG Green Finance Study Group와 UN 등 국제기구를 중심으로 주목받고 있다. 더불어, 주요 국가들은 디지털 금융 기술을 활용한 지속가능한 성장 기회를 창출하기 위해 다양한 정책 프레임워크와 글로벌 모범 사례를 도입하고 시험하고 있으며, 디지털 금융이 금융의 녹색화를 가속화할 수 있는 방안을 적극적으로 모색하고 있다.

지속가능금융이 자본을 친환경 프로젝트나 사회적으로 책임 있는 분야로 흐르게 하는 큰 방향성을 제시한다면, 녹색디지털금융은 그 과정에서 효율성과 투명성을 높이고, 데이터 기반의 의사결정을 가능하게 한다. 디지털 기술 중심의 녹색금융은 지속가능금융 실현을 위한 중요한 수단으로서, 글로벌 경제가 보다 지속가능하고 환경 친화적으로 전환되는 것을 가속화할 수 있는 잠재력을 가지고 있으며, 디지털을 활용하여 인류의 당면한 환경문제를 해결하려고 노력한다는 점에서 미래에도 지속가능금융의 핵심 어젠다로서 주목받으며 성장할 것으로 전망된다.

결제의 넥스트 웨이브, 선구매 후결제 2.0
Buy Now, Pay Later 2.0

　선구매 후결제Buy Now, Pay Later, BNPL란 소비자가 상품 및 서비스를 구매하고 이자 지급 없이 할부로 지불할 수 있는 결제방법을 의미한다. 글로벌 리서치 기업 글로벌 데이터Global Data에 따르면 2023년 BNPL 시장 규모는 3,092억 달러로 평가되며, 2022년부터 2026년까지 25.5%의 연평균 성장률CAGR로 성장할 것으로 전망된다. BNPL 서비스는 코로나19 팬데믹 기간 동안 높은 성장세를 보였다. 이는 소비자들이 봉쇄조치 등으로 오프라인 쇼핑을 줄이고 온라인 쇼핑을 늘리면서 BNPL의 수요가 증가하였고, 일부 소비자들은 경제적 어려움을 겪으면서 BNPL이 소비자의 구매력을 확대하는 수단으로 주목받았기 때문으로 판단된다.

　일반적으로 소비자가 BNPL 서비스 가맹점에서 쇼핑을 한 다음 결제 수단으로 BNPL을 선택하면, BNPL 서비스업체가 물품 구매 대금을 가맹점에 선지불하게 되고, 이후 소비자는 BNPL 서비스업체에 분할 상환할 책임을 지게 된다. 소비자는 일반적으로 6~8주에 걸쳐 BNPL 서비스업체에 대금을 할부로 납부하는 방식으로 진행되지만, 12~48개월의 장기할부 플랜이 제공되기도 한다. 해외의 대표적인 BNPL 서비스업체로는 미국의 어펌Affirm, 유럽의 클라나Klarna, 미국의 결제서비스 기업 블록Block에 최근 인수된 호주의 애프터페이Afterpay 등을 꼽을 수 있다.

BNPL은 다음과 같은 다양한 이점을 제공하면서 최근 몇 년간 큰 인기를 얻었다. 첫째, 높은 편의성을 들 수 있다. BNPL을 통해 소비자는 전액을 선불로 지불하지 않고도 상품과 서비스를 구매할 수 있다. 이는 대량구매에 필요한 현금이 없거나 구매비용을 다양한 시점으로 분산시키려는 소비자에게 유용하다. 둘째, 상환의 유연성을 들 수 있다. BNPL은 소비자에게 다양한 상환 옵션을 제공한다. 예를 들어 소비자는 무이자 기간이 끝나면 구매비용을 전액 지불하거나, 일정한 이자를 지불하고 소액을 할부로 지불하는 방식을 선택할 수 있다.

BNPL 시장규모 성장 추이 및 전망

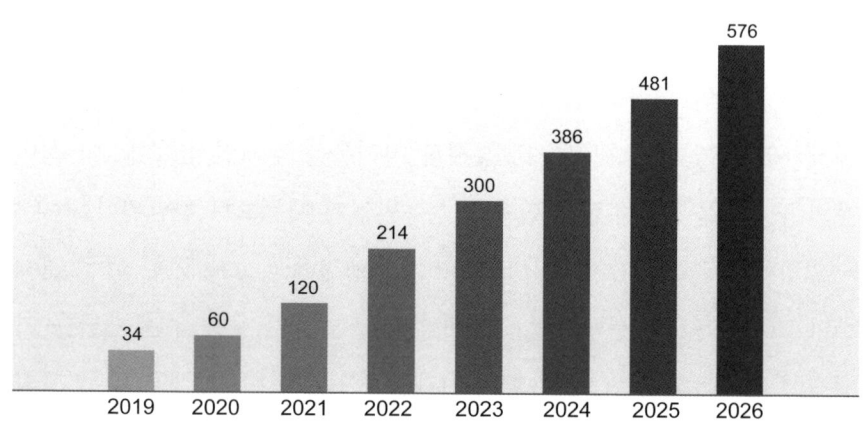

출처: Statista, Global Data, 저자 재작성

셋째, 경제성을 꼽을 수 있다. BNPL은 일반적으로 소비자가 정해진 기한에 상환액을 지불하면 이자나 수수료 없이 서비스가 제공된다. 이를 통해 소비자에게 BNPL은 구매자금을 조달하는 데 있어 신용카드와 같은 기존 수단보다 비용 효율적인 수단이 될 수 있다. 이러한 이점으로 BNPL은 다양한 고객, 특히 전통적인 금융서비스에 대한 충성도가 높지 않은 MZ세대에게 큰 반향을 불러일으켰다고 평가받는다. 뱅크 오브 아메리카Bank of America의 분석에 따르면, 소비자들은 BNPL 서비스가 예산 관리에 도움을 주고 현금 흐름을 통제할 수 있게 하며, 할부 결제의 편의성을 제공하는 점을 높이 평가하는 것으로 나타났다.

그러나 BNPL에는 다음과 같은 몇 가지 잠재적인 리스크도 존재한다. BNPL은 소비자가 구매비용 전액을 선불로 지불할 필요가 없기 때문에 소비자의 과잉 지출을 부추길 수 있으며, 이는 추후 부채 상환 시 잠재적

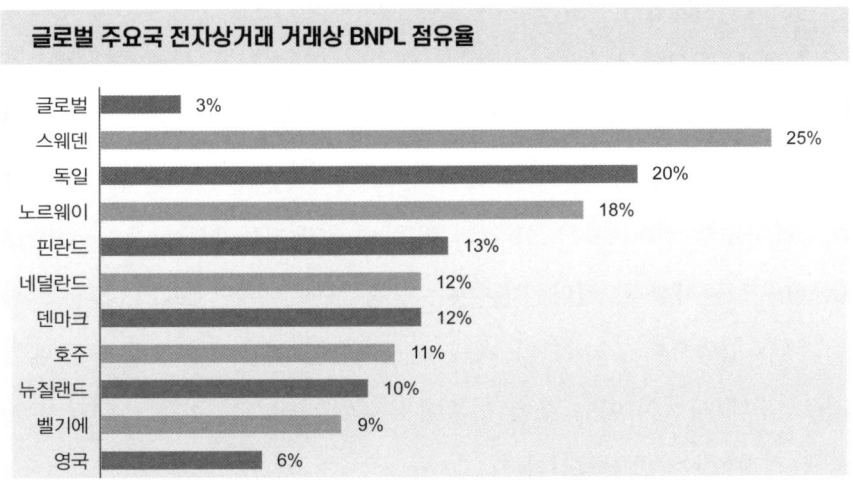

출처: Statista, Worldpay, 저자 재작성
* 2021년 기준

인 신용 문제를 야기할 수 있다. 또한, BNPL 서비스 제공업체는 서비스 이용 승인 전에 소비자의 신용 평가를 실시하지만, 예상치 못한 상황으로 인해 소비자가 연체할 가능성이 존재한다. 이 경우, 소비자의 신용 정보에 부정적인 영향을 미쳐 신용도 하락으로 이어질 수 있다. 더불어, 연체 시 부과되는 연체료는 시간이 경과함에 따라 누적되어 소비자의 총 상환 금액이 증가하는 결과를 초래할 수 있다.

BNPL 시장의 지속적인 성장과 함께 업계 간 경쟁은 더욱 심화될 것으로 예상된다. 이에 따라 기존 BNPL 서비스 제공업체들은 시장 경쟁력 유지를 위해 새로운 기능과 서비스를 지속적으로 도입하며 서비스 고도화에 힘쓸 것으로 전망된다. 특히, 방대한 고객 기반을 확보한 업체들은 축적된 데이터를 바탕으로 고객 맞춤형 서비스를 제공하고, 이를 통해 고객 충성도를 제고하고 시장 지배력을 높이려는 노력을 강화할 것으로 보인다.

최근 BNPL 서비스는 리스크 관리 강화를 비롯해 기존 BNPL 비즈니스 모델을 개선하고, 애플리케이션 내 온라인 쇼핑몰 서비스를 제공하는 인앱 쇼핑 거래In-app Shopping Marketplace가 추가되는 등 서비스가 점차 고도화되고 있어, 이를 'BNPL 2.0'으로 구분하기도 한다. 예를 들어, Affirm은 서비스 고도화 결과 더욱 발전된 직불카드 상품인 Affirm Debit+를 출시한 바 있다. 기존에는 물품 구매 시에만 BNPL 옵션을 선택할 수 있었으나, 소비자가 해당 직불카드를 사용하여 물품을 구매한 경우, 구매 시점이 아닌 구매 이후에 BNPL 서비스를 적용(이용)할지 여부를 결정할 수 있게 되었다.

BNPL은 소비자에게 구매력을 확대하고 결제 편의성을 높이는 혁신적인 결제 방식으로, 과소비로 인한 부채 리스크 등과 같은 부정적 우려도 존재하지만 이러한 우려 속에서도 지속적으로 성장하고 있으며 향후에도 확장을 지속해 나갈 것으로 전망된다. 그러나, 일부 국가들을 중심으로 보다 엄격한 신용평가 및 리스크 관리 시스템 강화 등 BNPL에 대한 규제를 강화하려는 움직임이 증가하고 있어, 향후 BNPL 관련 규제 체계는 한층 강화될 것으로 예상된다. 그럼에도 불구하고 BNPL은 서비스 모델 혁신을 지속하며 고객에게 보다 원활한 경험을 제공함으로써, 단순 결제 수단을 넘어 글로벌 결제 시장에서 주요한 축으로 자리매김할 잠재력이 높다.

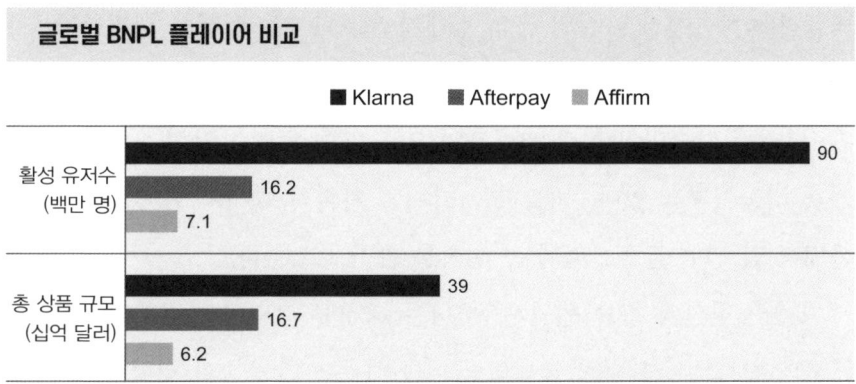

글로벌 BNPL 플레이어 비교

기업	본사	창립연도	투자유치 규모 (십억 달러)	기업가치 규모 (십억 달러)
Klarna	스웨덴, 스톡홀름	2005	3.7	46.5
afterpay	호주, 멜버른	2014	0.45	34.4
affirm	미국, 샌프란시스코	2012	1.5	46.1

출처: Statista, 저자 재작성
* 2021년 기준

경계 없는 혁신, 금융과 비금융의 빅블러
Big Blur

빅블러Big Blur 현상은 산업 간의 경계가 모호해지는 현상을 의미한다. 기존에는 제조업, 서비스업, 금융업 등 산업이 명확하게 구분되어 있었지만, 디지털 기술의 발전과 소비자의 요구 변화 등으로 인해 산업 간의 경계가 허물어지고 있다. 빅블러는 디지털 기술의 발전과 함께 급속히 확산되고 있으며, 금융산업에 큰 변화를 가져오고 있다.

빅블러 현상의 주요 원인 중 하나는 디지털 기술의 발전이다. 디지털 기술의 진보는 금융과 비금융의 경계를 허무는 데 중요한 역할을 하고 있으며, 특히 핀테크 분야의 기술 혁신이 그 변화를 주도하고 있다. 모바일 앱, 온라인 플랫폼, 디지털 결제 시스템, API를 통한 서비스형 뱅킹Banking as a Service, BaaS 등은 금융 부문의 진입 장벽을 낮추어, 기술 기업과 리테일 기업과 같은 비금융 기업들도 금융서비스를 제공할 수 있도록 지원하고 있다.

둘째, 서비스에 대한 소비자 기대치 변화가 원인으로 작용하고 있다. 핀테크 기술의 발전으로 소비자들의 서비스에 대한 기대가 높아지면서, 쇼핑이나 소셜미디어 등 비금융 기업들도 이러한 기대를 충족시키기 위해 자사 플랫폼에 금융서비스를 통합하려는 니즈가 증가했다. 이는 비금융 기업들이 금융서비스로 밸류체인을 확장하게 되는 결과로 이어졌다.

셋째, 비금융 기업들이 새로운 성장 동력을 확보하려는 점을 들 수 있다. 비금융 기업들은 금융 부문에 진출함으로써 수익 구조를 다각화하고 추가적인 수익원을 창출할 수 있다. 이들은 자사 플랫폼에 축적된 방대한 고객 데이터와 고급 분석 기술을 활용하여 소비자 행동과 금융서비스에 대한 선호도를 심층적으로 파악하고, 특정 고객의 니즈에 맞는 금융서비스를 제조하여 제공할 수 있다. 이를 통해 비금융 기업은 금융서비스를 제공함으로써 본업의 편의성을 강화하고 새로운 성장 기회를 창출

국내 빅테크 기업의 금융업 진출 현황

	kakao	SAMSUNG pay	NAVER
	"메신저 → 종합금융 플랫폼으로 서비스 확장"	"간편결제 → 종합금융 플랫폼으로 서비스 확장"	"검색포털 → 종합금융 플랫폼으로 서비스 확장"
진출 현황	■ '17. 07 카카오뱅크 서비스 시작 - 가입자 2,042만 명('22.12) ■ '17. 04 카카오페이 설립 - 가입자 4,000만 명('23.03) - '19 인슈테크 스타트업 인수 - '21년 카카오페이손보 설립	■ '15.03 스마트폰을 기반으로 간편결제서비스 시작 - 가입자 1,600만명('23.02) - 해외 송금, 선불카드, 쇼핑, 교통카드, 멤버십, 입출금 등의 다양한 부가서비스 확대	■ '19 네이버파이낸셜 분사 설립 - 가입자 3,150만 명('23.03) - 간편결제, 금융상품 추천 서비스 - '23년 네이버페이 머니 하나 통장·체크카드 시즌2 출시(금융 파트너사 통장을 대신 개설

출처: 저자 작성

할 수 있다.

금융산업에서 빅블러 현상이 확대됨에 따라 금융서비스는 더욱 디지털화되고, 개인화되며, 통합되는 형태로 빠르게 진화하고 있다. 또한, 거대 기술기업인 빅테크는 금융과 비금융의 경계를 허물며 금융업계로의 진출을 가속화하고, 이를 통해 비즈니스 모델을 고도화하고 있다. 국내 대표적인 빅테크 기업인 카카오는 이러한 흐름을 보여주는 좋은 사례다. 카카오는 메시징 서비스인 카카오톡을 통해 대규모 고객층을 확보한 이후, 은행, 증권, 보험 등 다양한 금융서비스를 결합하여 비금융과 금융서비스를 통합한 새로운 비즈니스 모델을 구현하고 있다.

빅블러 현상은 금융산업의 규제에도 변화를 일으키고 있다. 금융과 비금융의 경계가 모호해짐에 따라, 기존 금융권은 엄격한 금융 규제의 틀에 갇혀 사업 유연성이 제한되는 반면, 빅테크 기업은 금융 부문에서 급격히 사업을 확장하고 있어 공정한 경쟁이 어렵다는 지적이 꾸준히 제기되고 있다. 이러한 현상은 '기울어진 운동장'이라는 표현으로 비유되기도 하는데, 빅테크와 같은 플랫폼 기업들이 금융과 비금융을 넘나들며 사업을 확장할 수 있지만, 전통적인 금융기관은 비금융 부문으로의 진출이 제한되어 있기 때문이다.

예를 들어, 신한은행은 금융권 최초로 음식 주문 중개 플랫폼인 배달앱 '땡겨요'를 2022년 1월에 출시했지만, 이는 2020년 12월 금융위원회 혁신금융서비스(규제 샌드박스)로 지정된 덕분에 가능했다. 이러한 상황 속에서 기존 금융권은 금융자본과 산업자본의 결합을 제한하는 금산분리 규제의 완화를 금융감독기관에 촉구하고 있다. 금산분리 규제가 완화될 경우, 전통 금융기관의 비금융업 진출에 대한 진입 장벽이 낮아지기 때문이다. 이에 따라 금융감독기관은 '동일 기능, 동일 리스크, 동일 규제' 원칙을 바탕으로 규제의 형평성을 강화하는 방안을 추진하고 있다.

이러한 움직임의 일환으로, 금융위원회는 2022년 11월 전통적 금융기관이 수행할 수 있는 비금융 업무의 범위를 법령으로 규정하는 방안에 대해 다양한 접근을 검토하겠다고 발표했다. 현행 포지티브 방식(허용되는 항목만 명시, 그 외 모두 금지)을 보완하거나, 네거티브 방식(원칙적으로 모두 허용하되 일부만 제한)으로 전환하면서 전체적인 위험총량을 관리하는 방안 등이 이에 포함된다. 이에 따라 국내에서 약 60년간 엄격히 유지되어 온 금산분리 규제가 완화될 가능성이 상당히 높아졌다.

장기적으로 금산분리 완화가 예상되는 가운데, 이로 인한 부작용에 대한 우려의 목소리도 커지고 있다. 금융기관이 거대 자본을 바탕으로 특정 기업을 소유하게 될 경우 공정한 경쟁이 저해될 수 있다는 점이 그 이유다. 그러나 이러한 부작용을 방지하기 위해, 금융기관의 특정 기업에 대한 과도한 자금 지원을 금지하는 등 보완 장치를 마련함으로써 장기적으로 금산분리를 점진적으로 완화하는 방향으로 규제가 변화할 가능성이 높은 것으로 보인다.

디지털 기술의 발전과 소비자 니즈의 변화로 촉발된 빅블러 현상은 금융산업의 패러다임에 중요한 변화를 가져오고 있으며, 이에 따른 금융 규제 변화는 금융산업의 구조와 생태계에 지속적으로 영향을 미칠 것으로 예상된다. 더불어 금융산업은 더욱 통합적이고 유연한 생태계로 진화할 것으로 전망된다. 향후 빅블러 현상은 금융과 비금융서비스가 플랫폼에 자연스럽게 결합되는 형태로 확장될 가능성이 높다. 그 결과, 비금융 기업들은 자사 플랫폼에 금융서비스를 확대해 사용자의 편의를 높이고, 금융 기업들은 비금융 분야의 사업 진출을 모색하는 시도가 증가할 것이다. 이러한 추세는 금융소비자가 단일 플랫폼에서 다양한 금융 및 비금융서비스를 자유롭게 이용할 수 있는 환경을 조성할 것으로 예측된다.

또한, 금융산업의 디지털화와 서비스 융합이 가속화됨에 따라 금융 규제 역시 '동일 기능, 동일 규제'의 원칙에 따라 빅테크와 금융 기업 간의 공정한 경쟁을 보장하고, 소비자 보호를 강화하는 방향으로 규제의 일관성과 형평성을 확보하는 데 초점이 맞춰질 것으로 보인다. 결과적으로, 빅블러 현상은 금융산업의 구조와 생태계를 변화시키는 중장기적 흐름으로 자리 잡을 것이며, 이와 함께 금융 규제의 점진적인 재조정이 이어질 것이다. 이러한 변화를 통해 금융산업은 혁신과 안정성을 조화롭게 달성하며, 기존 서비스와 비금융서비스가 융합된 포괄적 금융 생태계로 발전할 가능성이 크다.

금융위원회 금산분리 제도개선 방향(2022년 11월 발표)

	[제1안] 포지티브 리스트 확대	[제2안] 네거티브 전환 + 위험총량 규제	[제3안] 자회사 출자는 네거티브화 + 부수업무는 포지티브 확대
내용	• 현행과 같이 부수업무, 자회사 출자가 가능한 업종을 열거(Positive 방식)하되, 기존에 허용된 업종(핀테크 투자 가이드라인 등) 외에도 디지털 전환 관련 신규업종, 금융의 사회적 기여와 관련된 업종 등을 추가	• 상품 제조·생산 등 일부 업종을 제외하고 전면 허용하되, 위험총량 한도(자회사 출자한도 등)를 설정하여 비금융업 리스크를 통제	• 자회사 출자와 부수업무를 분리하여 자회사 출자는 제2안을, 부수업무는 제1안을 따르는 방식

장점	• 감독규정 개정 및 유권해석으로 신속히 추진할 수 있고, 금융기관의 비금융업 진출에 따른 리스크를 제한	• 새로운 업종이 출현하더라도 신속하고 탄력적으로 대응 가능하고 금융기관이 다양한 비금융 업무를 수행할 수 있게 되어 인력·자원을 효율적으로 활용	• 금융기관 본체와 자회사를 구분하여 각각의 특성과 리스크 수준에 맞게 규제를 설계 가능 • 금융기관 본체가 직접 수행하는 부수업무는 보수적으로 확대하여 리스크와 이해상충 우려를 경감하고, 자회사 출자는 보다 유연하게 운영
단점	• 새로운 업종 추가에는 규정 개정, 유권해석 등의 별도조치가 필요하고, 이 과정에서 법령의 위임 범위 내인지 논란	• 법률 개정이 필요하여 상당한 시간이 소요되고, 본업 관련성이 낮은 비금융업 영위에 따른 새로운 리스크에 대한 관리부담이 증가하거나 금융 부문에 전이될 위험성	• 자회사 출자 관련 네거티브화는 법률 개정이 필요하여 상당한 시일이 소요 • 자회사를 통한 다양한 비금융업 수행에 따른 리스크 관리 부담 증가, 이해관계자간 갈등 소지 등

출처: 금융위원회, 저자 재작성

경쟁을 넘어 생존으로, 전략적 파트너십
Strategic Partnership

최근 금융산업은 디지털 전환, 규제 환경의 변화, 소비자 기대치의 고도화 등 복합적인 요인에 직면하며, 기존의 경쟁 전략만으로는 시장에서의 지속 가능성을 확보하기 어려운 상황에 이르렀다. 이러한 변화에 대응하기 위한 전략적 해법으로, 금융기관들은 점차 전략적 파트너십을 핵심 도구로 인식하고 있으며, 실제로 다양한 형태의 협력 사례가 빠르게 증가하고 있다.

특히 디지털 기술의 급속한 발전은 금융기관에 있어 기회이자 도전 과제이다. 인공지능, 클라우드, 블록체인, 생체인식 기술 등 새로운 기술들이 금융서비스 전반에 걸쳐 빠르게 적용되고 있으며, 이는 기존의 금융 운영 방식을 근본적으로 재편하고 있다. 그러나 이러한 변화의 속도와 복잡도는 전통적인 금융기관이 내부 역량만으로 대응하기에는 명백한 한계를 드러낸다. 이로 인해 기술적 전문성을 갖춘 외부 기업과의 전략적 협력이 더욱 중요해지고 있으며, 이는 단순한 기술 도입을 넘어 금융 생태계 전체의 재구성을 촉진하는 요인으로 작용하고 있다.

금융기관이 핀테크, 빅테크, 그리고 다양한 비금융 기업과의 전략적 파트너십을 강화하는 가장 큰 이유는 혁신적인 기술 역량과 빠른 실행력을 확보하기 위함이다. 파트너십을 통해 금융기관은 고비용의 내부 개발 대신 외부 자원을 활용하여 서비스 출시 속도를 단축하고, 시장 변화에 대한 민첩한 대응이 가능해진다. 또한, 고객 중심의 맞춤형 서비스를 구현함으로써 고객 충성도 제고 및 신규 고객 유치라는 실질적인 효과도 기대할 수 있다.

이러한 협력은 또한, 높은 전문성이 요구되는 영역에서의 리스크 분산 효과를 제공한다. 예를 들어 사이버 보안, 생체 인증, 데이터 보호 등 고난도 기술이 요구되는 분야에서는, 핀테크 기업과의 협업을 통해 기술적 리스크를 줄이고, 금융기관의 디지털 전환을 보다 안정적으로 추진할 수 있다. 더불어, 이종 산업과의 협업은 신시장 창출, 이용자 접점의 확대, 그리고 비즈니스 모델의 다변화를 가능하게 하며, 궁극적으로 금융기관이 이전보다 광범위한 고객 가치를 제공할 수 있는 기반이 된다.

전략적 파트너십이 단순한 협업 수준에 머무르지 않고, 금융기관의 장기적 경쟁 전략으로 자리 잡고 있는 또 다른 이유는 복잡해지는 시장 요구에 대응하기 위해 지속가능한 혁신 체계가 필요하기 때문이다. 기존의 수직적, 폐쇄적 운영 구조는 급변하는 기술 및 고객 환경에 효과적으로 대응하기 어렵기 때문에 개방형 혁신 모델이 필수적이며, 파트너십은 이를 가능하게 하는 구조적 기반이 된다.

뿐만 아니라, 전략적 제휴는 진입 장벽이 높은 새로운 영역으로의 확장을 가능하게 하고, 금융기관이 스스로 익숙하지 않은 분야에 접근할 수 있도록 한다. 예컨대, 빅테크 기업과의 협력을 통해 고객 데이터 기반의 맞춤형 마케팅이 가능해지고, 플랫폼 기업과의 제휴는 다양한 사용자 경험을 통합한 옴니채널 전략 구현에 도움이 된다. 이는 결과적으로 금융기관의 브랜드 가치와 시장 내 존재감을 제고하는 데 기여하게 된다.

금융권 전략적 파트너십의 유형

유형	상품 및 서비스 파트너십	기술 및 인프라 파트너십	마케팅 및 영업 파트너십
내용	• 금융기관과 협력사가 파트너십을 통해 상품과 서비스를 제공	• 금융기관과 협력사가 파트너십을 통해 기술과 인프라를 공유	• 금융기관과 협력사가 파트너십을 통해 마케팅과 영업을 지원하는 파트너십
사례	• (사례1) 삼성카드는 카카오페이와의 제휴를 통해 카카오페이 신용카드(상업자표시전용카드, PLCC)를 출시 - PLCC 카드는 제휴 기업의 브랜드를 카드 전면에 내세우고 해당 기업의 서비스에 특화된 혜택을 제공하는 카드이며, 신용카드는 제휴를 맺은 두 회사가 공동으로 기획하고, 마케팅·운영 비용 및 수익을 분담하는 형태로 운영 • (사례2) 미래에셋생명은 건강기능식품 판매회사 지엠팜과 제휴를 맺고 건강기능식품과 보험상품이 결합된 임베디드 보험을 공동으로 개발 - 지엠팜 건강기능 식품 구매 시 미래에셋생명의 '튼튼미니건강보험'의 보장을 제공하며, 보험료는 전액 지엠팜이 부담하는 형태로 운영	• (사례1) 글로벌 손해보험사 리버티 뮤추얼(Liberty Mutual Insurance)의 글로벌 솔루션 사업부인 리버티 스페셜티 마켓스(Liberty Specialty Markets)는 인슈어테크 기업 REIN과 파트너십을 체결 - 리버티 스페셜티 마켓스는 제휴 솔루션을 통해 전자제품 제조사 소니전자의 드론 구매자에게 임베디드 보험상품을 제공할 수 있도록 지원 • (사례2) 핑안보험은 AI를 기반으로 온라인 청구를 할 수 있는 '온라인 자동차보험 청구 시템(플랫폼)'을 운영 - 해당 시스템은 이미지 인식 및 딥러닝 기술을 활용하여 운전자가 차사고 사진을 업로드하면 AI가 분석하여 자동으로 견적 산출 - 중국의 20개 이상의 보험사가 해당 플랫폼을 활용하여 자사의 청구업무를 처리	• (사례1) KB국민카드와 온라인 담보대출 비교 플랫폼 담비를 운영하는 베스트핀은 전세보증금 반환보증 서비스 관련 제휴를 맺음 - 제휴를 통해 담비 플랫폼에서 KB국민카드의 전세보증금 반환보증 상품을 소비자들에게 소개 • (사례2) 토스뱅크는 한국투자증권과 제휴를 맺고 경쟁력 있는 금융상품을 토스뱅크 내에서 소개하는 '내게 맞는 금융상품 찾기' 서비스를 출시하며 한국투자증권의 발행어음을 포함한 다양한 금융상품을 소개 - 고객에게 필요한 증권계좌를 개설할 수 있는 증권계좌 만들기 서비스도 제공 - 토스뱅크 계좌를 보유한 고객은 토스뱅크 내에서 한국투자증권 '뱅키스(BanKis)' 증권계좌를 1인 1계좌까지 개설 가능

출처: 저자 작성

현재의 금융 환경은 단일 기업이 모든 기술적 변화와 고객 요구를 독자적으로 감당하기에는 지나치게 빠르게 변하고 복잡해졌다. 이와 같은 환경 속에서 금융기관, 핀테크 기업, 빅테크 기업, 그리고 다양한 비금융 기업들 간의 전략적 파트너십은 경쟁이 아닌 상생을 통한 시너지 창출이라는 새로운 생존 전략으로 떠오르고 있다. 각 주체는 자사의 핵심 역량을 파트너와 결합함으로써, 새로운 시장 기회를 공동으로 발굴하고, 지속적인 혁신을 구현하며, 산업 전반의 발전에 기여하는 방향으로 나아가고 있다.

　이러한 추세는 앞으로도 더욱 가속화될 것으로 보인다. 디지털 금융혁명과 더불어, 규제 강화, 소비 트렌드의 변화, 기술 융합의 심화 등은 금융산업이 지속적으로 적응하고 진화해야 함을 의미한다. 이에 따라 전략적 파트너십은 선택이 아닌 필수가 되었으며, 금융기관이 미래 금융 생태계에서 지속 가능한 경쟁력을 확보하기 위한 핵심 동력으로 작용할 것이다.

혁신의 열쇠, 인공지능 Artificial Intelligence과 데이터 애널리틱스 Data Analytics

2023년부터 2024년을 대표하는 주요 화두 중 하나는 ChatGPT Chat Generative Pre-trained Transformer로 대표되는 생성형 인공지능 Generative Artificial Intelligence이었다. 미국 기업 오픈AI OpenAI가 개발한 ChatGPT는 인간과 유사한 대화를 할 수 있는 AI 챗봇으로, 2022년 11월 출시 이후 불과 두 달 만에 약 3억 명이 이용하는 등 전 세계적으로 큰 주목을 받았다.

 생성형 AI는 딥러닝 Deep Learning 기술을 기반으로 대규모 데이터를 학습하여 텍스트, 이미지, 음악, 비디오와 같은 창의적인 콘텐츠를 생성할 수 있는 인공지능 기술을 의미한다. 사용자가 원하는 방식으로 다양한 활용이 가능하다는 점에서 생성형 AI는 높은 효용성과 상업성을 가지며, 그 활용 가능성은 매우 광범위하고 무궁무진하다. AI에 대한 연구는 1956년 존 매카시 John McCarthy, 마빈 민스키 Marvin Lee Minsky, 앨런 뉴웰 Allen Newell, 허버트 사이먼 Herbert Alexander Simon이라는 네 명의 과학자가 인공지능이라는 개념을 처음 제안한 이래, 현재까지 놀라운 발전을 거듭해왔다.

데이터 애널리틱스Data Analytics의 경우, 기업의 데이터 분석의 역사는 150년이 넘으며, 초기에는 주로 통계와 연구 분석을 통해 비즈니스 의사결정을 지원했다. 그러나 컴퓨터 기술이 발전하며 데이터 처리 능력이 확장되었고, 1970년대에는 관계형 데이터베이스Relational Database Management System, RDBMS와 SQLStructured Query Language이 도입되면서 데이터 저장과 분석이 보다 체계적으로 이루어졌다. 1990년대에 이르러 비즈니스 인텔리전스Business Intelligence, BI 도구가 등장하면서 데이터 분석이 기업 내에서 점차 필수적인 역할로 자리 잡게 되었으며, 2000년대에는 빅데이터 기술의 발전으로 더욱 방대한 양의 데이터를 분석할 수 있는 환경이 조성되었다.

AI와 데이터 애널리틱스 도입은 디지털화를 거치며 이미 다양한 산업 분야에서 활발하게 진행되어왔으며, 금융산업 역시 예외는 아니다. 금융권은 AI를 비롯하여 머신러닝, 빅데이터 등을 포함한 첨단 데이터 분석 기술을 도입하여 고객 중심의 새로운 맞춤형 서비스 제공, 리스크 관리 고도화, 운영 효율성 증대 등에 중점을 두고 있다. 이를 위해 금융권은 기술에 대한 이해도를 높이고, 데이터를 정밀하게 분석하고 예측하는 역량을 강화하여 이를 적용할 수 있는 방안을 지속적으로 모색하고 있다.

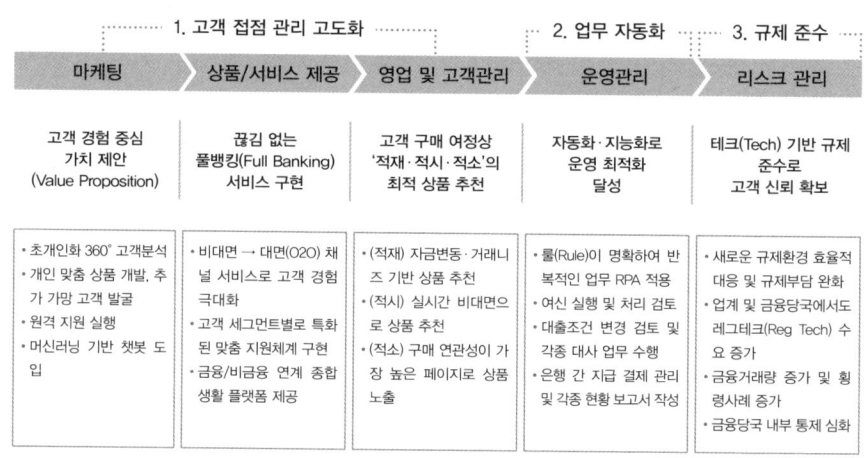

출처: Deloitte Insight(2023), '인공지능(AI) 시대, 진화하는 은행업'

금융산업에서의 AI와 데이터 애널리틱스 활용 사례를 살펴보면, 먼저 업무의 자동화를 들 수 있다. 금융권은 AI 기반 업무 자동화를 적극 추진하고 있으며, 업무 자동화를 통해 업무 효율성을 높이고 비용 절감을 실현하고 있다. 우리가 흔히 접할 수 있는 AI 기반 챗봇은 이미 대중화되어 고객 상담의 자동화가 대부분 이루어졌으며, 보험업의 경우 AI 기반 이미지 인식Image Recognition 기술을 활용하여 피해물의 손상 범위를 측정하여 보험금 산정에 활용하고 있다. JP모건 체이스JP Morgan Chase의 경우, 2017년 도입된 AI 기반 계약 분석 툴인 COiNContract Intelligence은 숙련된 변호사 한 명의 40년치에 해당하는 검토 업무를 단 몇 초 만에 끝낼 수 있다. 연간 12,000건의 계약을 처리하고, 약 36만 시간의 검토 시간을 절약하는 것으로 알려져 있다.

또한 금융권은 AI와 데이터 분석을 활용한 금융상품과 서비스 개발을 지속적으로 확대하고 있다. AI 및 데이터 애널리틱스를 활용하여 고객과 관련된 리스크를 더욱 정밀하게 예측하고, 고객의 금융 니즈를 충족할 수 있는 맞춤형 금융서비스를 개발하고 있다. 예를 들어, 금융(거래) 이력이 부족한 신파일러Thin Filer를 위해 AI를 통해 금융 이력뿐 아니라 통신비 내역, 소비 내역 등을 분석하여 고객의 신용도를 보다 정확하게 평가하고, 이를 기반으로 새로운 중금리 대출 상품을 개발하고 있다. 네이버페이의 경우, 2024년 NICE평가정보와 협력하여 7,300만 건에 달하는 가명 결합 데이터와 머신러닝, 빅데이터를 활용하여 대안 신용평가 모델인 네이버페이 스코어를 개발하였다. 네이버페이 스코어는 기존 신용평가 시스템의 정보 비대칭성 문제를 해소하고 더욱 정교한 신용 평가를 가능하게 하는 것으로 알려졌다.

고객 분석 및 마케팅에도 AI와 데이터 애널리틱스가 널리 활용되고 있다. 금융기관들은 고객의 금융거래 및 행동 데이터를 분석하여 고객의 금융 니즈를 보다 정확하고 세밀하게 파악하고자 노력하고 있다. 이를 통해 고객의 금융 행동을 예측하고 맞춤형 금융상품을 제공할 수 있다. 모건 스탠리Morgan Stanley는 고객과의 상호작용을 개선하기 위해 머신러닝 기반 고객관리 플랫폼 리드IQLeadIQ를 개발했다. 1,500명의 선별된 재무자문가 중 과거 고객 친밀도나 유치율 등을 기준으로 가장 적합한 자문가를 고객에게 매칭한다. 2018년 구축된 AI 기반 고객 커뮤니케이션 플랫폼인 넥스트베스트액션Next Best Action은 머신러닝을 활용하여 고객의 선호도를 파악하고 맞춤형 투자 방안을 추천한다. 원래는 투자제안을 개인화하는 데 중점을 두었으나, 현재는 고객의 상호작용을 높이는 것에 초점을 맞추고 있으며, 2021년 모건 스탠리 클라이언트 카운슬 설문조사Morgan Stanley Client Council Survey에 따르면, 98%의 고객이 자문가의 응대에 만족하는 것으로 나타났다.

현재의 기술 발전 양상을 고려할 때, 금융 환경은 이제 기술을 효과적으로 활용하여 서비스와 운영의 혁신을 달성해야만 경쟁에서 살아남을 수 있는 구조로 점차 변모하고 있다. 더불어 오픈뱅킹 시행으로 데이터의 양과 질이 증가하고, AI, 빅데이터, 데이터 애널리틱스 기술이 고도화되면서 금융산업의 경쟁 우위 요소도 변화하고 있다. 이에 따라 금융권

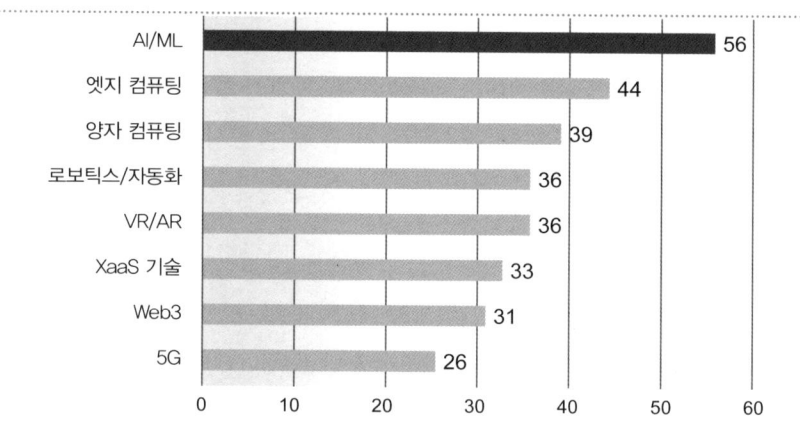

글로벌 금융산업 임원들은 향후 3년 동안 비즈니스에 가장 중요할 것으로 예상되는 기술로 인공지능 및 머신러닝을 가장 많이 선택함

┃ 출처: 삼정KPMG 경제연구원(2024), '혁신의 부스터 AI에 몰드는 금융'

은 다양한 혁신 방안을 적극적으로 모색하는 과정에서 AI 및 데이터 애널리틱스의 도입을 더욱 가속화할 것으로 전망된다. 이러한 기술 도입은 고객 행동 및 니즈 분석, 맞춤형 금융상품 제안, 리스크 관리 강화, 그리고 업무 자동화 등의 영역에서 더욱 가속화될 것이다. 금융권의 AI 및 데이터 애널리틱스 도입은 디지털 전환과 맞물려 금융산업 전반의 혁신을 촉진할 핵심요소로, 향후 금융권의 생존과 경쟁력 확보에 필수적인 역할을 수행할 것으로 전망된다.

금융산업 AI 도입 관련 설문조사

국내 금융권 CEO AI 관련 설문조사 결과

현재 AI 활용 수준
10~20%
전 업권 기준 48.6%를 차지하며, AI 활용 수준이 아직 낮은 것으로 집계

향후 AI 활용 기대
50~80%
가장 많은 답변(39.2%)을 차지하며 현 수준 대비 대폭 상향할 것으로 기대

AI 활용/투자 분야
26.1%
AI 챗봇, 소비자 상담 분야가 1위, 업무 자동화(RPA)가 14.4%로 집계되어 2위를 기록

AI 도입 긍정 효과
70%
업무 효율성 제고, 시간 절감(48.6%), 비용 절감(20.9%) 순

| 출처: 삼정KPMG 경제연구원(2024), '혁신의 부스터 AI에 물드는 금융'
  * 국내 금융권 총 74개사 CEO 대상

금융 안정성의 최전선, 사이버 보안
Cybersecurity

최근 몇 년간 금융권을 대상으로 한 사이버 공격이 지속적으로 증가하고 있으며, 그 피해 규모 또한 점차 확대되고 있다. 크리스틴 라가르드Christine Lagarde 유럽중앙은행European Central Bank, ECB 총재는 주요 금융기관에 대한 동시다발적 사이버 공격이 금융 불안정을 초래할 수 있다고 경고한 바 있다. 2020년 유럽 시스템 리스크 평가위원회European Systemic Risk Board, ESRB 보고서에 따르면, 사이버 공격으로 인한 전 세계적 비용은 450억 달러에서 6,540억 달러에 이를 것으로 추정된다.

금융정보는 본질적으로 민감한 거래정보를 포함하고 있으며 금전과 직접적으로 관련되어 있어, 사이버 공격에 효과적으로 대응하지 못할 경우 막대한 손실로 이어질 수 있다. 2016년 2월 글로벌 금융 전산망인 SWIFTSociety for Worldwide Interbank Financial Telecommunication의 취약점을 노린 사이버 공격을 통해 뉴욕 연방준비은행에 보관된 방글라데시 중앙은행 계좌에서 10억 달러를 탈취하려는 시도가 발생했다. 대부분의 해킹 시도는 차단되었지만, 일부 공격이 성공하여 약 1억 1천만 달러의 손실이 발생했다.

해당 사건은 금융권의 사이버 보안 문제가 금융시스템과 금융 안정성에 심대한 영향을 미칠 수 있으며, 그로 인한 잠재적 사회·경제적 비용이 막대하고 대중의 신뢰를 크게 훼손할 수 있음을 보여주었다. 이 사건을 계기로 전 세계 금융권은 사이버 공격의 위험성과 심각성을 깊이 인식하게 되었고, 금융시스템 내 사이버 보안의 중요성이 크게 부각되었다. 그러나 사이버 공격으로부터 금융시스템을 보호하기 위한 책임 소재와 각 주체의 역할에 대한 명확한 기준이 부재함에 따라, 각국 정부와 기업들은 사이버 공격 위험을 관리하는 데 어려움을 겪고 있다.

미국의 대표적인 통신사인 버라이즌Verizon의 설문조사에 따르면, 2021년 11월부터 2022년 10월까지 전 세계적으로 사이버 공격의 주요 표적이 된 분야는 금융산업으로, 이 기간 동안 173건의 사이버 공격이 발

"핵심 인프라 운영자로서 ECB는 사이버 공격 위협을 매우 심각하게 받아들이고 있으며, 사이버 공격이 심각한 금융 위기로 발전할 수 있는 합리적인 근거가 있다."

2020년 2월, 크리스틴 라가르드, 유럽 중앙은행 총재

"대규모 사이버 공격이 제대로 억제되지 않으면 금융시스템, 특히 중요 금융 인프라를 심각하게 훼손하여 금융 안정성에 광범위하게 영향을 미칠 수 있다."

2020년 4월, 금융안정위원회

| 출처: Statista, 저자 재작성

생한 것으로 나타났다. 금융권을 대상으로 한 사이버 공격은 주로 금융 및 개인정보 탈취, 시스템 마비 및 서비스 이용 불능, 랜섬웨어와 같은 형태로 이루어지고 있다.

금융 및 개인정보 탈취 공격은 공격자가 시스템에 침입하여 개인정보, 금융정보, 영업 기밀 등 중요한 정보를 탈취하는 유형을 말한다. 대표적인 공격 방식으로는 사용자 이름, 암호, 신용카드 번호와 같은 기밀 정보를 훔치는 피싱Phishing, 가짜 웹사이트로 유도하여 개인정보 입력을 유도하는 파밍Pharming, 문자 메시지를 통해 금융정보를 요구하거나 소액 결제를 유도하는 스미싱SMS Phishing, 그리고 심리적 유인을 통해 사람들을 속여 정상 보안 절차를 깨트리기 위한 비기술적 침입 수단인 사회공학적 공격Social Engineering Attack이 포함된다.

랜섬웨어Ransomware 공격은 금융기관의 시스템을 감염시킨 후, 시스템을 무력화하고 정상적인 작동을 위한 암호 키를 대가로 금전을 요구하는 공격 유형이다. 랜섬웨어는 시스템의 일부를 잠그는 락커Locker 방식과 파일 및 데이터를 직접 암호화하는 크립토Crypto 방식의 두 가지 유형으로 분류된다. 마지막으로, 시스템을 마비시키거나 서비스 이용을 불가능하게 만드는 공격은 대량의 트래픽을 공격 대상 시스템으로 전송하여 시스템의 서비스 이용을 방해하거나 금융 인프라를 마비시키는 방식으로, 감염된 디바이스 집합을 통해 대규모 트래픽을 발생시키는 디도스DDoS 공격 등이 있다.

이러한 사이버 공격은 금융기관의 정상적인 운영을 방해하고, 금융에 대한 고객의 신뢰를 저하시켜 금융시장의 혼란을 야기하며, 심각한 경우 국가 경제에도 영향을 미칠 수 있다. 이에 따라 전 세계적으로 금융산업

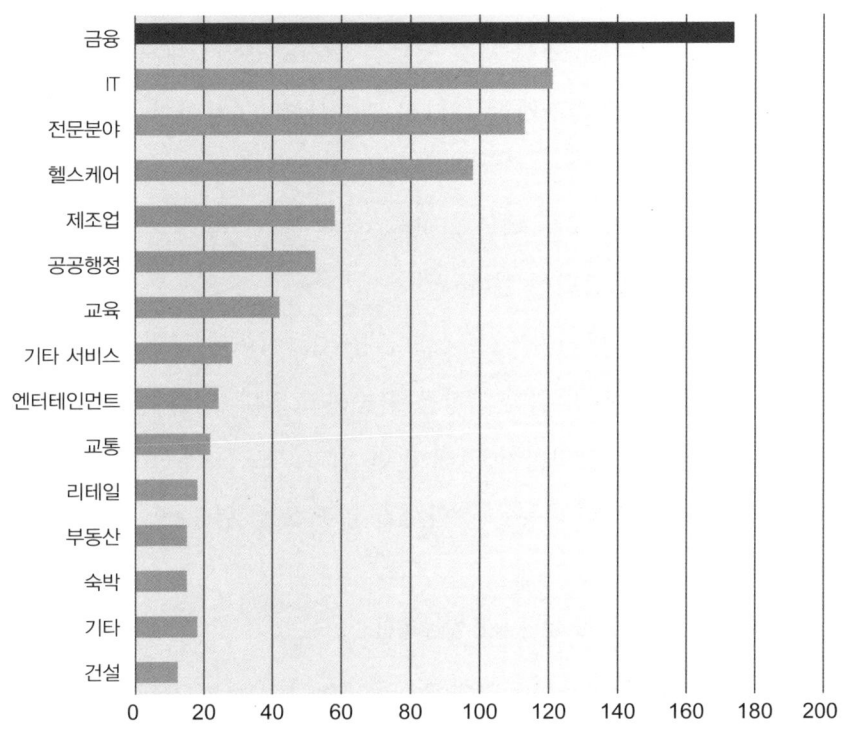

분야별 사이버 보안 사고 발생 건수(사이버 공격이 가장 빈번히 발생하는 분야)

출처: Verizon, Statista, 저자 재작성
* 해당 건수는 2021년 11월부터 2022년 10월까지 발생한 데이터를 집계하였으며, 개인에게 영향을 미쳤으나 기업의 손실로 이어지지 않은 사건은 제외

의 사이버 보안을 강화하려는 움직임이 활발해지고 있다.

G20은 사이버 보안 사고와 관련된 정보 공유가 사이버 공격 예방과 금융 안정성 유지에 필수적이라는 점을 인식하고, 금융안정위원회Financial Stability Board, FSB에 사이버 사고 정보 공유 및 리포팅을 위한 이니셔티브 추진을 요청한 바 있다. 이에 따라 금융안정위원회는 2022년 10월, '사이버 사건 리포팅: 기존 접근방식과 더 넓은 통합을 위한 다음 단계Cyber Incident Reporting: Existing Approaches and Next Steps for Broader Convergence'를 발표했다. 해당 제안서에는 ①금융감독기관 및 금융기관과 협력하여 금융기관으로부터 사이버 보안 사고 정보를 수집하고, 전 세계 금융감독기관 간의 정보 공유를 촉진하는 16가지 권고사항, ②사이버 보안 사고에 관한 공통 용어 체계Common Terminologies 정립, ③사이버 보안 사고 보고 및 정보 교환을 위한 공통 템플릿FIRE, Format for Incident Reporting Exchange 개발 등의 내용이 포함되어 있다.

글로벌 금융권과 마찬가지로 국내 금융권도 사이버 보안을 강화하며 사이버 공격에 대비하기 위한 역량을 집중하고 있다. 금융위원회는 금융권의 사이버 보안을 강화하기 위해 관련 법과 제도를 개선하고 있으며, 금융보안 및 정보 보호 기능을 강화하기 위해 2022년 12월 금융보안 규

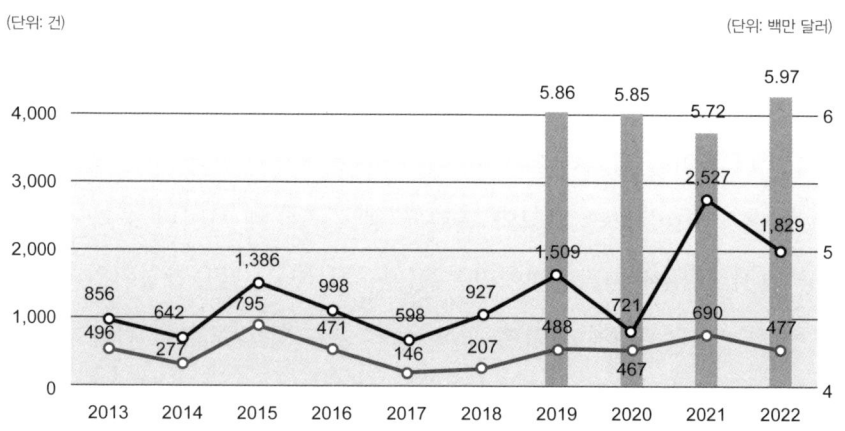

전 세계 금융산업 내 사이버 보안 사고 발생 추이

출처: Statista, 저자 재작성

제의 선진화 방안을 발표했다. 주요내용으로는 ①금융기관이 전사적으로 보안을 준수하고 리스크 기반의 자율 보안체계를 구축할 수 있도록 규율 체계를 개선하고, ②목표와 원칙 중심, 사후책임 강화를 중심으로 규제를 전환하며, ③금융보안 전문기관이 금융기관의 보안체계를 검증하고 컨설팅을 제공할 수 있도록 지원 기능을 강화하는 것을 포함하고 있다.

이후 2023년 10월, 금융위원회는 기존 '전자금융과'를 개편해 금융보안 및 정보 보호를 포함한 금융안전을 전담하는 '금융안전과'를 설치하는 방안을 발표하며, 사이버 공격 리스크에 대한 대비를 한층 강화하고 있다. 현재 금융안전과는 전자금융 보안, 금융분야 전자 침해사고 대응, 전기통신금융사기 피해 방지, 개인정보 및 신용정보 보호정책 수립과 실태 점검, 그리고 디지털 금융 인프라의 안정성과 보안 정책 수립 등의 업무를 수행하고 있다.

금융권은 디지털 전환 가속화에 따른 사이버 위협에 대응하기 위해 보안 인프라 고도화에 적극적으로 나서며, 금융시스템의 안정성을 확보하기 위한 노력을 지속하고 있다. 향후 금융권의 사이버 보안은 AI를 활용한 자동화된 위협 탐지 및 방어 체계를 중심으로 더욱 발전할 것으로 보이며, 국제적 공조를 통해 사이버 공격에 대한 정보 공유와 공동 방어 전략을 구축하는 등 각국 금융기관 간 협력도 강화될 전망이다. 더불어 사이버 보안 전문인력 양성 및 확보를 위한 노력도 더욱 확대할 것으로 예측된다. 이러한 노력은 금융권의 사이버 공격 대응력을 크게 강화하여 금융시스템의 안정성 유지와 고객 신뢰 제고에 중요한 역할을 할 것이며, 금융당국의 규제 강화와 금융기관들의 자발적인 노력이 더해져 사이버 보안은 금융권의 핵심과제로 지속적으로 고도화될 것으로 예상된다.

금융위원회 「금융보안규제 선진화 방안(2022년 12월)」 주요내용

1 ◆ 보안 거버넌스 개선	① 금융보안을 금융회사 등의 전사적 차원에서 준수하는 핵심가치로 제고 ② 보안체계를 리스크 기반의 "자율보안체계"로의 전환 추진
2 ◆ 보안규제 정비	① 목표·원칙 중심으로 규제를 전환하고, 세부사항은 가이드 형태로 전환 ② 자율보안체계 미구축 또는 보안사고 발생 등의 경우 사후책임을 강화
3 ◆ 관리·감독 선진화	① 보안규정 위반여부 감독 중심에서 자율보안체계 수립·이행 등에 대한 검증 중심으로 전환 ② 금융회사 등의 보안 거버넌스 개선 및 자율보안체계로의 이행 컨설팅 기능 강화

┃ 출처: 금융위원회(2022), '급변하는 IT 환경에 탄력적으로 대응할 수 있도록 금융보안 규제 선진화를 추진하겠습니다' 보도자료

POINT

☑ 1. 오픈뱅킹의 확장 개념인 오픈 파이낸스는 금융산업 내 데이터 개방의 폭을 더욱 확대하여 금융산업의 혁신을 주도하고 있다.

☑ 2. 임베디드 금융을 중심으로 한 서비스형 금융 모델은 API 기반 협력 생태계를 구축하여 금융서비스의 접근성을 높이고 산업 분야 간 융합을 가속화하고 있다.

☑ 3. 금융과 비금융서비스를 통합하여 제공하는 슈퍼앱은 여러 산업에서 새로운 성장 동력으로 부상하며, 디지털 생태계의 핵심 플랫폼으로 자리 잡고 있다.

☑ 4. 디지털자산은 금융 생태계 내에서 주류 자산군으로 편입을 가속화하며 입지를 강화하고 있다.

☑ 5. 녹색디지털금융은 디지털 기술을 활용해 지속가능한 미래를 구현하는 혁신적 모델로, 지속가능금융의 효율성과 투명성을 높이는 데 기여할 것이다.

☑ 6. 선구매 후결제(Buy Now, Pay Later, BNPL)는 소비자에게 다양한 결제 옵션을 제공하여 구매력과 편의성을 높이며 지속적으로 진화하고 있다.

- ✓ 7. 빅블러 현상으로 산업 간 통합이 가속화되고 있으며, 금융과 비금융 간 융합을 통한 혁신이 활발하게 이루어지고 있다.
- ✓ 8. 금융 환경이 빠르게 변화하면서 금융기관들은 금융 및 디지털 경쟁력을 강화하기 위해 다양한 기업과의 협력을 확대하고 있다.
- ✓ 9. 금융권에서는 AI, 데이터 애널리틱스 등의 기술을 활용해 데이터를 보다 효과적으로 활용하고, 데이터 활용성을 극대화하기 위한 노력이 확대될 것이다.
- ✓ 10. 사이버 공격의 위험성과 심각성이 증가하면서 금융시스템 내 사이버 보안의 중요성이 더욱 부각되고 있다.

- 신기술, 금융의 미래를 그려 나가다
- 인공지능(Artificial Intelligence)
- 블록체인(Blockchain)
- 클라우드 컴퓨팅(Cloud Computing)
- 빅데이터(Big Data)
- 사물인터넷(Internet of Things)

제4장

차세대 금융서비스를 이끌 핵심기술 동향

✦✦ 용어해설 ✦✦

인공지능(Artificial Intelligence, AI)
인간의 지적 능력을 모사하거나 확장할 수 있도록 설계된 알고리즘 및 시스템을 연구·개발하는 학문 분야를 의미.

챗봇(Chatbot)
자연어 처리(Natural Language Processing, NLP) 기술을 기반으로 사용자의 질의에 자동으로 응답하거나 상호작용하는 컴퓨터 프로그램으로, 인간과의 대화를 모방하도록 설계된 인공지능 응용 시스템.

가상비서(Virtual Assistant)
사용자의 명령이나 요청을 이해하고, 이에 적절한 정보 제공 또는 작업 수행을 자동화하는 지능형 인터페이스 기반의 인공지능 시스템.

블록체인(Blockchain)
탈중앙화된 네트워크 환경에서 데이터를 안전하고 투명하게 기록, 저장, 공유할 수 있도록 설계된 분산원장기술(Distributed Ledger Technology, DLT)의 한 형태.

분산원장(Distributed Ledger)
중앙 집중형 데이터베이스와 달리, 네트워크에 참여하는 복수의 노드(참여자) 간에 동일한 데이터 복사본을 공유·동기화하는 분산형 데이터 기록 방식을 의미.

클라우드 컴퓨팅(Cloud Computing)
컴퓨팅 자원(서버, 저장공간, 네트워크, 소프트웨어 등)을 인터넷을 통해 온디맨드 방식(On-Demand Basis)으로 제공하고, 사용자는 이를 서비스 형태로 소비할 수 있도록 하는 분산 컴퓨팅 기술 기반의 IT 서비스 제공 모델.

빅데이터(Big Data)
기존의 데이터 처리 기술이나 관리 체계로는 저장, 처리, 분석이 어려운 규모(Volume), 속도(Velocity), 다양성(Variety)을 지닌 데이터를 의미. 이후 정확성(Veracity), 가치(Value) 등의 요소가 추가되어 '5V'로 개념이 확장됨.

사물인터넷(Internet of Things, IoT)
센서, 통신 모듈, 프로세서 등이 내장된 다양한 사물(Things)들이 인터넷을 통해 서로 연결되어 데이터를 수집·전송·분석하고, 자율적으로 상호작용하며 지능형 서비스를 제공하는 기술 및 시스템을 의미.

신기술, 금융의 미래를 그려 나가다

현대의 금융소비자는 시간과 장소의 제약 없이 송금, 투자, 대출 등 다양한 금융서비스를 손쉽게 이용할 수 있는 시대를 맞이하게 되었다. 이러한 획기적인 변화의 중심에는 기술 발전이 있으며, 이는 핀테크, 즉 금융과 기술의 융합이라는 새로운 패러다임이 금융산업 전반에 확산되면서 가능해진 결과다. 핀테크는 금융서비스 접근성을 높이고, 금융소비자에게 보다 편리하고 다양한 금융 경험을 제공하는 데 기여하고 있다.

더 나아가 핀테크는 금융시스템의 효율성을 증대시키고, 금융시장의 판도를 변화시키는 핵심 동력으로 작용하며, 금융산업의 근본적인 혁신을 이끌고 있다. 예를 들어, 인공지능 기술은 고객 경험 향상, 금융사기 및 부정행위 방지, 리스크 관리 강화 등 다양한 분야에 활용되어 금융산업을 혁신하고 있다. 또한, 인공지능을 기반으로 한 새로운 비즈니스 모델을 통해 기존에 없던 새로운 금융서비스를 창출하는 데 기여하고 있다. 블록체인 기술은 분산원장을 기반으로 금융거래의 투명성과 보안성을 획기적으로 강화하여 신뢰할 수 있는 금융시스템 구축을 가능하게 한다. 클라우드 컴퓨팅 기술은 금융기관의 인프라 비용을 절감하고 초기 투자 부담을 완화하여 사업적 유연성과 민첩성을 높이는 데 기여하고 있다. 빅데이터 기술은 기업이 데이터를 기반으로 정확하고 신속한 의사결정을 내릴 수 있도록 지원한다. 사물인터넷 기술은 실시간으로 방대한 데이터 수집을 가능하게 하는 등 기존의 데이터 수집 방식을 완전히 뒤바꿔놓으며, 데이터 생태계에 새로운 가능성을 제시한다. 새로운 기술들이 만들어내는 이러한 변화는 결국 금융산업의 미래를 결정하는 중요한 요소가 되고 있다.

한편 급변하는 디지털 시대에서 데이터는 기업의 핵심자산으로 부상하였으며, 특히 금융산업에서는 미래 경쟁력을 좌우하는 핵심요소로 자리매김하고 있다. 이에 본 장에서는 인공지능, 블록체인, 클라우드 컴퓨팅, 빅데이터, 사물인터넷을 미래 금융서비스를 이끌 핵심기술로 선정하여 금융산업의 데이터 생태계를 심층적으로 분석하고자 한다. 왜냐하면 이들 기술은 데이터 생성, 수집, 저장, 분석, 활용의 전 과정에서 유기적으로 연결되어 상호 시너지를 창출하며, 금융산업의 혁신을 이끌고 있기 때문이다. 이러한 맥락에서 금융산업의 데이터 생태계적 측면에서 주목할 만한 다섯 개의 기술 트렌드를 분석하고, 이러한 기술들이 금융산업에 미치는 영향을 심층적으로 살펴보고자 한다.

인공지능
Artificial Intelligence

인공지능Artificial Intelligence, AI은 최근 급격한 성장을 이루며 우리의 삶과 업무 방식을 혁신적으로 변화시키고 있는 핵심기술이다. 글로벌 시장조사 기관인 스타티스타Statista에 따르면, 2022년 기준 전 세계 AI 관련 총 투자 규모는 약 920억 달러에 달했으며, 이는 2016년 이후 6배 이상 증가한 수치다. 현대사회는 불과 몇 년 전만 해도 불가능하다고 여겨졌던 일들이 AI 기술의 발전을 통해 현실로 구현되는 과정을 직접 목격하고 있다.

글로벌 리서치 기업 마켓츠앤마켓츠MarketsandMarkets의 조사에 따르면, 전 세계 AI 시장은 2023년부터 연평균 36.8%의 성장률을 보이며 2030년에는 1조 3,452억 달러에 이를 것으로 전망된다. AI 시장의 가파른 성장 전망은 다양한 첨단기술과의 높은 시너지 효과에서 비롯된다. 사물인터넷Internet of Things, IoT, 자연어 처리Natural Language Processing, 로봇공학Robotics 등 다양한 첨단기술과 AI의 융합은 AI의 잠재력을 한층

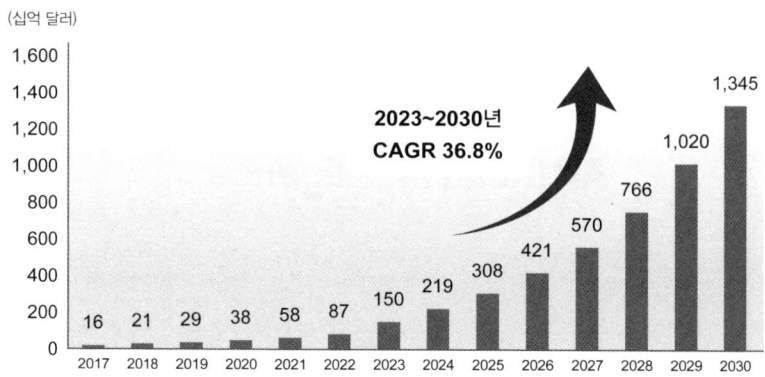

글로벌 AI 시장 규모 전망

(십억 달러)

2023~2030년 CAGR 36.8%

연도	2017	2018	2019	2020	2021	2022	2023	2024	2025	2026	2027	2028	2029	2030
규모	16	21	29	38	58	87	150	219	308	421	570	766	1,020	1,345

출처: MarketsandMarkets, 삼정KPMG 경제연구원(2024), '혁신의 부스터 AI에 몰드는 금융'
* 2023~2030년은 전망치

더 강화하는 동시에 응용 범위의 확장을 촉진한다.

AI 분야의 선구자로 알려진 존 매카시John McCarthy는 AI를 '고도의 지능적 기계를 만드는 과학 및 공학The Science and Engineering of Making Intelligent Machines'으로 정의했으며, 이는 상당히 폭넓고 포괄적인 개념이었다. 이후 AI에 관한 다양한 정의가 제시되었으나, 현대적 관점에서는 '인간의 지능, 즉 고도의 문제 해결 능력을 갖춘 인공지능으로, 인간의 학습, 추론, 지각 능력을 인공적으로 구현하는 컴퓨터 과학 및 기술의 총칭'으로 이해된다.

AI는 역량, 기능, 학습 방법, 구현 기술 등 다양한 기준에 따라 분류될 수 있으나, 대중적으로 사용되는 역량Capability과 기능Functionality에 따른 분류 체계에 집중하고자 한다. 먼저, 역량 기준의 분류에서는 AI를 좁은 지능Artificial Narrow Intelligence, 범용(일반) 인공지능Artificial General Intelligence, 초인공지능Artificial Super Intelligence의 세 가지로 나눌 수 있다. 기

AI 분류기준에 따른 유형

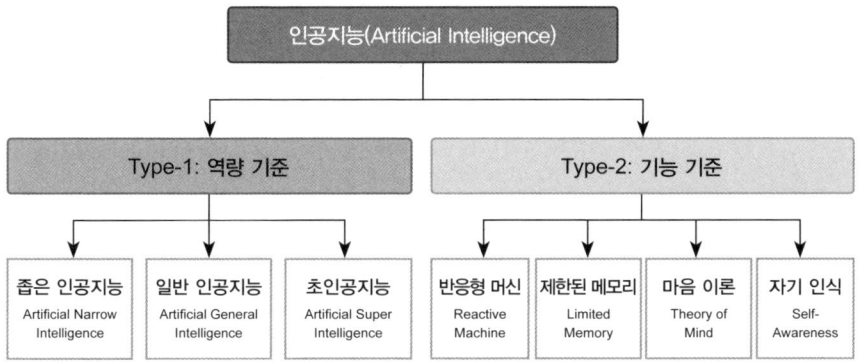

┃ 출처: 고민수(2024), 'Deep Learning Bible B. Artificial intelligence'

능을 기준으로는 AI를 ①반응형 머신Reactive Machine, ②제한된 메모리 Limited Memory, ③마음 이론Theory of Mind, ④자기 인식Self-Awareness의 네 가지 유형으로 분류할 수 있다.

AI는 데이터를 입력받아 다양한 알고리즘과 반복 처리 시스템을 통해 데이터에서 패턴을 발견하고 이를 식별하여 특정 방식으로 반응하는 방식으로 작동한다. 고급 AI는 이러한 작업을 반복할 때마다 자체 성능을 평가하고 지속적으로 개선할 수 있는 능력을 갖춘다. AI 시스템은 처리된 데이터를 기반으로 특정 행동이나 결과의 발생 가능성을 예측하기 위해 성향 모델Propensity Model이라는 통계적 기법을 활용하여 예측 분석을 수행하며, 도출된 예측 결과에 따라 대응할 수 있다.

AI 유형별 상세

기준	유형	특징
Type-1: 역량 기준	좁은 인공지능 Artificial Narrow Intelligence	• 특정, 단일 또는 집중 작업에 초점을 맞추고 익숙하지 않은 문제를 해결하기 위한 자체 확장 기능은 부족 • 사전 정의된 기능 집합 내에서 작동하도록 프로그래밍되어 특정 문제를 완료하거나 해결을 목적으로 함 • 기계 학습, 자연어 처리, 인공 신경망, 딥러닝을 사용하여 데이터를 분류 • 운전, 의료 진단 등의 분야의 특정 반복 작업에서 인간의 역량을 능가하며, 오늘날의 대부분의 AI가 이에 해당
	일반 인공지능 Artificial General Intelligence	• 지능적이며 광범위한 작업을 수행하고, 추론 및 학습이 가능하여 인간에 필적하는 인지 능력을 보유 • 완전한 자기 인식으로 간주되어 상식, 창의성 및 감정 표현 능력을 보유 • 기계 학습, 딥러닝, NLP 및 인공 신경망의 고급 버전을 사용하여 클러스터링 및 연결을 활용 • 거의 모든 영역에서 인간과 경쟁이 가능하며, 2040년경 현실화 전망
	초인공지능 Artificial Super Intelligence	• AGI 이후 단계이며, 인간의 지능을 능가하여 인간보다 월등하게 작업을 수행하고, 스스로 학습하며 진화할 수 있음 • 인간의 추론과 경험을 시뮬레이션하여 자신의 감정적 이해, 신념 및 욕구를 개발하고, 인간의 두뇌를 모델로 사용하여 행동 지능을 도출하고 인간의 감정과 경험을 이해하고 해석할 수 있음 • 인간의 삶을 획기적으로 바꿔놓을 혁신적인 기술이지만, 인류에게 큰 위협이 될 수도 있음
Type-2: 기능 기준	반응형 머신 Reactive Machine	• 가장 기본적인 수준의 AI • 정보나 데이터를 메모리에 저장할 수 없음 • 프로그램의 전체적인 목표에 대해 인지하지 못하고, 항상 동일한 인풋에 대해 동일한 아웃풋으로 반응 • 게임 플레잉 AI(예를 들어 AlphaGo, Deep Blue 등), 이메일 웹사이트의 스팸 필터 기능, 이커머스(E-commerce)의 추천 기능 등의 마케팅 툴(Tool) 등
	제한된 메모리 Limited Memory	• 임시로 제한된 양만큼의 데이터 및 피드백을 저장하고 이를 통해 학습 가능하나, 일단 프로그래밍이 완료되면 스스로 기능을 개선하지는 못함 • 데이터를 입력받아 결과에 어떤 영향을 미칠지 예측할 수 있으며, 이를 활용하여 대응 방법을 결정 • ChatGPT, 자율주행차(사고를 피하기 위해 주행 조건, 교통 및 주변 보행자와 같은 데이터를 입력받아 대응 결정을 내림), 자율작업 로봇(주변 환경에 대한 제한된 데이터를 입력받음)
	마음 이론 Theory of Mind	• 인간은 정신상태, 의사결정 등에 영향을 미칠 수 있는 생각과 감정을 가지고 있음을 AI가 이해할 수 있도록 프로그래밍되고 훈련되어야 한다는 것이 마음 이론의 기본 개념 • 마음의 이론 AI는 비객관적 데이터(Non-objective Data)에 따라 반응과 결정을 조정할 수 있으므로 인간과 더 복잡한 상호작용을 처리할 수 있음
	자기 인식 Self-Awareness	• 마음 이론 진화의 다음 단계로 간주됨 • 프로그램된 AI는 스스로 자신의 존재와 자신의 위치, 그리고 자신이 수행하는 기능과 인간의 위치를 인식 • 인간 수준의 의식을 가지고 인간의 감정을 이해하고 생각하고 의사결정을 내릴 수 있음

| 출처: 고민수(2024), 'Deep Learning Bible B. Artificial intelligence'

AI는 금융서비스 산업의 운영 모델과 경쟁 구조를 근본적으로 재편하고 있다. AI는 금융산업의 프론트 오피스부터 백오피스에 이르기까지 전 영역에 걸쳐 혁신을 주도하고 있으며, 금융업계는 이미 AI의 발전을 기반으로 기술적·데이터적 역량을 강화하여 시장 내 경쟁 우위를 확보하는 데 주력하고 있다.

AI 도입은 전통적 금융기관의 운영 모델을 다각화하고 있으며, 선도적인 일부 금융기관은 AI를 활용한 혁신적인 비즈니스 모델과 서비스, AI 기반 B2B 솔루션 개발 등을 통해 새로운 수익 창출 기회를 모색하고 있다. 이러한 변화는 경쟁사에 지속적인 기술적 우위를 제공할 뿐만 아니라, 다른 기관들도 AI 기술 도입의 필요성을 느끼게 하는 환경을 조성하고 있다. 또한, 정형 및 비정형 데이터의 급격한 증가, 핀테크의 발전, 고객 경험의 중요성 증대, 새로운 경쟁자의 부상에 따른 경쟁 심화도 금융업계에서 AI 도입을 가속화하는 주요 요인으로 작용하고 있다.

금융업계의 AI 활용 전략과 목적은 크게 여섯 가지로 분류될 수 있다. 첫째는 업무 자동화와 프로세스 비용 절감을 통한 업무 효율성 향상이다. AI 기반 챗봇Chatbot 및 가상비서Virtual Assistants와 같은 고객 서비스는 금융산업 내 비부가가치 업무를 자동화하여 운영 효율성을 높이고 비용을 절감하는 동시에, 전체적인 고객 경험을 개선하는 데 기여하고 있다. 또한, AI 기반 지능형 시스템은 자연어를 통해 고객과 상호작용하며, 개인화된 맞춤형 상품을 추천하고 고객의 질의에 응답하는 등 다양한 대고객 활동을 수행한다. 스페인의 산탄데르Santander 은행은 2016년부터 음성비서 시리Siri를 뱅킹 앱에 도입하여 음성 명령으로 잔액 조회, 이체 등 다양한 금융서비스를 이용할 수 있도록 했으며, 2017년에는 음성 생체인식 기술을 추가하여 더욱 안전하고 간편한 금융거래 환경을 제공하고 있다.

둘째, 고객과의 상호작용을 통한 맞춤형 상품·서비스의 제공이다. 금융기관은 고급 분석Advanced Analytics과 머신러닝 기술을 활용하여 고객의 투자전략을 최적화하고, 개별 선호도와 리스크 허용 범위에 맞춰 포트폴리오를 조정할 수 있다. 또한, AI를 기반으로 각 고객의 투자 행태나 리스크 선호도에 따라 보상 및 인센티브를 맞춤화하여 고객의 참여도를 높일 수 있다. ICICI Bank는 2017년 다중 채널 챗봇 'iPal'을 도입하여 음성 상호작용을 통한 개인화된 뱅킹 서비스를 제공했다. 이 챗봇은 머신러닝을 통해 지속적으로 학습함으로써 맞춤형 상담 서비스의 정확도를 향상시키고, 인식 기술을 통해 고객의 다양한 질의에 실시간으로 응답하

출처: 삼정KPMG AI센터, 삼정KPMG 경제연구원(2024), '혁신의 부스터 AI에 물드는 금융'

며, 고객 상황에 맞춘 맞춤형 상담을 제공하여 차별화된 고객 경험을 구현하고 있다.

셋째, AI를 활용하여 서비스의 효율성과 정밀도를 높여, 경험의 질을 높이는 것이다. AI는 다양한 금융서비스 환경과 기능을 제공함으로써 고객에게 신선하고 혁신적인 경험을 선사하며, 금융서비스의 범위를 확장하는 데 기여할 수 있다. 미국 금융지주사 캐피털원Capital One의 가상비서 이노Eno는 실제 고객과의 대화 데이터를 학습하여 특정 질의 유형에 대해 2,200가지 이상의 다양한 표현을 이해할 수 있으며, 고객의 복잡한 질문에 실시간으로 정확하게 응답하여 사람과 대화하는 것처럼 자연스러운 경험을 제공할 수 있다.

넷째, AI를 기반으로 한 사기 및 부정행위 방지를 통한 리스크 관리 강화이다. AI를 활용한 사기 탐지와 리스크 관리 강화는 금융산업에서 중요한 전략으로 자리 잡고 있다. 실시간 모니터링 및 탐지, 머신러닝 기반 패턴 인식과 데이터 분석, 자동화된 대응 시스템 등을 통해 기존 시스템보다 더욱 빠르고 정확하게 부정행위를 식별하고 방지할 수 있다. HSBC는 2018년 AI 전문 기업 Ayasdi와 협력하여 GSNA라는 혁신적인 자금세탁 방지 솔루션을 개발했다. GSNA는 양사의 기술력을 결집하여 탄생한 시스템으로, 금융거래 데이터를 정교하게 분석하여 이상거래를 정확히 탐지하는 역할을 수행한다.

다섯째, 고급 데이터 사이언스Advanced Data Science를 기반으로 하는 의사결정 지원이다. AI는 방대한 정형 및 비정형 데이터를 분석하고 이를 바탕으로 미래의 결과나 트렌드를 예측할 수 있다. 또한, 다양한 시뮬레이션을 통해 여러 의사결정 시나리오를 검토하고, 각 시나리오가 초래할

인공지능, 머신러닝 및 빅데이터 관계도

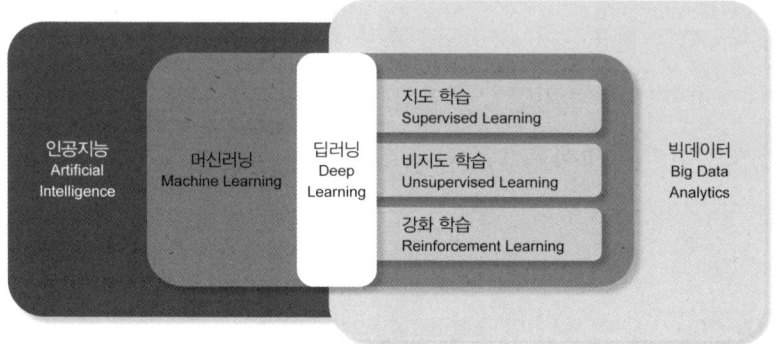

| 출처: Financial Stability Board(2017), 'Artificial intelligence and machine learning in financial services'

수 있는 결과를 비교·분석하여 최적의 결정을 도출하는 데 기여한다. 이를 통해 의사결정자는 보다 객관적이고 데이터에 기반한 결정을 내릴 수 있다. 더불어, AI는 시장 동향, 경제 지표, 투자자 행동 등을 분석하여 맞춤형 투자 자문과 포트폴리오 리밸런싱Rebalancing 전략을 제공함으로써 금융기관이 데이터 분석 결과를 기반으로 리스크를 최소화한 투자 의사결정을 내리도록 지원한다. 미국 테크 기업 Zest AI는 AI 기반의 대안 신용평가 모델을 개발하여 소득, 인종 등 편향을 유발하는 변수를 식별하고, 그 영향을 최소화한 대출 심사 의사결정을 지원함으로써 공정성과 정확성을 높인 대출 서비스를 제공하고 있다.

여섯째, 새로운 비즈니스 모델과 서비스 창출을 통한 새로운 가치제안 Value Proposition이다. 이는 AI를 기반으로 기존에 존재하지 않던 금융상품 및 서비스를 제공하는 것을 의미한다. 이러한 접근은 전통적인 금융서비스의 한계를 넘어서는 혁신을 가능하게 하며, 금융 접근성이나 사용자 경험 등을 획기적으로 개선할 잠재력을 지니고 있다. 본질적으로 새로운 방식의 접근법이기 때문에 기존 금융업계의 패러다임을 바꿀 수 있는 게임 체인저가 될 가능성도 있다. 대표적인 예로 AI 기반 알고리즘 트레이딩Algorithmic Trading을 들 수 있다. 알고리즘은 방대한 시장 데이터를 압도적인 속도와 정밀도로 분석하여 트레이더가 복잡한 전략을 효과적으로 실행할 수 있도록 지원한다. 특히, 초단타 매매에 특화된 금융기관은 AI를 활용해 극단적으로 짧은 시간 내에 대규모 거래를 감행하여 매매차익을 적극적으로 확보할 수도 있다.

지금까지 논의된 바와 같이, AI는 금융의 모든 측면을 재구성하며 독보적인 경쟁 우위를 제공하는 수단으로 금융기관의 운영과 전략의 핵심 요소로 부상하고 있다. 그 결과, 금융산업은 AI의 발전에 따라 기존 비즈니스 모델을 변화시키고 개선해야 하는 압박에 직면해 있다. 특히 AI는 금융산업에서 전통적 관행과 비효율성을 개선하고, 성장의 새로운 기회를 창출하는 혁신적 변화의 중심에 서서 금융의 경쟁 우위 요소에 변화를 가져오고 있다.

AI는 데이터 분석과 패턴 인식 등의 기능을 통해 금융의 주요 프로세스를 더욱 효율적으로 개선하고, 새로운 유형의 데이터를 활용해 보다 정교한 예측 모델을 구축할 수 있도록 한다. AI 기반 서비스의 성능은 사용자 데이터의 증가와 상호작용을 통해 지속적으로 향상되며, 이 과정에서 데이터의 중요성은 더욱 부각된다. 따라서 AI 기술의 상용화로 인해 데이터는 핵심 자산으로서 그 중요성이 더욱 증대하였으며, 기술 및 데이터 역량 강화는 금융기관의 가장 중요한 경쟁 우위 요소 중 하나이자 필수적인 환경으로 자리 잡고 있다.

과거에는 금융기관의 자산운용 규모나 지점수가 주요 경쟁 우위 요소로 작용했으나, 앞으로 금융기관의 경쟁력은 보유한 데이터와 AI 솔루션을 통해 얼마나 유의미한 인사이트를 도출하는지, 그리고 이를 얼마나 혁신적이고 비용 효율적인 방식으로 금융서비스에 통합하여 소비자에게 제공할 수 있는지에 따라 결정될 것으로 전망된다. 이러한 배경에서 금융기관이 AI 기술을 활용하여 급변하는 금융 환경에서 경쟁 우위를 확보하고, 지속가능한 미래 비즈니스 모델을 구축할 수 있는지가 향후 생존을 좌우하는 핵심 요인이 될 것이다.

금융산업 AI 적용 사례

서비스 유형	기업 및 서비스명	특징
챗봇 및 가상비서	뱅크오브아메리카 BoA	• 에리카(Erica)는 2018년 Apple의 Siri를 본떠 출시한 AI 기반 금융 비서로, 365일 실시간 고객 응대가 가능 • 문자와 음성 대화를 통해 계좌조회, 카드관리, 개인송금, 거래보고, 투자조언 등 다양한 유형의 금융서비스를 지원하고 있으며, 사용자 수 또한 지속 성장세
	웰스파고	• 파고(Fargo)는 구글 대화형 AI 플랫폼 다이얼로그플로우(Dialogflow) 기반 가상비서로, 언어 처리 기능을 통해 고객의 의도를 이해하고 맞춤형 응답 제공 • AI, 클라우드를 이용해 언제 어디서나 금융업무와 서비스를 스마트하게 수행할 수 있도록 지원, 고객에게 편리하고 직관적인 뱅킹 경험을 제공하고 평범한 언어로 대부분 은행업무에 대한 도움을 주고 있음 • 밴티지(Vantage)는 단일 플랫폼에서 중소기업 및 대기업의 금융, 비금융 니즈를 충족시킬 수 있도록 구현한 원스톱숍으로, 기업고객의 디지털 경험 향상을 위한 AI 기반 플랫폼 • AI/ML 기반으로 기업 성장에 따라 진화하는 금융 니즈에 맞춰 계정을 커스터마이징하는 기업고객 개인화 기능
	캐나다 왕립은행 Royal Bank of Canada, RBC	• 노미(NOMI)는 RBC 모바일 애플리케이션에 통합된 디지털 비서 서비스로, AI를 기반으로 개인화된 인사이트를 제공하여 고객의 저축, 지출관리 등을 돕고 있음 • 가장 최근에 추가된 NOMI Forecast 서비스는 반복되는 청구서 지불을 추적하여 고객에게 향후 현금 흐름에 대한 예측을 제공하며, AI를 고객 경험에 가장 잘 활용한 것으로 인정받기도 함
	BlackRock 블랙록	• 알라딘과 eFront 리스크 관리 시스템을 위한 코파일럿 구축에 생성형 AI를 적용함으로써 고객들은 알라딘에서 정보 추출 시 블랙록의 LLM 기술 사용 가능 * 알라딘은 리서치, 리스크 분석, 포트폴리오 관리, 트레이딩 등 투자관리 전반을 아우르는 블랙록의 종합서비스 플랫폼

분류	기업	내용
포트폴리오 및 자산관리	Vanguard 뱅가드	• 2015년 하이브리드 RA 서비스 'Vanguard Personal Advisor', 2019년 개인투자 및 401(k) 퇴직계좌 대상 RA 일임 서비스 'Vanguard Digital Advisor'를 출시 • 소득, 지출, 투자 위험 성향 등을 토대로 목표 기반 재무 계획 및 전략을 수립하고 알고리즘을 활용하여 고객 계정을 모니터링하고 필요 시 포트폴리오 재조정하는 등 AI를 기반으로 종합 자산관리 관점의 맞춤형 재무설계 자문 서비스를 제공 • Vanguard Advisor 서비스들은 2023년 12월 31일 기준 일임고객자산 1,438억 달러, 비일임고객자산 1,893억 달러를 운영, 디지털 자산관리시장 내 입지를 공고히 다지고 있음
	DBS	• 자산관리 부문 강화 전략의 일환으로 2021년 4월 AI 기반 재무 및 은퇴 계획 관련 맞춤형 서비스 'NAV Planner' 론칭. 재무 목표, 위험 성향, 재무 상황 등 개인 프로파일 설정 후 DBS의 광범위한 포트폴리오 제품군 내 맞춤 솔루션 목록을 추천 • 2019년부터 알고리즘으로 리스크 관리, 포트폴리오 조정을 진행하는 맞춤형 로보어드바이저 서비스 'digiPortfolio'를 제공하며 고객 범위를 확장 중임
	JPMORGAN CHASE & CO. JP모건체이스	• 2023년 5월 투자자 성향에 맞춰 투자 상품을 추천하는 AI 서비스 'IndexGPT' 상표권을 출원하고 2024년 5월부터 개시 • 오픈AI의 GPT-4를 기반으로 클라우드 컴퓨팅, e스포츠, 사이버 보안 등 트렌드를 중심으로 테마형 인덱스를 자동 생성하여 투자를 자문
리스크관리	mastercard 마스터카드	• 부정거래 탐지 및 예방을 위한 자체 독점 생성형 AI 모델(Decision Intelligence Pro)을 구축하여 은행이 네트워크에서 의심스러운 거래를 실시간으로 평가하고 합법적인지 여부를 판단할 수 있음 • 자사 결제 네트워크 발생 거래 데이터를 실시간 학습하여 사기 거래 발생 확률을 수치화하고, 금융 사기 모델 분석 가능
	VISA 비자	• AI를 이용한 'Visa 첨단 승인 시스템(Visa Advanced Authorization, VAA)'을 운영하며 금융기관 부정 결제를 방지하고 유통업체 및 소비자에게 안전한 지급결제 서비스를 제공 • 2024년 3월에는 딥러닝 AI 리스크 모델에 기반한 사기 방지 툴(Visa Deep Authorization, VDA)을 발표하기도 함
	PayPal 페이팔	• AI 시스템을 통해 사용자의 일반적인 행동에서 벗어난 거래 행위를 탐지하여 손상된 계정을 식별하고 승인되지 않은 거래를 방지 • AI/ML을 통해 사용자의 결제 요청을 방해하는 요소를 예측하고 문제를 해결하여 유효한 거래의 승인율을 향상해왔으며, ML 알고리즘은 데이터를 분석하고 여러 가지 전략으로 결제를 재평가
컴플라이언스	citi 씨티은행	• Symphony AyasdiAI의 머신 인텔리전스 솔루션을 기반으로 정확하고 투명한 수익 예측 모델을 구현, 규제 허들을 극복하고 있음 • 2019년 외부 기업들과의 협업을 통해 'NextGen AI 컴플라이언스' 프로젝트를 개시하여 규제 컴플라이언스 프로세스 간소화 작업을 진행
	Commonwealth Bank 호주 커먼웰스뱅크 Commonwealth Bank of Australia	• 규제 준수, 사기 탐지, 사이버 보안 등을 위한 AI 연구를 진행하고 있으며, 런던 혁신 연구소에서 방대한 양의 규정을 읽고 필요 조치를 판단하는 AI 소프트웨어를 시범 운영하기도 함 • H2O.ai의 Document AI를 활용하여 하루에 수백만 건의 문서를 처리하고 정책과 규제를 준수하면서 고객 중요 세부 정보를 자동으로 추출할 수 있게 됨
	Valley 밸리뱅크 Valley Bank	• 핀테크(Refinite Intelligence)와 협력하여 AI를 통해 거짓 양성(False Positives)을 줄이고 있으며, 고객과의 상호작용을 중심으로 사기 경보 관련 학습 모델 구축 • DataRobot AI 플랫폼을 활용하여 AML 사례 관리 시스템에 예측 모델 적용

운영 효율성 제고	Swiss Re 스위스 리	• 자동차보험, 생명보험 등에서 언더라이터의 계약 심사 과정 지원을 위해 AI 기술을 도입. 언더라이팅 업무 표준화 수준을 향상시킴 • 2024년 4월 마이크로소프트 Azure OpenAI를 통합한 생성형 AI 기반 언더라이팅 어시스턴트 'Swiss Re Life Guide Scout'를 출시하기도 함
	DAIDO 大同生命 다이도 생명보험	• 2020년 4월부터 AI 기반 메디컬 언더라이팅 솔루션을 사용하고 있으며, AI 솔루션은 고객 의료 기록과 진단 결과에서 데이터를 추출하고 예비 평가를 제공 • 이를 통해 언더라이팅 프로세스 간소화 및 중복 작업 최소화에 성공
	JPMORGAN CHASE & CO. JP모건체이스	• 2017년 6월부터 COiN(Contract Intelligence)라는 법률 문서 검토·분석 AI 플랫폼을 구동 중이며, 동 플랫폼을 통해 특정 범주의 계약에 대한 문서 검토 프로세스를 자동화 • JP모건 체이스는 COiN을 통해 계약 검토 시간을 연간 36만 시간에서 단 몇 초로 절감했다고 밝혔으며, 이에 따라 보다 신속한 대출 승인과 대출 서비스 실수 감소 등의 효과가 나타남
	Goldman Sachs 골드만삭스	• POC 단계, 실적 발표 요약, 일일 요약 자료 작성 등에 LLM 적용을 실험하고 있으며, 9백만 개 문서에서 정보 분류 및 추출을 위한 생성형 AI를 개발 중인 것으로 알려짐 • 내부 전산의 유지·보수를 위해 프로그래밍 코드를 생성하는 AI를 시범 활용하고 있으며, 현재 AI 생성 코드의 40% 가량을 실제 시스템에 적용
	Morgan Stanley 모건스탠리	• 직원들이 대규모 콘텐츠 라이브러리를 포괄적으로 검색하고 특정 질문에 답을 하기 위한 내부 대면 챗봇 지원에 오픈AI의 GPT-4를 활용 중 • 생성형 AI 활용(계획)을 발표한 금융사들 중 GPT-4를 기반으로 한 맞춤형 솔루션을 직원들에게 제공했다는 점에서 주목받음
	BARCLAYS 바클레이즈	• 마이크로소프트의 Copilot을 활용하여 회의 작업 요약 및 상세 보고서 종합 등 생산성 향상 방안을 모색하고 있음 • 아마존웹서비스(AWS)의 생성형 AI 구축 툴 Amazon Bedrock을 통해 자사 직원 업무를 지원하고 기술자 효율성을 향상

출처: 삼정KPMG AI센터, 삼정KPMG 경제연구원(2024), '혁신의 부스터 AI에 물드는 금융'

블록체인
Blockchain

블록체인Blockchain은 P2PPeer to Peer 네트워크를 통해 거래를 처리하고 기록하는 '분산원장 시스템'을 의미한다. 이는 중앙 서버나 중앙 관리자를 거치지 않고, 분산된 네트워크의 각 참여자가 P2P 방식으로 데이터베이스를 공유 및 동기화할 수 있는 기술로, 분산형 데이터베이스와 유사한 형태로 거래를 기록하는 공개 원장이자 상호 연결된 데이터베이스 시스템이다. 블록체인이라는 명칭은 거래 데이터를 포함한 블록Block이 사슬Chain 형태로 연결되는 구조에서 비롯된 것으로 알려져 있다.

블록체인은 종종 분산원장Distributed Ledger과 혼용되어 사용되지만, 실제로 분산원장은 블록체인의 상위 개념이며, 블록체인은 대표적인 분산원장기술 중 하나이다. 따라서 블록체인은 분산원장기술의 일종이자, 구성원 간의 합의를 기반으로 운영되는 분산 데이터베이스 기술로 이해할 수 있다.

블록체인을 구성하는 각 블록은 헤더Header와 바디Body로 이루어져 있

블록체인 구조

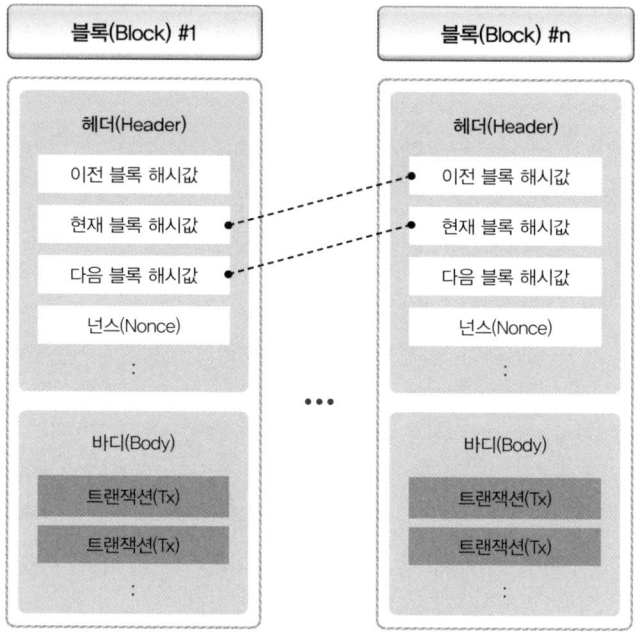

┃ 출처: 금융보안원

다. 헤더에는 현재 블록을 이전 및 다음 블록과 연결하는 해시Hash 값과 암호화된 시스템에서 한 번만 사용되는 임의의 숫자인 넌스Number Used Once, Nonce가 포함되어 있다. 블록의 바디에는 거래Transaction 정보가 기록된다. 요약하자면, 하나의 블록은 하나의 거래정보를 나타내며, 블록은 ①블록의 고유 ID 역할을 하는 해시, ②이전 블록(거래)들의 해시, ③해당 블록에 저장된 거래정보를 포함하고 있다.

해시는 임의의 데이터를 고정된 길이의 출력값으로 변환하는 함수이다. 데이터의 크기나 형식에 관계없이 항상 동일한 길이의 해시가 생성되며, 대규모 데이터도 고정된 길이의 해시로 표현할 수 있어 효율적인 데이터 관리가 가능하다. 이러한 특성으로 인해 해시는 블록체인에서 데이터의 무결성을 검증하고 위변조를 방지하는 데 중요한 역할을 한다. 기존 데이터에 약간의 변화만 생겨도 해시 값이 완전히 달라지기 때문에, 데이터 조작 시 이를 쉽게 감지할 수 있다. 넌스는 이전 블록의 해시와 결합되어 새로운 블록의 해시를 계산하는 과정에서 사용되며, 각 블록이 고유한 해시 값을 가져야 하므로 넌스는 이름 그대로 한 번만 사용되고 재사용되지 않는다.

블록체인을 기반으로 거래가 기록되는 과정을 간단히 살펴보면, 당사자 간 거래가 발생할 때 해당 거래정보는 블록체인 네트워크를 통해 각 노드Node(블록체인 네트워크의 참여자)로 전송된다. 이후, 거래정보를 수신한 노드들은 새로운 블록이 체인에 추가되기 전에 해당 블록의 유효성을 상호 검증하는 과정을 수행하는데, 이를 합의 알고리즘Consensus Algorithm이라고 한다. 블록체인 참여자들은 이 과정을 통해 암호화된 거래정보가 유효한 거래인지 여부를 판단하게 된다. 구성원 간의 유효성 검증을 통해 타당성이 입증된 거래정보는 신규 블록에 저장되고, 기존 블록과 연결되어 하나의 블록체인을 형성함으로써 거래가 완료된다.

합의 알고리즘은 다수의 참여자들이 통일된 의사결정을 내리기 위해 사용하는 알고리즘으로, 분산된 시스템에서 특정 데이터에 대해 동일한 값을 유지하기 위해 고안된 개념이다. 쉽게 말해, 원장의 상태에 대해 참여자들 간 합의에 도달하는 과정으로, 합의 알고리즘은 분산원장 시스템 내 모든 원장 데이터가 동일한 상태로 유지되도록 하는 데 핵심적인 역할을 한다.

블록체인 기반 거래 프로세스

Step 1:
- 네트워크 내 특정인이 거래를 요청

Step 2:
- 거래 내용이 네트워크 내 각 노드(참여자)에게 전송

Step 3:
- 각 노드들은 암호해시 연산(채굴)을 수행하고 적정 해시값을 찾은 노드는 거래내역이 정상임을 확인하여 블록을 생성, 이를 모든 노드에게 전송

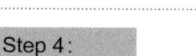

Step 6:
- 거래가 종결됨

Step 5:
- 승인된 데이터 블록이 블록체인 네트워크에 연결 (거래기록 수정 불가)

Step 4:
- 모든 노드가 해당 블록의 적정성 확인 및 노드의 절반 이상이 합의하면 블록이 승인됨

출처: 한국인터넷진흥원, '비트코인 블록체인 동작원리 및 진화'

　블록체인은 비교적 짧은 역사를 지니고 있음에도 불구하고, 금융산업을 포함한 다양한 산업군에서 그 응용 분야가 폭넓게 성장하고 있다. 글로벌 리서치 기업 마켓츠앤마켓츠MarketsandMarkets의 조사에 따르면, 글로벌 블록체인 시장 규모는 2024년 201억 달러에서 2029년 2,489억 달러로, 연평균 약 65.5%의 증가율을 기록하며 성장할 것으로 전망된다.

　블록체인의 기술적 특성은 크게 다섯 가지로 설명할 수 있다. 첫째는 탈중앙화Decentralization이다. 블록체인 기술은 제3자나 중개자의 개입 없이 개인이나 법인이 직접 거래를 할 수 있도록 하며, 중개자가 없기 때문에 중개 비용에 따른 거래 비용 절감이 가능하다. 또한, 분산원장이라는

특성상 시스템을 관리할 중앙집중식 조직이 필요하지 않아 시스템 구축, 운영 및 유지보수에 소요되는 비용도 절감할 수 있는 이점이 있다.

둘째, 블록체인 기술의 중요한 특징 중 하나는 높은 투명성이다. 모든 거래 기록은 네트워크 참여자들에게 공개되어 누구나 접근하여 확인하고 검증할 수 있다. 셋째, 블록체인 기술은 견고한 보안성을 지닌다. 거래 기록과 데이터는 블록체인 네트워크의 모든 참여자들이 공동으로 소유하며, 데이터는 암호화되어 있어 거래 조작이나 해킹이 어렵기 때문에 거래의 무결성이 보장된다.

넷째, 블록체인 기술은 우수한 거래 안정성을 확보하여 시스템의 지속성과 영속성을 가능하게 한다. 분산원장기술을 기반으로 구축된 블록체인 네트워크는 단일 서버에 의존하지 않는 분산형 구조를 가지고 있다. 따라서 특정 참여자의 장애, 네트워크 손실, 성능 저하 등의 문제가 발생하더라도 시스템 전체의 운영이나 영속성은 훼손되지 않는다. 이러한 특

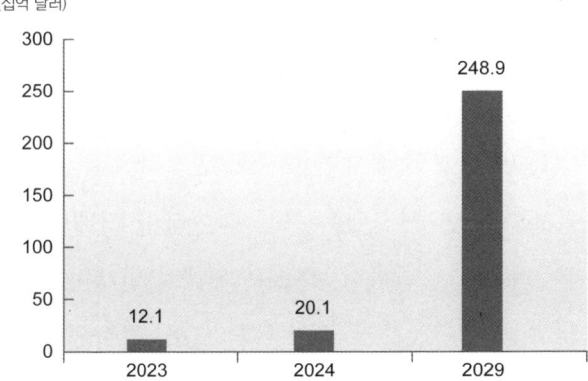

글로벌 블록체인 시장 규모 전망

출처: MarketsandMarkets

성 덕분에 블록체인 기반 시스템은 안정적인 서비스 제공이 가능한 높은 내재적 복원력을 갖춘다.

다섯째, 블록체인 기술은 높은 익명성을 제공한다. 블록체인 기술은 거래 당사자를 식별하기 위해 개인정보가 아닌 암호화된 공개 키Public Key를 사용함으로써 익명성을 보장한다. 이는 은행 계좌나 신용카드와 같은 기존 금융서비스에서 요구되는 높은 수준의 개인정보 제공 없이도 안전한 거래를 가능하게 한다.

이러한 특징으로 블록체인 기반 시스템은 중앙집중식 시스템에 비해 다양한 이점을 제공한다. 중앙집중식 시스템은 데이터 처리가 중앙 서버나 데이터베이스와 같은 단일 지점에서 이루어지는 구조를 의미한다. 이로 인해 중앙집중식 시스템에서는 거래 기록의 관리 권한과 책임이 특정 기관에 집중되며, 해당 기관은 신뢰 확보를 위해 엄격한 규제와 감독을 받게 된다. 또한, 중앙집중식 시스템은 단일 서버나 데이터베이스에서 모든 처리를 수행하므로, 상대적으로 관리가 간단하며 데이터의 일관성 유지가 용이하다는 장점도 있다.

그러나 중앙집중식 시스템에 장애가 발생하면 전체 시스템의 운영과 영속성이 위협받을 수 있다. 이러한 이유로 조작 및 오류로 인한 시스템 신뢰 훼손을 방지하기 위해 중앙집중식 시스템은 강화된 관리·감독과 함께 IT 인프라 및 보안에 대한 대규모 인력과 설비 투자가 필요하다.

반면, 블록체인 기반 시스템은 모든 참여자가 거래내역이 기록된 장부 전체를 개별적으로 보관하며, 새로운 거래가 발생하면 이를 반영하고 업데이트하는 작업을 공동으로 수행한다. 또한, 분산원장 구조의 특성상 정보 유출의 표적이 될 중앙 서버가 존재하지 않아, 블록체인 네트워크

중앙집중형 시스템과 블록체인 기반 시스템의 비교

중앙집중형 시스템

기존 집중형 시스템
거래 장부를 신뢰할 수 있는 제3의 기관(Trusted Third Party, TTP)을 설립하고 해당 기관에 대한 신뢰를 바탕으로 중앙집중형으로 관리

① 기록 관리 권한과 책임이 특정 기관에 집중
② IT 인프라 및 보안 관련 대규모 인력·설비투자 필요
③ 해당 기관의 신뢰 확보를 위한 규제·감독 강화
④ 혁신적인 서비스 및 신규 사업자 진출이 제한적

블록체인 기반 시스템

새로운 분산형 시스템
모든 참여자가 거래내역이 기록된 장부 전체를 각각 보관하고 새로운 거래를 반영하여 갱신(Update)하는 작업도 공동으로 수행

① 중앙집중적 생태계 및 서버 구축 불필요
② 거래기록 및 증명 방식의 근본적 변화
③ 제3의 기관 없이 신뢰성 및 보안성 확보 가능
④ 거래수수료 절감 등 사회·경제적 비용 절감 가능

| 출처: 한국은행

의 전체 연산 능력을 초과하는 해킹이나 조작 시도는 사실상 불가능에 가까워 높은 보안 안전성을 제공한다. 또한 구성원들에게 암호화된 상태로 공개되기 때문에 높은 거래 투명성을 지니며, 엄격한 규제 및 감독 체계의 요건을 충족하기 위해 IT 인프라와 보안 관련 대규모 인력 및 설비 투자도 필요하지 않다.

이러한 이유로 블록체인은 기존의 거래 기록 및 증명 방식을 근본적으로 변화시킬 수 있는 잠재력을 지닌 기술로서 중요한 의미를 가진다. 4차 산업혁명 시대를 주도하는 핵심기술의 하나인 블록체인은 기존 금융시스템에 새로운 패러다임을 제시하는 혁신적인 기술로, 중앙집중식 시스템의 한계를 극복하고 분산된 네트워크를 통해 투명하고 안전한 거래를

가능하게 함으로써 금융산업의 효율성 극대화에 기여하고 있다.

특히, 블록체인 기술을 기반으로 하는 DeFi 생태계는 디지털자산을 중심으로 다양한 금융서비스가 등장하는 계기가 되었다. DeFi는 금융산업에서 비교적 새로운 개념이지만, 탈중앙화, 효율성, 투명성, 접근성 등의 이점을 바탕으로 최근 몇 년간 빠르게 성장하며 기존 금융시스템의 대안으로까지 언급되고 있다. DeFi 생태계와 디지털자산 시장의 성장에 힘입어 전통적인 금융기관의 블록체인에 대한 관심과 참여도 크게 증가했다. 또한 중앙은행 디지털 화폐Central Bank Digital Currency, CBDC, 비트코인 ETF, 예금·채권·펀드의 토큰화 등과 같은 블록체인 관련 이니셔티브와

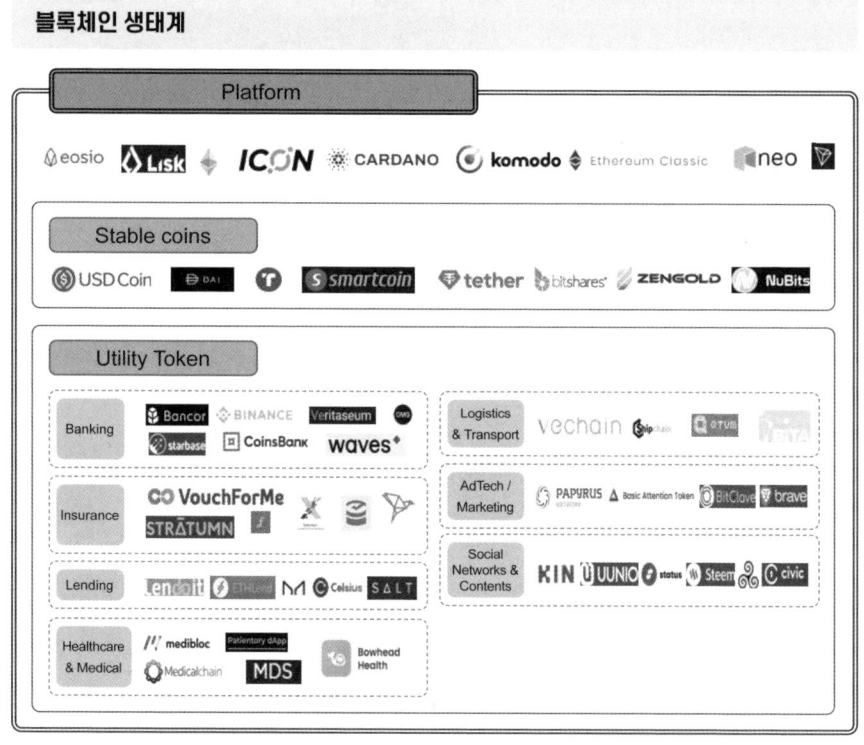

전통 금융기관의 확장 사례도 다수 나타나고 있다.

특히 국채, 채권, 주식 등 실제 세계의 자산을 블록체인상에서 거래할 수 있도록 디지털 토큰화한 RWARea World Asset의 급격한 성장은 주목할 만한 현상이다. 글로벌 선도 자산운용사인 프랭클린 템플턴Franklin Templeton은 2021년 미국에서 최초로 스텔라Stellar 블록체인을 사용해 소

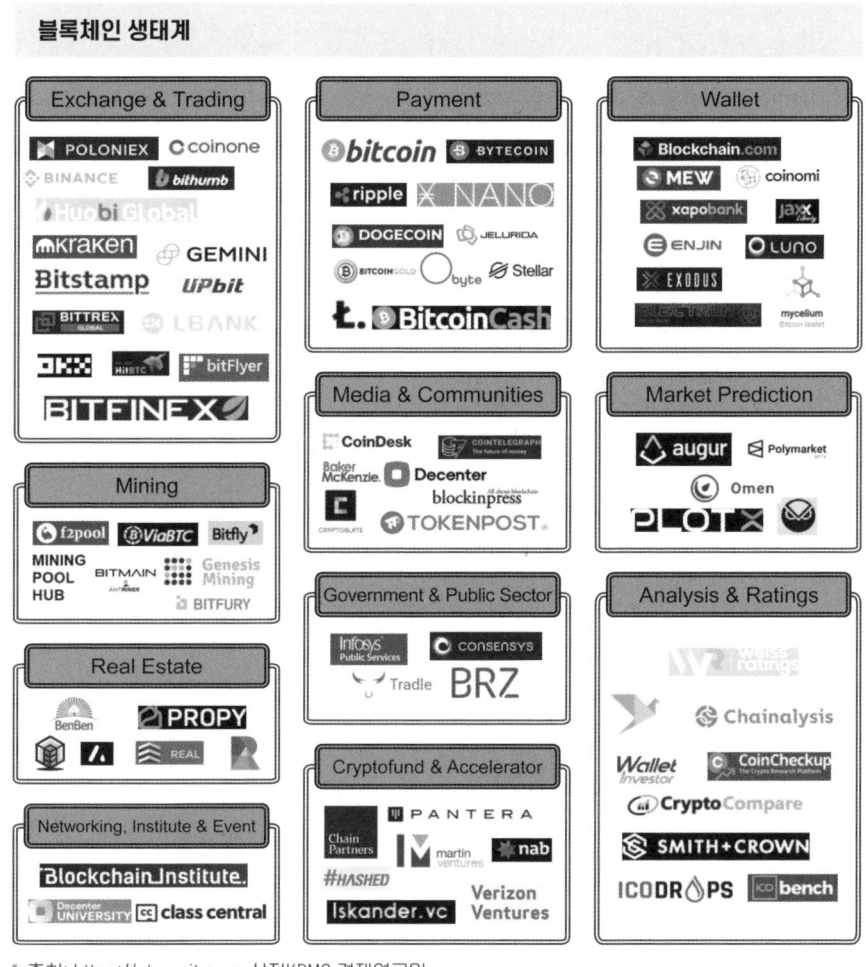

출처: https://steemit.com, 삼정KPMG 경제연구원

유권 거래가 가능한 뮤추얼 펀드인 '온체인 미국 정부 머니 펀드Franklin On-Chain U.S. Government Money Fund, FOBXX'를 출시했다. 이 펀드는 출시 이후 2024년 9월 말 기준 약 4.35억 달러 규모로 성장했으며, 현재는 폴리곤Polygon, 아비트럼Arbitrum, 애벌랜치Avalanche 등 다양한 블록체인 플랫폼에서 발행되어 투자자들에게 높은 접근성과 유동성을 제공하고 있다.

이후, 세계 최대 자산운용사 중 하나인 블랙록Blackrock은 2024년 3월 말 미국 국채 등 금융상품에 투자하는 토큰화 펀드인 'USD 인스티튜셔널 디지털 유동성 펀드BlackRock USD Institutional Digital Liquidity Fund, BUIDL'를 발행했다. 이 펀드는 이더리움 기반으로 발행된 토큰화 펀드로, 미국 국채 등에 투자하며 매달 배당금을 토큰 형태로 투자자에게 지급한다. 출시 후 6주 만에 BUIDL은 약 3.75억 달러의 자산 규모를 기록하며 급격한 성장세를 보였으며, 2024년 9월 말 기준으로 자산 규모는 약 5.2억 달러에 이르렀다.

2024년 8월 말 기준으로 토큰화된 국채 펀드의 시가총액은 20억 달러를 넘어섰다. 미국 전체 국채 시장 규모가 약 27조 달러에 달하는 점을 고려할 때, 향후 미국 국채에 투자하는 토큰화 펀드는 더욱 큰 성장을 보일 것으로 예상된다. 보스턴 컨설팅 그룹BCG은 2030년까지 토큰화된 글로벌 비유동 자산의 규모가 16조 달러에 이를 것으로 추정하고 있으며, 이는 글로벌 GDP의 약 10%에 해당하는 규모다.

블록체인은 현재 거대한 성장 가능성과 잠재력을 가지고 있음에도 불구하고, 기술 발전과 산업 성숙도가 아직 초기 단계에 머물러 있으며, 전 세계적으로 관련 규제와 표준화가 미흡하다는 점은 해결해야 할 중요한 과제로 남아 있다. 이러한 문제는 기술의 신뢰성과 안정성을 보장하기 위해 반드시 해결되어야 한다. 아울러, 블록체인 시장이 안정적으로 성장하고 금융산업에 긍정적인 영향을 미치기 위해서는 기술 발전뿐만 아니라 제도 정비와 사회적 합의도 선행되어야 한다. 특히, 법적 규제와 표준화는 블록체인 기반 금융서비스가 글로벌 시장에서 원활하게 작동할 수 있도록 하는 핵심요소로 작용할 것이다.

향후 블록체인 기술은 금융산업의 미래를 이끌어갈 수 있는 혁신적인 기술로 자리 잡을 가능성이 크다. 블랙록의 래리 핑크Larry Fink 최고 경영책임자는 "금융시장과 증권의 다음 세대를 이끌 트렌드는 자산의 토큰화가 될 것이다"라고 언급하며, 블록체인이 금융업계의 미칠 혁신적인 토큰 러시를 예견한 바 있다.

블록체인 기술이 앞으로 제도적 개선과 함께 발전을 지속한다면, 금융산업의 핵심 구성 요소로 자리 잡아 글로벌 금융시장의 패러다임 전환을 이끌며, 혁신의 중추적인 역할을 할 것으로 기대된다. 특히, 금융거래의 투명성 확보, 중개자 의존도 감소로 인한 효율성 증대, 높은 보안성을 기반으로 한 데이터 무결성 보장, 그리고 혁신적인 금융상품과 서비스의 창출 측면에서 기존 금융시스템의 한계를 극복하고, 보다 발전된 형태의 금융시스템을 가능하게 함으로써 향후 금융 생태계를 크게 확장하는 데 기여할 것으로 전망된다.

클라우드 컴퓨팅
Cloud Computing

클라우드 컴퓨팅Cloud Computing은 데이터센터와 서버 등 전산 설비를 물리적으로 직접 구축하는 대신, 인터넷을 통해 클라우드 서비스 제공자로부터 데이터베이스, 소프트웨어, 서버 등 다양한 컴퓨팅 서비스와 IT 자원을 필요에 따라 온디맨드On-demand 방식으로 제공받아 사용하는 기술이다. '클라우드'라는 용어는 과거 기술자들이 네트워크나 인터넷을 구름 모양의 아이콘으로 표현했던 것에서 유래했다고 알려져 있다.

불과 얼마 전까지만 해도 데이터와 애플리케이션은 기업 내의 컴퓨터와 서버에만 존재했다. 그러나 1990년대 인터넷의 급격한 성장과 함께, 여러 조직의 데이터와 애플리케이션을 호스팅할 수 있는 외부 구조로 데이터센터를 발전시키기 위한 노력이 지속되었다. 2010년 이후에는 기존에 기업 내부의 자원으로만 인식되던 데이터센터와 서버 등의 IT 자원을 아웃소싱된 클라우드 솔루션으로 대체하는 움직임이 IT 기업들을 중심으로 본격적으로 확대되었다.

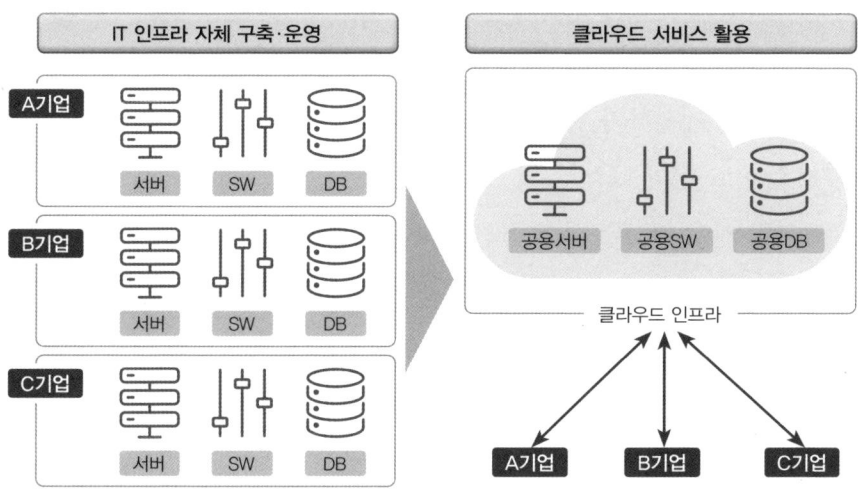

| 출처: 금융위원회, 삼정KPMG 경제연구원(2020), '구름 위의 혁신 : 금융권을 중심으로 본 클라우드 활용'

과거에는 기업들이 IT 자원을 직접 구축하고 관리하는 수직적 IT 구조인 온프레미스On-premise 방식을 주로 사용했다. 온프레미스 방식은 초기 투자 비용이 높고, 유지 및 보수에 대한 부담이 크다는 단점이 있다. 반면, 클라우드 컴퓨팅은 수평적 IT 서비스 제공 모델로, IT 자원의 소유와 관리가 분리된다. 필요한 IT 자원을 클라우드 서비스 제공자로부터 탄력적으로 제공받아 사용할 수 있으며, 사용한 만큼만 비용을 지불하는 방식으로 비용 효율성을 크게 높일 수 있다.

글로벌 리서치 기업 마켓츠앤마켓츠MarketsandMarkets는 전 세계 클라우드 컴퓨팅 시장 규모가 2023년 약 6,264억 달러에서 2028년 약 1.27조 달러로 성장할 것으로 전망하며, 이 기간 동안 연평균 성장률CAGR 15.1%를 기록할 것으로 예측했다.

전 세계적으로 디지털 전환이 광범위하게 이루어지고 데이터의 양과 중요성이 급격히 증가하면서, 클라우드 컴퓨팅의 도입은 일부 산업에만 국한되지 않고 금융을 포함한 전 산업으로 확산되고 있다. 기업들은 운영 효율성을 개선하기 위한 방안으로 클라우드 컴퓨팅에 대한 관심을 점점 더 높이고 있다.

글로벌 전략 컨설팅 기업 맥킨지McKinsey & Company는 클라우드 기술의 활용이 애플리케이션 개발 및 유지 관리의 효율성을 38% 향상시키고, 인프라 비용 효율성을 29% 높일 수 있다고 분석했다. 특히 AI, 사물인터넷, 빅데이터, 5G 등 다양한 기술의 발전에 따른 상호작용과 시너지 효과가 확대됨에 따라, 클라우드 컴퓨팅은 금융, 의료, 소매, 스마트시티 등 다양한 산업 분야에서 기업들에게 필수적인 요소로 자리 잡고 있는 추세이다.

서비스 제공 형태에 따른 클라우드 컴퓨팅 서비스 분류

구분 기준	종류		특징
서비스 모델	서비스형 소프트웨어 (SaaS)		• 온라인 형태로 이용자가 원하는 소프트웨어를 임대 • 예) 구글의 Gmail, 마이크로소프트의 Office365 등
	서비스형 인프라 (IaaS)		• 네트워크, 스토리지, 서버 등 가장 기본적인 컴퓨팅 자원을 이용자에게 제공 • 예) 아마존의 AWS, 마이크로소프트의 Azure 등
	서비스형 플랫폼 (PaaS)		• 클라우드상에서 소프트웨어 개발 플랫폼을 제공하는 유형 • 일반적으로 IaaS 업체가 PaaS를 함께 제공
서비스 제공 형태	퍼블릭 클라우드		• 서비스 제공자가 운영하는 데이터센터 내의 IT 자원을 불특정 다수의 사용자가 공용으로 사용
	프라이빗 클라우드	버추얼(Virtual) 프라이빗 클라우드	• 컴퓨팅 자원의 일정 부분을 특정 사용자에게만 할당
		온프레미스(On-premise) 프라이빗 클라우드	• 데이터센터 내 IT 자원을 조직에서 독점적으로 사용할 수 있도록 서비스를 제공
	하이브리드 클라우드		• 기본적으로 퍼블릭 클라우드를 활용하나, 공유를 원하지 않는 데이터·서비스는 프라이빗 클라우드로 활용

출처: 삼정KPMG 경제연구원(2020), '구름 위의 혁신 : 금융권을 중심으로 본 클라우드 활용'

클라우드 컴퓨팅은 서비스 모델 유형과 서비스 공유 범위에 따라 분류된다. 서비스 모델 유형에 따른 분류는 ① 서비스형 인프라Infrastructure-as-a-Service, IaaS, ② 서비스형 플랫폼Platform-as-a-Service, PaaS, ③ 서비스형 소프트웨어Software-as-a-Service, SaaS로 나눌 수 있다.

서비스형 인프라IaaS는 기업이 필요로 하는 네트워크, 스토리지, 서버, 클라우드, 데이터센터 등의 기본적인 컴퓨팅 자원과 IT 인프라만 사용자에게 제공하는 서비스를 의미한다. IaaS의 사용자인 기업은 애플리케이션의 배포 및 유지 관리에 집중할 수 있으며, IaaS 서비스 제공자는 메모리, CPU 처리, 네트워크 연결, 데이터 스토리지 등 컴퓨터 하드웨어와 물리적 인프라의 유지·관리를 담당한다. IaaS 서비스의 대표적인 사례로는 마이크로소프트의 Azure와 아마존의 AWS가 있다.

서비스형 플랫폼PaaS은 기업이 애플리케이션 구축에 필요한 모든 자원을 PaaS 제공자로부터 제공받는 형태의 서비스를 의미한다. 기업은 PaaS 제공자로부터 데이터센터, 서버, 네트워킹, 스토리지, 운영체제, 데이터베이스 관리 등 애플리케이션(소프트웨어) 구축에 필요한 모든 리소스를 받을 수 있다.

서비스형 소프트웨어SaaS는 제공자가 온디맨드On-demand 또는 구독Subscription 방식으로 고객에게 소프트웨어에 대한 액세스 권한을 제공하는 서비스이다. 즉, 기업이 자체적으로 구축한 애플리케이션을 활용하는 대신, 필요한 소프트웨어를 온라인 방식으로 임대받아 사용하는 형태를 의미한다. SaaS는 편리성과 간편성으로 인해 시장에서 높은 수요를 보이는 모델이며, 고객관계관리CRM, 콘텐츠 관리CMS 등 다양한 기업용 소프트웨어에 대해 대부분 사용량에 따라 비용을 부과한다. SaaS 제공자

출처: Cloud Information Center

는 소프트웨어의 전반적인 유지·관리 및 업데이트를 수행하며, 새로운 수익 창출을 위해 프로모션이나 한시적 무료 액세스를 사용자에게 제공하기도 한다. 대표적인 SaaS 서비스로는 구글의 Gmail과 마이크로소프트의 Office365가 있다.

서비스형 소프트웨어SaaS는 서비스형 플랫폼PaaS과 유사해 보이지만, 본질적으로 차이가 있다. PaaS는 온라인 애플리케이션을 구축할 수 있는 환경을 제공하는 플랫폼 서비스이며, PaaS를 집을 빠르게 건축하는데 필요한 장비와 자원을 대여받는 것에 비유한다면, SaaS는 이미 지어진 집을 임차하여 사용하는 것에 비유할 수 있다.

한편, 클라우드 서비스는 제공 범위에 따라 ①퍼블릭Public, ②프라이빗Private, ③하이브리드Hybrid 클라우드로 구분된다. 퍼블릭 클라우드는 인터넷을 통해 누구나 이용할 수 있는 클라우드 서비스로, 빠른 구축과 저렴한 비용이 장점으로 꼽힌다. 높은 확장성을 제공하지만 다수의 사용자가 공유하는 공용 클라우드 환경이므로, 다른 유형에 비해 보안성이 상대적으로 낮을 수 있다.

프라이빗 클라우드는 특정 기업이나 조직 내에서 독점적으로 사용하는 클라우드 서비스로, 높은 보안성과 맞춤형 환경 구축이 가능하다. 그러나 퍼블릭 클라우드에 비해 유연성이 떨어지는 단점이 있다. 하이브리드 클라우드는 퍼블릭 클라우드와 프라이빗 클라우드를 결합하여 각각의 장점을 취하고 단점을 보완하는 클라우드 서비스 모델이다. 이는 보안과 확장성을 모두 충족시키는 융합형 클라우드 환경이라 할 수 있다.

클라우드 컴퓨팅은 IT 리소스와 관련하여 금융기관에 확장성과 유연성을 제공하며, 비용 절감을 가능하게 함으로써 운영 효율성을 크게 향상시킬 수 있다. 클라우드 컴퓨팅은 사용량에 따라 비용이 발생하므로 서비스 수요에 맞춰 리소스를 조정할 수 있어 운영 비용을 최적화할 수 있다. 예를 들어, 금융기관은 서비스형 소프트웨어SaaS를 통해 자체적으로 애플리케이션을 개발하지 않아도, 리스크 관리나 재무 관리와 같은 필요한 기능이 포함된 최신 소프트웨어와 애플리케이션을 비용 효율적으로 운영하고 활용할 수 있다.

또한, 클라우드 컴퓨팅은 서비스 혁신의 촉매제로도 작용한다. 이전에는 기술적, 비용적 제약으로 인해 현실에서 구현하기 어려웠던 비즈니스 모델을 클라우드 컴퓨팅을 통해 도입할 수 있게 되었다. 클라우드 컴퓨팅의 신속한 리소스 공급 능력은 빅데이터, AI, 블록체인 등 다양한 기술의 적용과 도입을 용이하게 하여 기업이 새로운 상품과 서비스를 빠르게 개발하고 배포할 수 있도록 한다. 이를 통해 클라우드 컴퓨팅은 상품 혁신을 가속화하고 서비스 제공을 개선하는 데 기여한다.

아울러 클라우드 컴퓨팅은 데이터 상호 운용성 개선과 글로벌 협업을 촉진하는 효과적인 방안이 될 수 있다. 클라우드 컴퓨팅은 규제 체계가 상이한 국가 간 데이터 교환을 원활하게 하여 상호 운용성을 높이고, 클라우드를 통한 협업을 지원한다. 기업은 클라우드 컴퓨팅을 도입함으로써 해당 지역의 컴플라이언스 이슈를 보다 쉽게 해결할 수 있으며, 운영을 간소화하여 전 세계 고객들에게 지리적 경계를 초월한 통합 서비스를 보다 용이하게 제공할 수 있다.

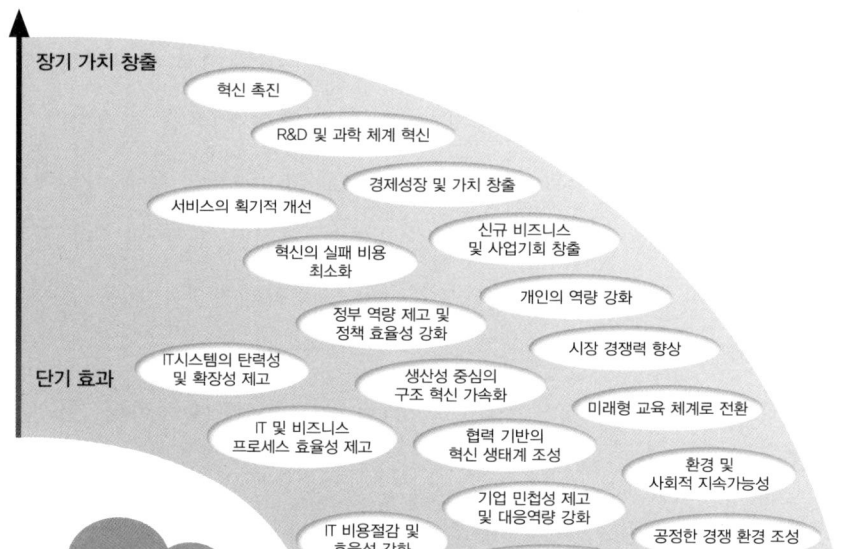

출처: WEF

클라우드 컴퓨팅은 전 세계적으로 디지털 전환과 광범위한 밸류체인에서 성과를 개선하고자 하는 기업들에게 핵심 인프라로 자리 잡고 있다. 또한, 클라우드 컴퓨팅은 AI, 로보틱 프로세스 자동화Robotic Process Automation, RPA, 데이터 분석 등 다양한 디지털 기술의 기반 플랫폼으로서 중요한 역할을 수행하고 있다.

미국은행협회American Bankers Association, ABA가 2021년에 실시한 설문조사에 따르면, 설문에 응답한 은행 중 90% 이상이 일부 데이터와 애플리케이션을 클라우드 기반으로 운영하고 있는 것으로 나타났다. 또한, 2021년 구글 클라우드Google Cloud와 미국 시장조사 기관 해리스 폴The Harris Poll이 미국, 캐나다, 프랑스, 독일, 영국, 홍콩, 일본, 싱가포르, 호주 등지에서 금융업계 종사자 1,300명 이상을 대상으로 실시한 조사에서는, 응답자의 83%가 클라우드 컴퓨팅을 활용하고 있다고 답변했다. 이러한 조사 결과는 전 세계적으로 많은 금융기관이 클라우드 기술의 이점을 적극적으로 수용하고 있음을 시사한다.

그러나 구글과 해리스 폴의 분석에 따르면, 참여자들의 전체 업무 중 클라우드로 완전히 마이그레이션된 비율은 약 54%에 불과하며, 특히 백오피스 등 핵심적인 업무에 대한 클라우드 적용은 더욱 제한적인 것으로 나타났다. 이는 보안 문제, 규제의 불확실성, 컴플라이언스 요건, 기술 격차 등 다양한 요인이 기업의 클라우드 도입을 저해하는 요소로 작용하고 있기 때문으로 판단된다. 따라서 글로벌 금융산업 내에서 클라우드 도입이 더욱 활성화되고 본격화되기 위해서는 클라우드 관련 규제의 완화 및 간소화와 같은 제도적 지원이 필요하다.

그럼에도 불구하고, 골드만삭스Goldman Sachs, 런던증권거래소London

Stock Exchange, 나스닥Nasdaq, 시카고거래소그룹CME Group, HSBC, 뱅크오브아메리카Bank of America, BNP파리바BNP Paribas 등 주요 금융기관을 중심으로 글로벌 금융산업 내 클라우드 도입이 활발하게 이루어지고 있다. 이들 금융기관은 규제 준수, 리스크 관리, 서비스 혁신 등 다양한 분야에서 클라우드의 가치를 실현하고 있다.

클라우드 컴퓨팅은 금융산업에 상당한 영향을 미칠 혁신적인 잠재력

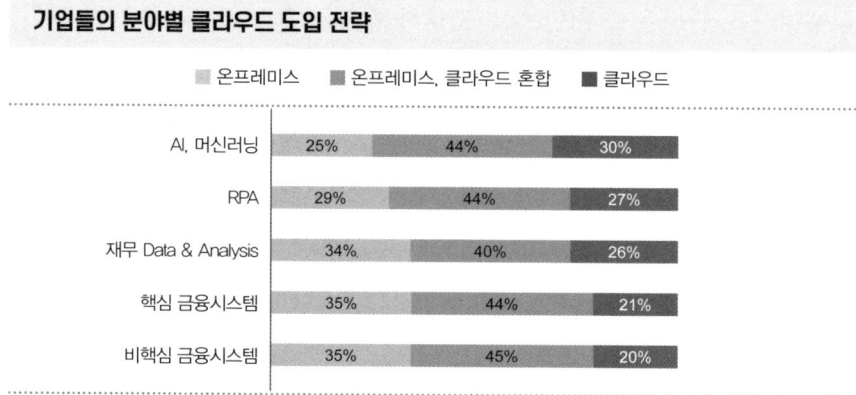

기업들의 분야별 클라우드 도입 전략

■ 온프레미스　■ 온프레미스, 클라우드 혼합　■ 클라우드

분야	온프레미스	온프레미스, 클라우드 혼합	클라우드
AI, 머신러닝	25%	44%	30%
RPA	29%	44%	27%
재무 Data & Analysis	34%	40%	26%
핵심 금융시스템	35%	44%	21%
비핵심 금융시스템	35%	45%	20%

출처: 삼정KPMG 경제연구원

주요 글로벌 금융 기업의 클라우드 도입 현황

기업	국가	도입 배경	기업	국가	도입 배경
씨티은행	미국	비민감정보 중심의 클라우드 시스템	DNB	네덜란드	위험요소 분석용 시스템
USAA	미국	각 계열사에 통합 클라우드 기반 인증 서비스	바클레이즈	영국	인트라넷과 빅데이터 분석
BBVA	스페인	전세계 직원 간 협업을 위한 시스템	커먼웰스	호주	300여 개 분산 DB 통합
Bankinter	스페인	모바일뱅킹, 리테일뱅킹 업무 지원	도쿄 미쓰비시	일본	정보유출 방지 등을 위한 데스크톱 클라우드 시스템

출처: 삼정KPMG 경제연구원

을 지니고 있다. 방대한 데이터를 관리하는 데 있어 비용 효율적이고 확장 가능하며 유연한 솔루션을 제공함으로써, 금융기관들은 운영 효율성을 높이고 고객 서비스의 질을 개선할 수 있다. 특히 AI, 빅데이터 등 첨단기술의 도입이 가속화됨에 따라 클라우드 컴퓨팅은 이들 기술과 결합되어 금융서비스의 혁신을 더욱 촉진할 것이다.

금융기관은 클라우드 컴퓨팅을 통해 데이터 분석과 인프라 관리의 복잡성을 줄이고, 실시간으로 데이터를 처리하여 보다 신속하고 정확한 의사결정을 내릴 수 있다. 또한, 클라우드의 유연성은 금융기관이 시장 변화에 빠르게 대응할 수 있도록 하며, 고객의 니즈에 맞춘 맞춤형 서비스 제공을 가능하게 한다. 이러한 이점은 금융서비스의 경쟁력을 높이고, 기존 온프레미스 방식의 한계를 극복하는 데 중요한 역할을 할 것이다.

향후 클라우드 컴퓨팅에 대한 금융산업의 의존도는 더욱 증가할 것으로 예상된다. 이는 금융기관이 데이터 보안 및 규제 준수와 같은 문제를 해결하고, 새로운 기술에 대한 투자와 활용 능력을 강화함에 따라 더욱 가속화될 것이다. 클라우드 컴퓨팅은 단순한 데이터 저장소 이상의 의미를 지니며, 금융산업의 디지털 전환을 지원하는 핵심 인프라로 자리 잡고 있다. 이를 통해 금융기관은 AI 기반 분석, 고객 맞춤형 서비스, 그리고 새로운 금융상품과 비즈니스 모델 개발 등에서 더 높은 효율성과 혁신을 추구할 수 있을 것이다.

아울러 클라우드 컴퓨팅의 도입 확대와 발전은 금융 생태계 내에서 기존 운영 방식과 구조를 재구성하는 데 중요한 역할을 할 것이며, 이를 통해 금융산업의 전반적인 범위가 확장되고 보다 개선된 서비스와 기술의 도입을 촉진하는 데 기여할 것이다.

빅데이터
Big Data

빅데이터는 인간의 행동 및 상호작용과 관련된 패턴, 추세, 연관성을 밝히기 위해 분석할 수 있는 방대한 데이터 세트를 의미한다. 빅데이터는 대량의 정형 또는 비정형 데이터 집합에서 가치를 추출하고 그 결과를 분석하는 기술이다. 빅데이터는 일반적으로 수학, 통계 및 데이터 분석 기술에 대한 집합적 지식을 기반으로 한다. 따라서 지식 영역의 관점에서 보면, 빅데이터는 학문적으로 성숙한 통계학과 비교적 최신 학문인 컴퓨터 과학이 결합된 신기술로 볼 수 있다.

'빅데이터'라는 용어는 1990년대 초부터 사용되기 시작했으나, 그 최초 사용자가 누구인지는 정확히 알려져 있지 않다. 다만, 해당 용어를 대중화한 인물은 실리콘 그래픽스Silicon Graphics의 컴퓨터 과학자 존 매시John R. Mashey로 알려져 있다. 1990년대 인터넷의 확산과 함께 정형 및 비정형 데이터의 폭발적 증가로 정보화 시대가 열렸다. 2007년 스마트폰의 등장과 모바일 기기의 대중화는 엄청난 양의 데이터 생성을 가속화

데이터 시대의 변화

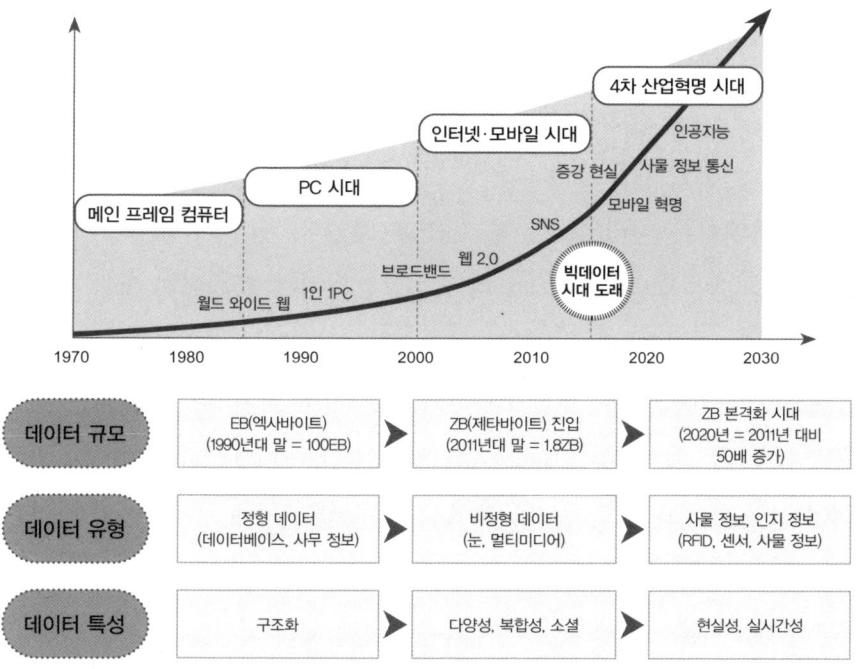

출처: 복경수(2018), '금융 빅데이터 활성화를 위해 개인정보보호 규제 완화해야'

했다. 여기에 컴퓨터 성능의 향상, 저장장치 비용의 감소, 클라우드 컴퓨팅 등 기술적 발전이 더해지며 본격적인 빅데이터 시대가 시작되었다.

문명의 초기부터 사람들은 더 나은 의사결정을 내리고 경쟁 우위를 확보하기 위해 데이터를 활용하려 노력해왔다. 1950년대까지 대부분의 데이터 분석은 수작업으로 이루어졌다. 그러나 현재 데이터가 생성되는 양과 속도는 인간의 수작업으로 처리할 수 있는 범위를 넘어섰다. 현재의 빅데이터가 이전과 가장 크게 변화된 핵심적인 차이점은 방대한 양의 데이터에 대한 가용성과 접근성이다. 오늘날에는 테라바이트Terabyte, 10^{12}

Bytes 규모의 데이터를 수초 내에 분석할 수 있는 기술과 역량이 갖추어져 있다. 21세기 초부터 본격화된 빅데이터 기술은 데이터 저장, 처리, 클라우드 컴퓨팅 기술의 급속한 발전과 함께 빠르게 성장해왔다.

특히, 2004년 구글이 발표한 맵리듀스MapReduce는 대용량 데이터 처리를 분산 병렬 컴퓨팅 방식으로 처리하기 위해 개발된 프로그래밍 모델로, 빅데이터 처리의 새로운 지평을 열었다. 이후 하둡High-Availability Distributed Object-Oriented Platform, Hadoop과 같은 대용량 데이터 처리 프레임워크의 개발은 빅데이터 시대의 본격화를 촉진했다. 아울러 하둡의 처리 속도를 보완하기 위해 스파크Spark와 같은 상호 보완적인 빅데이터 처리 시스템이 개발되었으며, 현재는 AI 기술의 발전으로 데이터 분석의 정확성과 효율성이 비약적으로 향상되면서 빅데이터는 새로운 전환기를 맞이하고 있다. 이러한 기술적 진보는 방대한 데이터를 효과적으로 처리하고 분석할 수 있는 기반을 마련하여 다양한 산업에서 혁신을 주도하고 있다.

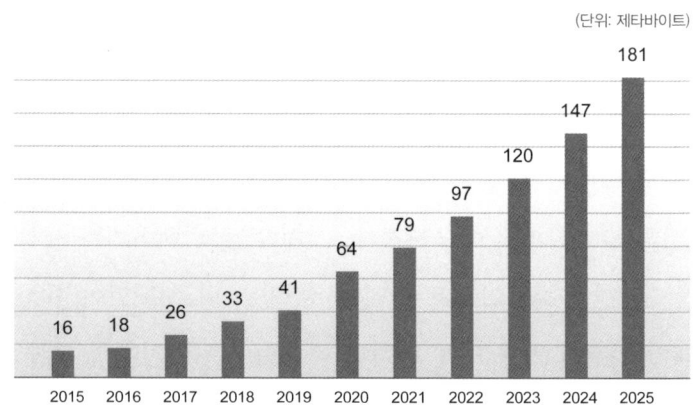

글로벌 디지털 데이터 생성·캡처·복제·소비 규모

(단위: 제타바이트)

┃ 출처: Statista

빅데이터는 ①Volume(규모), ②Velocity(속도), ③Variety(다양성)의 세 가지 특성을 가지며, 이를 '3V'라고 지칭한다. '규모'는 저장되는 물리적 데이터의 양을 의미하며, 데이터의 양이 많을수록 분석의 가치는 더욱 커진다. 데이터의 규모는 수십 테라바이트에서 심지어 페타바이트 Petabyte, 10^{15} Bytes에 이르기까지 다양하다. '속도'는 데이터의 입출력 속도를 나타내며, 데이터가 유입되고 처리되는 속도를 의미한다. 빅데이터는 매우 빠른 속도로 데이터가 유입되고 이를 실시간에 가까운 속도로 빠르게 처리하는 것이 특징이다.

'다양성'은 데이터의 형태와 변화의 다양성을 나타내며, 숫자, 텍스트, 이미지, 오디오, 영상 등 다양한 형태로 존재할 수 있다. 빅데이터에서 사용되는 데이터는 구조화된 스키마를 갖춘 정형 데이터(예: 데이터베이스, 스프레드시트), 정해진 구조가 없고 연산이 어려운 비정형 데이터(예: 소셜미디어 게시물), 그리고 구조는 있으나 연산이 불가능한 반정형 데이터(예: 웹 로그) 등을 포함한다.

빅데이터는 초기에는 Volume(규모), Velocity(속도), Variety(다양성)라는 3V로 정의되었으나, 점차 다양한 특성을 반영하여 ④Veracity(진실성), ⑤Value(가치), ⑥Validity(정확성), ⑦Volatility(휘발성)가 추가되면서 7V로 확장되어 해석되고 있다.

Veracity는 데이터의 신뢰성과 타당성을 나타내며, 방대한 데이터의 질이 분석 결과의 정확도에 미치는 영향을 의미한다. 데이터에서 유의미한 패턴을 찾아내기 위해서는 해당 패턴이 실제 데이터의 특징을 정확히 반영하는지 확인이 필요하다. Value는 빅데이터 분석의 궁극적인 목표로, 데이터로부터 도출된 결과가 비즈니스나 연구에 실질적으로 기여할 수 있는 정도를 의미한다. 데이터의 가치는 데이터 자체의 질뿐만 아니라, 분석 방법론과 활용 목적 등 다양한 요소에 의해 결정된다.

Validity는 데이터의 정확성을 나타내며, 데이터가 타당하고 정확한지를 평가한다. 예를 들어, 강아지 사진에 잘못된 라벨링이 되어 있다면 Validity가 확보되지 않은 것이며, 데이터에 노이즈가 많아 강아지의 특징을 제대로 나타내지 못한다면 Veracity가 부족하다고 할 수 있다. Volatility는 시간이 지남에 따라 데이터의 가치가 얼마나 유지되는지를 의미한다. 데이터의 양이 많고 정리가 잘 되어 있어도 가치가 빠르게 감소하면 활용 가치가 낮아진다. 따라서 빅데이터는 단기적 목적뿐만 아니라 장기적 관점에서 지속적인 가치를 창출할 수 있어야 한다.

빅데이터의 진화는 대체로 세 가지 단계로 구분할 수 있으며, 각 단계

빅데이터 진화 단계

1단계: 정형화 콘텐츠	2단계: 웹 기반 비정형화 콘텐츠	3단계: 모바일·센서 기반 콘텐츠
1970~2000	2000~2010	2010~현재

• RDBMS & 데이터 웨어하우징
• 추출, 변환 및 로드
  (Extract, transfer, load)*
• 온라인 분석 처리
  (Online analytical processing)
• 대시보드 및 스코어카드
  (Dashboards & scorecards)
• 데이터 마이닝 및 통계 분석
  (Data mining & statistical analysis)
	• 정보 검색 및 추출
	  (Information retrieval and extraction)
	• 오피니언 마이닝(Opinion mining)
	• 질의응답(Question answering)
	• 웹 분석 & 웹 인텔리전스
	  (Web analytics & web intelligence)
	• 소셜 미디어 & 소셜 네트워크 분석
	  (Social media& Social network analysis)
	• 시공간데이터 분석
	  (Spatial-temporal analysis)
		• 위치 인식 분석
		  (Location-aware analysis)
		• 인간 중심 분석
		  (Person-centered analysis)
		• 맥락적 분석
		  (Context-relevant Analysis)
		• 모바일 시각화
		  (Mobile visualization)
		• 인간-컴퓨터 상호작용
		  (Human-Computer-interaction)

▎출처: Enterprise Big Data Framework(2021)
* ETL은 여러 소스에서 데이터 웨어하우스 또는 기타 통합 데이터 저장소로 데이터를 추출, 로드 및 변환하는 프로세스를 의미

는 기술 발전에 의해 주도되고 고유한 특성과 기능을 지닌다. 첫 번째 단계는 정형화된 데이터를 축적하는 단계이다. 데이터 분석과 빅데이터는 데이터베이스 관리의 영역에서 시작되었으며, 데이터베이스 관리 및 데이터 웨어하우징 시스템Warehousing system은 여전히 현대 빅데이터 솔루션의 중요한 구성 요소로 남아 있다.

또한, 데이터베이스에서 필요한 데이터를 빠르게 검색하고, 대규모 데이터 세트에서 정보를 찾아내는 능력은 빅데이터의 핵심 요건 중 하나로, 관계형 데이터베이스 관리 시스템RDBMS 내에서 데이터를 저장, 추출 및 최적화하는 기술이 매우 중요하다. 이러한 시스템에서 사용되는 SQLStructured Query Language이나 ETLExtraction, Transformation, Loading과 같은 기술은 이미 1970년대부터 발전하고 전문화되기 시작했다.

두 번째 단계는 웹을 기반으로 비정형 데이터가 대규모로 생성되기 시작한 시기로, 인터넷과 웹 애플리케이션을 통해 다양한 형태의 데이터가 급증한 시기이다. 인터넷과 웹 서비스의 발전으로 웹사이트 방문 기록, 검색어 등 정형화되지 않은 데이터가 폭발적으로 증가했다. 이러한 비정형 데이터는 기존 데이터베이스에 저장된 정형 데이터와는 달리 체계적인 구조를 가지고 있지 않아 이를 분석하기 위해서는 별도의 기술이 필요했다.

아마존Amazon이나 이베이eBay와 같은 기업들은 이러한 비정형 데이터를 분석하여 고객의 행동 패턴을 파악하고, 새로운 서비스 개발의 기회를 모색했다. 예를 들어, 고객의 검색 기록을 분석해 개인 맞춤형 상품을 추천하거나, 특정 콘텐츠의 클릭 빈도를 분석해 광고 효과를 측정하는 사례가 이에 해당한다. 비정형 데이터의 양이 급증함에 따라 이를 효과적으로 분석하기 위한 네트워크 분석, 웹 마이닝Web-mining 등 새로운 기술이 개발되었으며, 특히 소셜미디어의 등장은 비정형 데이터 분석의 중요성을 더욱 부각시켰다.

빅데이터의 세 번째 단계인 현재는 모바일 기기와 이들로부터 생성되는 데이터에 의해 주도되고 있으며, 스마트폰과 사물인터넷IoT 기기의 확산으로 빅데이터는 새로운 국면을 맞이하고 있다. 2011년부터 모바일 기기의 수가 PC의 수를 초과했으며, 수십억 개의 기기가 인터넷에 연결되어 매 순간 방대한 양의 데이터를 생성하고 있다. 이러한 데이터는 클릭 빈도나 검색 정보를 넘어 사람의 위치, 행동, 건강 상태 등 다양한 정보를 포함하고 있어 개인 맞춤형 서비스 전반에 변화를 주도하고 있다. 특히, IoT의 발전으로 TV, 웨어러블 디바이스 등 다양한 사물이 인터넷에 연결되면서 데이터 생성량은 더욱 가파르게 증가하고 있다.

빅데이터 기술의 발전은 금융을 포함한 다양한 산업 분야에서 혁신적인 변화를 촉발하고 있다. 금융 분야에서 빅데이터는 시장 동향에 대한 심도 있는 인사이트를 제공하고, 정확한 예측과 효율적인 의사결정을 지원할 수 있다. 빅데이터 분석 도구는 시장 데이터, 거래 기록, 뉴스, 소셜미디어 등 다양한 출처에서 방대한 데이터를 추출하고 처리할 수 있는 능력을 제공한다. 이를 통해 금융기관은 정교한 거래 알고리즘과 투자 전략을 개발하거나, 숨겨진 트렌드와 패턴을 포착하여 보다 정보에 기반한 효율적인 의사결정을 내릴 수 있다.

또한 금융기관은 빅데이터를 통해 고객의 니즈를 충족할 수 있는 다양한 인사이트를 확보하여 고객과의 소통을 개선하고 사용자 경험을 향상시킬 수 있다. 인구 통계, 거래내역, 행동 패턴 등 다양한 기준에 따라 고객을 분석함으로써 마케팅에 활용하거나, 맞춤형 서비스를 제공하는 데

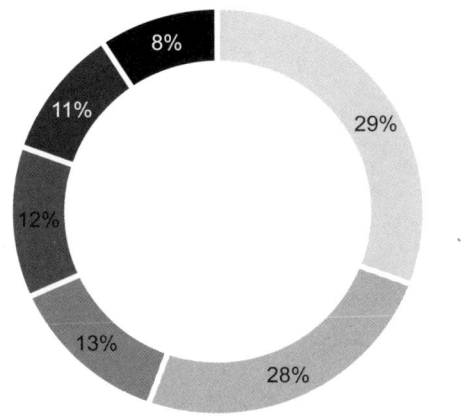
출처: World Bank

기여할 수 있다. 아울러, 빅데이터 분석은 금융 부문 내 효율성이 부족한 부분을 식별하여 프로세스를 최적화하고 비용 절감에도 도움을 준다. 이를 통해 금융기관은 수익성이 낮은 사업, 지점, 상품 등을 식별하고, 보다 수익성 높은 분야에 집중할 수 있다.

특히, 리스크 관리 및 컴플라이언스가 중요한 금융산업에서 빅데이터는 이러한 위험 요소를 완화하는 핵심적 역할을 수행한다. 빅데이터 기술을 통해 대출 심사, 신용평가, 부동산 가격 예측 등의 정량적 분석이 가능해짐에 따라 금융기관은 리스크 관리 역량을 강화하고 의사결정의 정확성을 높여 안정적인 금융서비스를 제공할 수 있다. 또한, 빅데이터는 의심스러운 활동이나 부정 행위를 신속하게 감지하고 방지할 수 있으며, 데이터 수집, 분석, 리포팅을 자동화하여 컴플라이언스의 안정성을 강화하고 규제 리스크를 완화할 수 있다.

글로벌 주요 금융기관들은 빅데이터 분석의 중요성을 인식하고 방대한 고객 데이터, 시장 데이터, 경제 지표 등을 활용해 새로운 성장 동력을 창출하고 있다. 미국 최대 은행이자 글로벌 투자은행인 JP모건 체이스JPMorgan Chase는 150페타바이트 이상의 방대한 데이터, 35억 명에 달하는 고객 계정, 3만 개 이상의 데이터베이스를 기반으로 하둡 시스템을 구축하여 다양한 분야에서 빅데이터 분석을 수행하고 있다.

특히 약 3천만 명의 고객 거래 데이터와 미국의 경제 통계 데이터를 결합하여 미국 경제의 현황을 심층 분석하고 있으며, 이를 통해 도출된 인사이트는 정책 입안자들에게 제공되어 금융 불안정성의 완화와 관리를 지원하고 있다. 또한, 250만 명의 비식별 고객 데이터 세트를 구축하고, 엄격한 개인정보 보호 프로토콜을 도입하여 고객의 소득 및 지출 습관을 분석함으로써 고객 맞춤형 서비스를 제공하고 있다.

더 나아가, 미국의 빅데이터 소프트웨어 기업 팔란티어Palantir와 협력하여 분석 솔루션을 기반으로 직원 관련 내부 리스크를 식별하고, 부정행위 가능성을 사전에 탐지하고 있다. 또한 크레딧맵CreditMap 애플리케이션을 통해 고객에게 회사채 시장의 실시간 분석 결과를 제공하는 한편, 예측 분석을 기반으로 고객의 현금 흐름을 전망하고 이에 따라 현금 관리 전략을 지원하는 등 다양한 분야에서 빅데이터를 활용해 고객 경험을 강화하며 실질적 가치를 제공하고 있다.

신용카드를 중심으로 다양한 금융서비스를 제공하는 미국계 다국적 기업 아메리칸 익스프레스American Express는 빅데이터와 머신러닝에 대

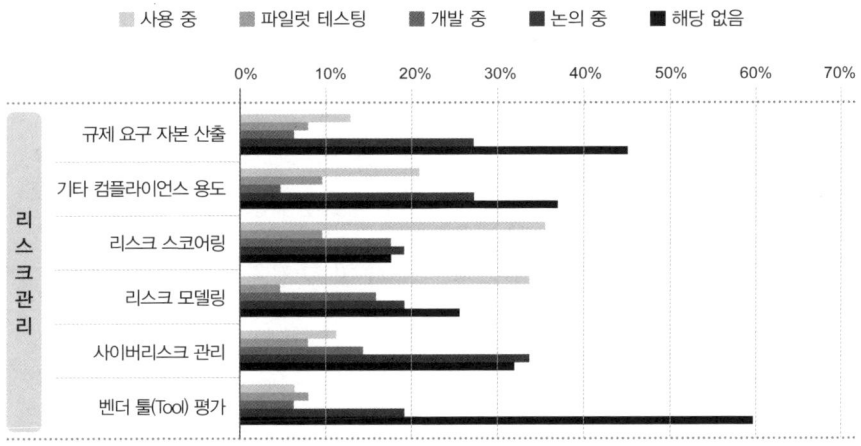

| 출처: EBA risk assessment questionnaire (Spring 2019)
  * EBA 주도로 유럽 내 65개 은행, 13명의 시장 분석가를 대상으로 실시된 설문조사를 기반으로 함

한 막대한 투자를 통해 800명 이상의 데이터 사이언티스트Data Scientist를 확보하고, 연간 1조 달러 이상의 거래 데이터를 처리하며, 1.5억 장 이상의 카드 데이터에 대한 대규모 데이터 인프라를 구축했다.

특히, 사기 및 부정거래 방지를 위해 빅데이터 활용에 집중하여 머신러닝 알고리즘과 부정거래 방지 툴을 통해 가맹점과 카드 소지자의 수천 개의 데이터 포인트를 몇 초 내에 분석하여 부정거래 위험을 최소화하고 있다. 이커머스eCommerce에서 발생하는 카드 없는 거래Card-not-present transactions의 경우, 카드 소지자의 멤버십 정보, 지출 패턴, 판매자 세부 정보를 활용하여 거래의 적합성과 합법성을 3중으로 검증하고 있다. 이러한 분석은 아메리칸 익스프레스의 주요 비용 항목인 사기 및 부정거래 보상 비용을 줄이는 데 크게 기여하고 있다.

아울러 아메리칸 익스프레스는 자사 데이터 사이언티스트들이 개발한 Enhanced Authorization^{EA} 툴을 가맹점에 무료로 제공하고 있다. EA를 통해 가맹점은 거래 발생 시 카드 번호, 구매 금액, 상품 유형 외에 IP 주소, 이메일 주소, 배송 주소 등 추가적인 데이터 포인트를 아메리칸 익스프레스에 전송한다. 이 정보는 데이터 허브DataHub에 저장된 기존 정보와 교차 검증되어 신용카드 관련 사기 및 부정거래 탐지의 정확도를 높이는 데 기여한다. EA 툴의 활용 결과, 사기 및 부정거래 발생률이 60% 감소한 것으로 보고되었다.

빅데이터의 핵심요소

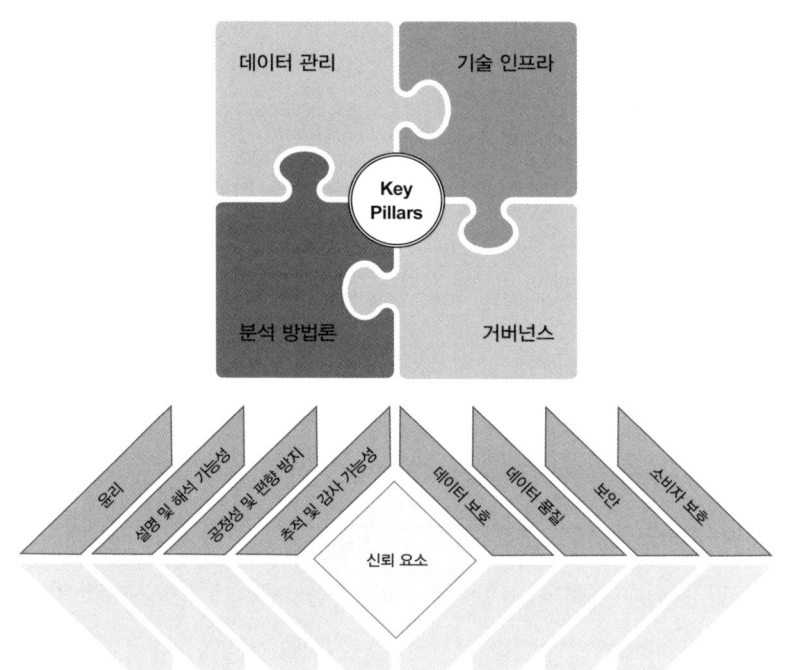

| 출처: EBA

세계적인 자산운용사 블랙록BlackRock은 빅데이터의 힘을 활용해 보다 효과적인 자산 관리 전략을 개발하고 있다. 블랙록은 경제 및 시장 지표, 금융거래 등 방대한 금융데이터를 분석하여 잠재적인 투자 기회와 리스크를 파악한다. 이를 통해 전 세계 다양한 투자자산에 대한 종합적인 진단을 수행하고, 최적의 투자 기회를 발굴하고 리스크를 최소화함으로써 고객에게 높은 수익을 창출한다.

블랙록은 정교한 머신러닝 모델을 활용해 다양한 자산클래스의 내재된 리스크를 평가하고 관리한다. 이 과정에서 시장 변동성, 신용 위험, 거시경제 요인 등과 관련된 데이터를 지속적으로 모니터링하며, 포트폴리오를 실시간으로 조정해 잠재적인 손실을 완화하는 것으로 알려져 있다.

150년 이상의 역사를 가진 프랑스의 선도적인 은행인 소시에테 제네랄Société Générale은 빅데이터를 활용하여 기존 비즈니스 모델의 효율성을 높이는 데 집중하고 있다. 1,000명 이상의 데이터 전문가를 보유하고 있으며, 데이터 중심의 투자 결정을 내리고 실시간으로 리스크 노출을 모니터링하기 위해 빅데이터를 적극 활용하고 있다.

2021년에는 은행계정 금리 리스크Interest Rate Risk in the Banking Book, IRRBB와 시장 리스크에 대한 최소 자본 요구사항Fundamental Review of the Trading Book, FRTB을 관리하기 위해 프랑스 핀테크 기업 오펜시Opensee의 빅데이터 솔루션을 도입했다. 앞으로는 유동성 및 위험가중자산Risk-weighted assets, RWA 관리를 위해 빅데이터 활용 범위를 더욱 확대할 계획이다.

글로벌 투자은행 모건 스탠리Morgan Stanley는 고객 데이터, 시장 및 경제 데이터, 뉴스 기사, 소셜미디어 게시물 등 다양한 출처에서 방대한 데이터를 수집하고, 이를 빅데이터로 분석하여 포트폴리오 최적화와 운영 효율성 개선에 활용하고 있다. 2021년에는 빅데이터, 인공지능, 머신러닝 등 첨단기술에 약 27억 달러를 투자한 바 있다.

글로벌 금융기관들의 사례는 빅데이터가 금융시장에서 선택이 아닌 필수요소로 자리 잡았음을 명확히 보여준다. 빅데이터는 금융기관이 고객의 니즈를 보다 정밀하게 파악하고, 시장의 변동성에 유연하게 대응하며, 새로운 투자 기회를 발굴하는 데 핵심적인 역할을 한다.

향후 금융산업은 금융과 비금융 데이터를 아우르는 빅데이터 활용을 통해 비즈니스 모델을 혁신하고, 전체 밸류체인의 구조를 재편하는 데 주력할 것으로 전망된다. 이러한 변화는 금융기관이 데이터를 보다 효율적이고 전략적인 방식으로 활용할 수 있는 기반을 마련하고, 빅데이터를 통해 새로운 성장 동력을 창출하는 방향으로 급격히 발전할 것이다. 특히, 인공지능과 머신러닝 기술의 비약적인 발전은 빅데이터의 활용을 극대화하는 데 핵심적인 촉매 역할을 할 것이다. 인공지능과 머신러닝이 결합된 빅데이터 분석은 정교한 예측과 실시간 의사결정을 가능하게 하여 금융기관의 대응력과 경쟁력을 전례 없이 강화할 것이다.

아울러 빅데이터 기반의 지능형 의사결정 시스템이 확산됨에 따라 금융산업 내 리스크 관리, 고객 맞춤형 서비스 제공, 투자 전략 수립 등 다양한 분야에서 혁신이 가속화될 것으로 전망된다. 장기적으로 이러한 변화는 서비스 제공 방식, 리스크 관리, 의사결정 프로세스, 고객 상호작용 등 금융 밸류체인의 여러 측면에서 구조적 전환을 주도하며, 지속가능한 성장을 견인하는 핵심 요인으로 작용할 것이다.

사물인터넷
Internet of Things, IoT

사물인터넷IoT은 센서, 소프트웨어, 네트워크 연결이 내장된 물리적 객체가 데이터를 수집하고 교환하여 지능형 서비스를 제공하는 기술이다. 다양한 기기를 인터넷에 연결해 정보를 주고받으며, 이를 통해 더 스마트하고 편리한 환경을 조성하는 것이 IoT의 핵심이다. 상호 연결된 전자기기의 개념은 19세기 초에도 존재했지만, 코드화된 신호를 원거리로 전송하는 전신Telegraph이 발명되면서 IoT의 시초는 1960년대 후반으로 거슬러 올라간다.

당시 기술자들은 컴퓨터와 시스템을 연결하는 방법을 찾기 시작했으며, 그 대표적인 사례로 미국 첨단연구계획국ARPA의 아파넷ARPANET이 있다. 이 네트워크가 바로 오늘날 인터넷Internet의 전신이다. 1970년대 후반에는 개인용 컴퓨터PC 간 연결에 대한 연구가 활발해졌고, 1980년대에는 근거리 통신망Local Area Network, LAN이 도입되어 PC 간 실시간 문서 및 데이터 교환이 가능해졌다.

한편 영국 출신의 기술자이자 미국 매사추세츠공과대학MIT의 Auto-ID Labs 책임자였던 케빈 애쉬턴Kevin Ashton은 1990년대 후반, 마이크로칩과 무선 신호를 활용해 물리적 장치를 연결할 수 있는 기술 프레임워크인 무선 주파수 식별RFID을 연구하기 시작했으며, 1999년에 '사물인터넷'이라는 개념을 처음으로 제안했다. 이후 스마트폰과 태블릿 같은 모바일 기기가 대중화되고, 무선 통신 기술이 일반화되면서 사물과 사람 모두가 유비쿼터스Ubiquitous에 가까운 방식으로 연결될 수 있는 기술적 환경이 조성되었다.

IoT는 센서를 통해 방대한 데이터를 수집할 수 있다. 이러한 센서는 스마트워치 같은 웨어러블 기기부터 집 안의 온도 조절기, 조명 시스템, 냉장고, 보안 카메라, 자동차, 복잡한 산업용 기계 및 운송 시스템까지 다양한 형태로 존재하며, '스마트 오브젝트Smart Object'라고 불린다.

OECD의 IoT 분류 체계

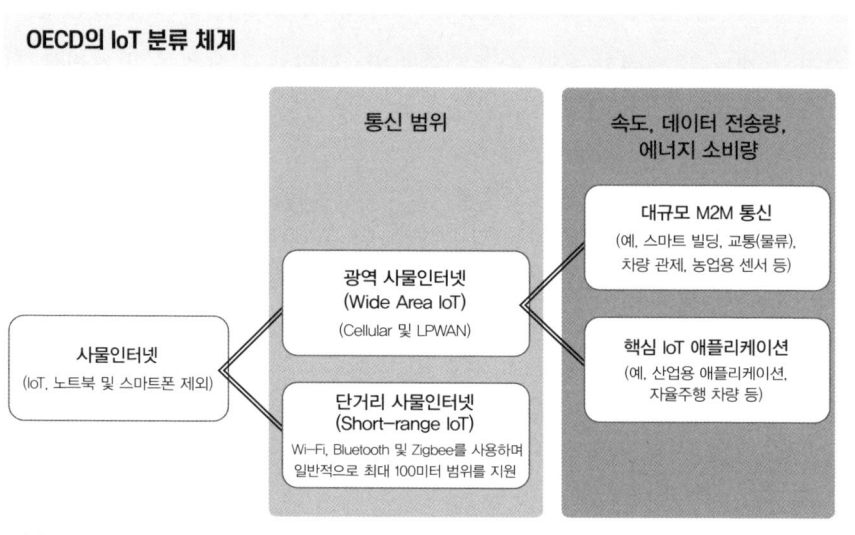

| 출처: OECD

IoT의 핵심 가치는 환경이나 자산 등 특정 영역에 대한 데이터를 실시간으로 수집·분석해 새로운 가치를 창출할 수 있다는 점에 있다. 더 나아가 IoT는 인공지능AI, 머신러닝ML, 블록체인, 클라우드 컴퓨팅, 빅데이터, 5G와 같은 다양한 첨단기술과 결합되어 더 큰 시너지를 발휘하며 기능성과 효용성을 크게 향상시킬 수 있다. 이러한 특성 덕분에 IoT는 금융, 농업, 에너지, 의료, 제조, 운송, 스마트시티 등 다양한 분야에서 혁신을 이끌 잠재력을 지니고 있다.

IoT 기술의 발전은 센서 가격의 하락, 스마트폰 보급 확대, 인터넷 인프라 확충 등 여러 요인으로 인해 가속화되고 있다. IoT 분석 전문 기업인 IoT Analytics는 2020년 기준 IoT에 연결된 기기의 수가 약 117억 개에 달하는 것으로 추정했다. Cisco는 2023년까지 전 세계 네트워크 장치 수가 293억 개에 이를 것이라고 전망했으며, 이 중 147억 개는 기계간Machine to Machine, M2M 연결이 될 것으로 예상했다. 유엔무역개발기구UNCTAD는 2018년 기준 IoT 기술의 시장 규모를 약 1,300억 달러로 추산했으며, 2025년에는 최대 1조 5,000억 달러까지 성장할 것으로 예측했다.

IoT의 기반에는 인터넷 프로토콜Internet Protocol, IP과 전송 제어 프로토콜Transmission Control Protocol, TCP이 있다. IP와 TCP는 인터넷 상에서 데이터를 전송하기 위해 사용하는 핵심적인 통신 프로토콜로, 센서, 기기, 시스템이 인터넷과 상호 연결될 수 있는 표준을 제공한다. 이러한 프로토콜은 데이터를 안정적으로 전송하고, 각 기기 간 원활한 통신을 가능하게 함으로써 IoT 환경에서 효율적인 데이터 흐름과 상호 운용성을 지원한다.

IoT 기술의 발전단계 및 특징

기술	내용
1단계 (연결형)	• 사물이 인터넷에 연결되어 주변 환경을 센싱하고 그 결과를 전송할 수 있으며, 모니터링 정보를 통해 원격에서 사물을 제어 • '센싱-수집-관리(분석)'를 목적으로 구축된 사물의 연결 및 관리 기술
2단계 (지능형)	• 사물이 센싱 후 전송한 데이터를 클라우드에서 지능적으로 '분석-진단-의사결정' 수행 • 1단계 기술에 지능이 추가되어 '센싱-수집-분석-진단-예측' 가능
3단계 (자율형)	• 사물이 지능을 가지고 자율적으로 상호 소통 및 협업하여 인간의 최소 개입만으로 임무 수행 • 2단계 기술에 클라우드에서 수행하던 '분석-진단-예측'을 디바이스에서 수행 가능

출처: 한국인터넷진흥원(2022), 지능형 IoT 사회의 보안이슈 분석

IoT 기기는 여러 방식으로 연결될 수 있다. 예를 들어, 와이파이와 블루투스는 물론, 5G, LTE 같은 이동통신망과 RFID, NFC 같은 근거리 무선통신 기술도 사용된다. 이 네트워크를 통해 연결된 기기들이 수집한 데이터는 일반적으로 게이트웨이Gateway라는 중간 장치를 통해 클라우드로 전송되며, 클라우드에서 데이터가 분석되고 저장된다.

IoT를 구성하는 주요 요소로는 ①IoT 플랫폼, ②센서, ③고유 식별자, ④네트워크 프로토콜, ⑤인공지능AI, 머신러닝ML, ⑥엣지 컴퓨팅 등이 있다. IoT 플랫폼은 IoT 시스템을 구축하고 운영하는 데 필요한 다양한 요소를 통합 관리하는 서비스로, 하드웨어 관리, 소프트웨어 개발, 데이터 수집 및 처리, 애플리케이션 개발, 보안 관리 등을 지원한다.

센서는 주변 환경 요소를 감지하고 이를 디지털 데이터로 변환해 기기에 전달하는 역할을 한다. 이를 통해 IoT 기기는 환경을 인식하고 스스로 판단해 동작할 수 있다. IoT 센서는 측정 대상에 따라 다양한 종류가 있으며, 예를 들어 온도 센서는 주변 온도를 측정해 냉난방 시스템을 자동

IoT 밸류체인별 주요 사업자

App layer	• **Technology leaders:** Amazon, Apple, Cisco, GE, Google, IBM, Microsoft
	• **New entrants:** Alibaba, Huawei, Samsung, Schneider, Siemens, Tencent
Data layer	• **Technology leaders:** AWS, Google Could Services, Infosys, Fortinet, IBM, Microsoft, Oracle, SAS, Tableau
	• **New entrants:** Alteryx, Cloudera, Hortonworks, Dataiku, RapidMiner
Connectivity layer	• **Technology leaders:** Nokia, Arista Networks, AT&T, Cisco, Dell, NTT, Ericsson, Orange
	• **New entrants:** Citrix, Coriant, Equinix, Bharti Airtel, China Telecom, Tata comms
Device layer	• **Technology leaders:** AMD, Intel, Nvidia, Apple, Fitbit, Honeywell, Sony
	• **New entrants:** AAC Tech, Garmin, GoPro, LinkLabs, Ambarella, Goertek, HTC

출처: International Renewable Energy Agency(2019), 'Internet of Things Innovation Landscape Brief'

으로 제어하고, 모션 센서는 움직임을 감지해 보안 시스템이나 조명 제어 등에 활용된다.

IoT 환경에서 고유 식별자Unique Identifier, UID는 각 기기를 명확히 구분하고 식별하기 위해 부여되는 고유 번호다. 이를 통해 특정 기기의 상태를 모니터링하거나 제어할 수 있으며, 기기의 종류와 기능에 따라 다른 UID를 부여해 네트워크 내 기기 분류와 관리를 용이하게 한다.

네트워크 프로토콜은 IoT의 핵심인 데이터 공유를 위해 클라우드 플랫폼이나 다른 장치와의 연결을 가능하게 하는 필수요소다. 이를 통해 센서에서 수집된 데이터를 실시간으로 전송하고, 다른 기기와 상호작용하여 다양한 서비스를 제공할 수 있다.

인공지능AI과 머신러닝ML은 IoT 디바이스가 인간과 상호작용하고 수집된 데이터를 분석하는 데 중요한 역할을 한다. 자연어 처리Natural Language Processing, NLP는 AI 기술의 일환으로, 컴퓨터가 인간의 언어를 이해하고 처리할 수 있도록 함으로써, 사용자가 기기와 자연스럽게 소통할 수 있게 한다. 이를 잘 보여주는 예로는 아마존의 알렉사Alexa가 있다. 또한, ML은 IoT 디바이스가 수집한 데이터를 분석해 보다 혁신적이고 가치 있는 서비스를 제공하는 데 기여한다.

엣지 컴퓨팅Edge computing은 데이터가 생성되는 지점이나 근처에서 데이터를 직접 처리하고 분석하는 기술을 말한다. 이는 중앙 서버가 아닌 데이터 발생 지점, 즉 엣지에서 컴퓨팅 작업이 수행된다는 점이 특징이다. 엣지 컴퓨팅은 IoT 게이트웨이와 같은 엣지 장치를 활용해 구현되며, 다양한 센서에서 수집된 데이터를 현장에서 처리한 후, 필요한 데이터만 클라우드로 전송하는 방식을 채택한다. 이러한 방식은 신속한 데이터 처리가 요구되거나 서버 부하를 줄여야 할 때 효과적이다.

IoT는 다양한 기기와 시스템을 상호 연결해 정보를 공유하고 분석함으로써 데이터와 정보의 흐름 및 활용 방식을 근본적으로 변화시키고 있다. 특히 IoT의 중요한 기대 효과 중 하나는 빅데이터와 인공지능AI의 역할 확대다. IoT는 방대한 데이터를 효율적으로 수집할 수 있는 기반을 제공함으로써 빅데이터의 발전을 촉진하고, AI의 적용 범위를 복잡하고 비정형적인 문제 해결 영역까지 확장하는 데 기여하고 있다.

자율주행자동차Self-driving car와 커넥티드카Connected Car, 원격 및 자동으로 작물과 가축의 생육 환경을 적절히 관리할 수 있는 스마트 팜Smart Farm, 인터넷에 연결된 장치를 이용해 다양한 홈 시스템과 가전제품을 자동화하고 제어하는 스마트 홈Smart Home, IoT와 빅데이터 등 다양한 정보통신 기술을 결합해 고객 맞춤형 제품을 생산하는 지능형 공장인 스마트

팩토리Smart Factory, 첨단 정보통신 기술을 적용해 도시 문제를 해결하고 삶의 질을 향상시킬 수 있는 도시 모델인 스마트 시티Smart City, 물류 시스템을 자동화하고 무인화 설비로 운영하는 스마트 물류Smart Logistics 등이 대표적인 사례다.

IoT 서비스별 주요 구현 기능

헬스케어/의료/복지	에너지
• 지정인 활동상태 관리/분석 • 보호자 모니터링/알림 • 심리 안정 디스플레이 콘텐츠	• 시스템 소비전력 모니터링/절감 • 배터리 현황 모니터링 • 에너지 데이터 시각화
제조	스마트 홈
• 반복 업무 자동화 • 산업 환경 실시간 모니터링 • 장비 가동 효율 증대	• 원격 홈 관리 • 홈 보안 향상 • 다세대 주거지 공용 공간 시스템화
금융	교육
• 결제 간소화 • 생체 인증 보안	• 자동 출결 시스템 • 전자 도서관 • 온라인 수업
국방	농림/축산/수산
• 무인 이동체, 네트워크 등 무인체계 • 감시/정찰 기술 고도화	• 산업 환경 데이터 수집 • 원격 모니터링/관리 • 빅데이터를 활용한 생산 효율 증대
자동차/교통/항공/우주/조선	관광/스포츠
• AI 도입 영상 분석 시스템 • 주차장 자동 통합 관리 • 실시간 교통상황 중계	• 맞춤형 관광 상품 패키지 추천 • 사용자 위치 기반 여행 경로 추천 • 맞춤형 운동 추천과 활동 데이터 구축
소매/물류	건설/시설물 관리/안전/환경
• 물류창고 관리 시스템 • 운송/장비가동 효율 증대 • 무인 택배함 운용	• 건물, 네트워크 보안 • 건물 상태 원격 모니터링 • 건물 에너지 관리 효율성 증대

출처: Techworld Online News(2020), 'IoT 서비스 산업별 특화 기술과 적용 사례'

아울러 IoT는 다양한 시스템 간의 원활한 통신을 가능하게 하여 정보 흐름을 가속화하고 빠른 의사결정 프로세스를 구축하는 데 기여한다. IoT의 주요 이점 중 하나는 데이터에 대한 즉각적인 접근성을 제공하는 것이다. 단순한 연결을 넘어, 기업이 실시간으로 데이터를 분석하고 활용할 수 있도록 지원함으로써, 정확한 데이터 기반의 신속한 의사결정을 가능하게 하여 새로운 기회를 발굴하고 전략적 성장을 촉진하는 데 기여할 수 있다.

또한, IoT는 인간의 개입을 최소화하고 자동화를 지원함으로써 업무 효율성을 크게 향상시키는 데 기여한다. IoT 기술은 다양한 기기와 시스템을 연결해 실시간 데이터 수집 및 분석을 가능하게 하여, 기업이 반복적인 작업을 자동화하고 오류를 최소화할 수 있도록 돕는다. 예를 들어, 제조 분야에서는 IoT를 통해 생산 과정을 실시간으로 모니터링하고, 문제가 발생할 경우 자동으로 경고를 발생시키거나 기기를 조정해 신속하게 문제를 해결할 수 있다. 이러한 자동화는 업무 속도를 높이고 생산성을 증대시켜, 궁극적으로 운영 비용 절감과 자원의 최적화를 실현할 수 있도록 한다.

앞서 언급한 바와 같이 사물인터넷IoT은 다양한 이점을 통해 우리의 삶을 더 편리하게 만드는 혁신적인 기술로 주목받고 있다. 그러나 IoT가 구현할 스마트한 미래를 현실화하기 위해서는 해결해야 할 과제들도 존재한다.

보안은 IoT에서 가장 중요한 과제 중 하나다. IoT 기기의 연결이 확산됨에 따라 개인정보 유출 및 해킹과 같은 보안 위협이 증가할 수 있으며, 이에 대한 대비가 필수적이다. 특히 금융산업과 같이 민감한 정보를 다루는 분야에서는 더욱 강력하고 정교한 보안 체계가 필요하다. 이를 위해 데이터를 안전하게 보호하기 위한 규제 요건과 효과적인 데이터 보호 방안이 우선 정립해야 한다. 더불어, IoT 기기, 통신 프로토콜, 플랫폼 등이 점차 다양화되면서 상호 호환성 문제도 발생할 수 있다. 이러한 문제는 IoT 활성화에 중요한 상호 운용성에 장애가 될 수 있다. 따라서 다양한 IoT 시스템 간의 원활한 연결과 통합을 보장하기 위해 상호 운용성 확보와 국제적 표준화 노력이 필요하다.

IoT는 이미 헬스케어와 물류 등 다양한 산업에서 생태계를 형성하고 있다. 웨어러블 기기 시장의 선두주자인 핏빗Fitbit은 IoT 기반 디지털 헬스케어 시장을 이끌며, IoT 디바이스를 통해 수집된 방대한 건강 데이터를 바탕으로 종합적인 건강 관리 서비스를 제공하고, 개인 맞춤형 건강

IoT 기술의 보안위협 분류

ICT 기술명	보안위협		
	대분류	중분류	세분류
IoT	공급자	시스템	• 접근권한 탈취(인증, 권한 등) • DoS · DDoS • IoT 디바이스 시스템(펌웨어, OS, API) 취약점 • 펌웨어, 보안패치 업데이트 취약점 등
		기기 · 인프라	• 보안패치 미적용에 따른 보안위협 • 저사양 기기, 낮은 버전의 운영체제 또는 S/W 사용 등에 따른 보안 취약점 • 물리적 보안 취약점 • 기기 · 인프라 내 관리자 · 사용자 인증키 노출 위협 등
		데이터	• 개인정보 유출, 데이터 위 · 변조 등
		네트워크	• 송 · 수신 과정에서 데이터 유출 및 변조, 탈취 • 네트워크 및 통신 프로토콜의 취약성에 따른 보안위협 등
	이용자	서비스 이용 보안이슈	• 개인 디바이스 공격 • 프라이버시 유출 등

출처: 한국인터넷진흥원(2022), 지능형 IoT 사회의 보안이슈 분석

증진 목표를 달성할 수 있도록 지원하고 있다. 레스토랑 예약 플랫폼의 선두주자인 오픈테이블OpenTable은 IoT 기술을 활용해 스마트 레스토랑을 구현하고, IoT 센서를 통해 테이블 회전율, 고객 대기 시간, 주문 패턴 등을 실시간으로 수집 및 분석함으로써 데이터 기반 의사 결정을 통해 운영 효율성을 극대화했다.

금융산업에서도 IoT는 다양한 혁신을 이끌어내고 있으며, 그중 하나가 결제 분야의 혁신이다. 2014년, 애플Apple은 비접촉식 간편결제 서비스를 제공하는 애플페이Apple Pay를 출시했다. 애플페이의 비접촉식 결제는 근거리 무선 통신Near Field Communication, NFC 기술을 기반으로 하며, NFC는 무선 주파수 식별Radio-Frequency Identification, RFID에서 파생된 IoT의 핵심기술 중 하나다. 해당 기술은 13.56MHz 대역의 주파수를 사용해 짧은 거리에서만 두 기기 간 데이터 전송이 가능하다.

2015년에는 삼성전자가 세계 최초로 NFC 방식과 마그네틱 보안전송Magnetic Secure Transmission, MST 방식을 동시에 지원하는 결제서비스인 삼성 월렛(현재 삼성페이)을 출시했다. 국내에서 널리 사용되는 실물 카드용 단말기에서도 결제가 가능한 MST 방식과 국제적으로 채택률이 높은 NFC 방식을 모두 지원해 높은 범용성을 확보한 것이 특징이며, 삼성 월렛을 사용할 수 있는 카드 가맹점은 전국적으로 약 300만 개에 달한다. 애플페이와 삼성페이의 등장은 실물 지갑을 꺼내 카드를 찾는 번거로움 없이 스마트폰 하나로 간편하게 결제할 수 있는 환경을 조성했으며, 이는 단순히 결제 방식의 변화에 그치지 않고, 일상생활 전반에서 편의성을 획기적으로 높이는 전환점이 되었다.

생명보험, 건강보험, 및 자동차보험 분야에서도 IoT 도입이 활발하게 이루어지고 있다. 고객의 장기적인 건강 관리를 목표로 건강 검진, 운동 등 건강한 생활 습관 형성을 지원하는 다양한 인센티브 프로그램을 제공하기 위해 IoT 기술이 적극적으로 활용되고 있다. 예를 들어, 미국의 인슈어테크 기업 루트Root Insurance는 IoT, AI, 텔레매틱스Telematics 기술을 결합해 고객의 운전 행태를 정밀 분석하고, 이를 바탕으로 맞춤형 자동차 보험상품을 제공하는 혁신적인 보험서비스를 제공하고 있다.

스마트폰 센서, 텔레매틱스, IoT 장치에서 수집된 운전 데이터는 인공지능 알고리즘을 통해 분석되며, 이를 통해 개별 운전자의 위험도가 정량화되고 보험료가 산정된다. 루트의 연구에 따르면 일반 운전자는 루트 보험 가입을 통해 평균 20~30%의 보험료 절감 효과를 누릴 수 있는 것으로 나타났다. 루트는 안전한 운전 습관을 가진 운전자에게 보다 저렴하고 합리적인 보험료를 제공해 보험료 부담을 줄이고, 보험업계의 기존 관행을 혁신하고 있다.

남아프리카공화국의 보험사 디스커버리Discovery는 바이탈리티Vitality 프로그램을 통해 가입자의 건강 증진을 적극적으로 지원하고 있다. 이 프로그램은 가입자의 운동량, 혈압, 비만도, 흡연 여부 등 다양한 건강 데이터를 IoT 기술을 통해 수집하고, 건강 유지 목표를 달성한 가입자에게 보험료 할인이나 무료 쿠폰 등의 보상을 제공한다. 바이탈리티 프로그램은 가입자가 건강 상태를 개선하도록 도울 뿐만 아니라, 이를 통해 보험금 지급률을 낮추어 보험사의 수익성 향상에도 기여한다. 디스커버리의 자체 조사에 따르면, 바이탈리티 참여자의 사망률은 27% 감소하고 보험 계약 해지율은 20% 감소한 것으로 분석되어 건강 개선에 효과적인 것으로 나타났다.

미국 보험사 오스카헬스Oscar Health 또한 고객의 건강 증진을 위해 IoT 기술이 적용된 스마트밴드Oscar Misfit를 무료로 제공한다. 고객은 앱을 통해 매일 설정된 걷기 목표를 달성할 경우 1달러의 인센티브를 받을 수 있으며, 연간 최대 240달러까지 적립할 수 있다. 또한, 걷기뿐만 아니라 자전거 타기, 수영 등 다양한 운동 활동에 대한 인센티브를 제공하여 고객이 건강한 생활 습관을 형성하도록 적극적으로 지원하고 있다.

IoT 기술의 발전은 금융산업을 포함한 다양한 분야에 중대한 파급력을 미칠 잠재력을 가지고 있다. 보안 및 표준화와 같은 도전 과제가 존재하지만, IoT 기술이 가져올 변화를 단편적인 시각으로 평가하기는 어렵다. 금융산업에서 IoT는 실시간 데이터 수집과 분석을 통해 맞춤형 금융서비스 제공, 금융범죄 예방, 산업 간 융합 촉진 등 여러 방면에서 큰 영향을 미칠 것으로 보인다.

IoT는 금융산업에서 고객의 일상적인 금융 경험을 더욱 개인화하고 스마트하게 발전시키는 데 기여할 것으로 예상된다. IoT 기기를 통해 수집되는 방대한 데이터는 금융기관이 고객의 소비 활동, 신용도, 재무 상태 등을 정밀하게 파악할 수 있는 기반을 마련한다. 이를 통해 금융기관은 보다 맞춤화된 금융서비스를 제공할 수 있으며, 고객의 요구를 신속하고 정확하게 충족시켜 고객 충성도를 강화하는 데 기여할 수 있다.

IoT는 금융산업 내 부정행위 및 금융범죄 방지에도 중요한 역할을 할 수 있다. IoT 기반 센서와 스마트 기기의 실시간 모니터링 기술을 통해 잠재적인 위험 상황을 감지하고, 이를 통해 선제적으로 금융 범죄를 예방할 수 있다. 특히, IoT와 AI, 빅데이터의 결합은 실시간 탐지가 핵심인 금융 범죄 예방에서 중요한 보안 전략으로 부상할 가능성이 높다.

아울러, 금융산업에서 IoT의 도입은 단순한 서비스 개선을 넘어, 산업 간 융합을 촉진하여 경제적 파급 효과를 극대화할 수 있는 잠재력을 지니고 있다. 금융기관은 IoT를 통해 다양한 산업과의 융합을 통해 포괄적이고 혁신적인 서비스를 제공할 수 있는 기반을 마련할 수 있다. 예를 들어, 스마트 시티 인프라와 결합된 금융서비스는 새로운 형태의 대출, 보험, 자산관리 솔루션 등을 개발할 수 있으며, 이러한 융합은 경제 전반에서 혁신적인 비즈니스 모델을 창출할 수 있는 토대가 될 수 있다.

IoT를 통해 형성되는 새로운 데이터 활용 패러다임은 스마트 홈, 웨어러블 기기, 커넥티드카, 스마트시티 등 다양한 응용 분야에서 현실화되고 있으며, 일상 속 다양한 영역에 전례 없는 수준의 사회적 혁신을 촉진할 잠재력을 지니고 있다. 특히, IoT 기술의 확산은 데이터 수집과 활용 방식에 근본적인 전환점을 제시하고 있다. 과거에는 수동적·일회성 데이터 수집이 중심이었으나, 이제는 다양한 사물과 기기들이 실시간으로 데이터를 생성·공유함으로써 방대한 양의 동적 데이터가 축적되고, 이는 데이터 활용의 유효성을 획기적으로 증대시켜 진정한 데이터의 힘을 실현할 수 있는 기반이 되고 있다. IoT는 정보와 기술, 인간의 삶이 유기적으로 연결되는 새로운 사회적 패러다임을 열어가고 있으며, 미래 사회의 구조와 일상 전반을 변화시킬 핵심 기술로 자리매김하고 있다.

POINT

✓ 기술의 눈부신 발전은 금융산업의 지형을 급격하게 변화시키며 디지털 금융 시대를 가속화하고 있다. 이러한 변화는 단순히 금융서비스의 편의성을 높이는 것을 넘어, 금융산업의 구조와 운영 방식을 혁신적으로 변화시키고 있다.

- 디지털 금융이 금융 규제 변화에 미치는 영향
- 미래 금융을 준비하는 글로벌 규제 동향

차세대 금융 시대의
글로벌 규제 프레임워크

(본 장은 2024년 10월까지의 글로벌 규제 동향을 반영)

✦✦ 용어해설 ✦✦

혁신 허브
금융감독기관이 주도하여 핀테크 기업과 기존 금융기관을 포함한 다양한 이해관계자들이 참여하는 플랫폼을 의미.

금융 부문의 규제 샌드박스
기존의 규제 체계에서 한시적으로 예외를 허용하여 새로운 금융상품이나 서비스를 실험할 수 있도록 하는 지원하는 제도.

개인 데이터 이동권(Right to Data Portability)
정보주체인 개인이 자신의 개인정보를 구조화되고 상호운용 가능한 형식(Structured & Interoperable Format)으로 수신할 권리.

데이터 컨트롤러(Data Controller)
개인정보의 처리 목적 및 수단을 단독 또는 공동으로 결정하는 자연인, 법인, 공공기관, 에이전시, 기타 단체를 의미.

데이터 프로세서(Data Processor)
컨트롤러를 대신하여 개인정보를 처리하는 자연인, 법인, 공공기관, 에이전시, 기타 단체를 의미.

디지털 금융이
금융 규제 변화에 미치는 영향

금융서비스에서 신기술을 활용하는 것은 새로운 일이 아니지만, 최근 핀테크와 디지털 기술의 발전은 이전과 비교할 수 없을 정도로 속도와 범위 면에서 그 영향력과 파급력이 배가되었다. 현재 금융서비스 부문의 첨단 기술 혁신은 현 세대 핀테크와 디지털 발전을 이끄는 여러 요소가 결합된 결과라 할 수 있다. 전 세계적으로 인터넷과 스마트폰 보급률 증가, 금융 포용성 확대, 빅데이터 등 데이터 활용성 증대, 오픈뱅킹 및 사이버 보안 표준 정립과 같은 정책적 지원이 이러한 발전을 촉진하고 있다.

금융업의 디지털화가 가속화되면서 금융서비스의 제공 방식은 물론, 소비자의 이용 행태에도 근본적인 변화가 나타나고 있다. 지난 몇 년간, 기술의 효율성과 활용성이 눈에 띄게 향상됨에 따라 다양한 혁신이 이루어지며, 간편결제를 비롯한 디지털 뱅킹, 인슈어테크Insurtech, 로보어드바이저Robo Advisor, 웰스테크WealthTech, 가상자산 및 탈중앙화금융DeFi, 크라우드펀딩Crowdfunding, P2P 대출Peer-to-Peer Lending 등 새로운 형태의 금융서비스가 빠르게 확산되었다.

금융 규제의 변화를 이끄는 요인

기술발달 및 디지털화 영향	장점	리스크
새로운 금융상품과 서비스의 등장	• 기존에는 없던 편의성이 높은 금융상품과 서비스의 등장 • 예) 디지털자산, 탈중앙화금융(DeFi), P2P 대출 등	• 새로운 금융상품 및 서비스는 기존의 금융 규제 체계로는 적절하게 규제하기 어려움 • 예) 디지털자산 투자자 보호 규제의 부재가 특정 사건/사고에 대한 기업의 부실 대응으로 이어져 큰 손실이 발생하더라도 투자자 보호가 어려움
데이터의 중요성 증가	• 고객의 금융거래내역, 신용정보 등과 같은 중요 데이터를 활용하여 금융기관들은 새로운 금융상품과 서비스를 개발 • 고객의 리스크를 보다 효과적으로 관리 가능	• 데이터의 부정적인 사용 등은 금융시스템의 안정성과 소비자 보호에 큰 위협이 될 수 있음 • 예) 데이터 관련 보안 사고, 금융거래정보 등 민감한 데이터 및 개인정보 유출 등
금융시스템의 복합성 증가	• 핀테크 기업들은 기존 금융기관과는 다른 비즈니스 모델을 기반으로 시장의 요구에 빠르게 대응 • 핀테크 기업들은 다양한 플랫폼과 인공지능, 블록체인, 사물인터넷 등 신기술을 활용하여 편의성이 크게 개선된 혁신적인 금융서비스를 제공	• 온라인/디지털 금융서비스의 확대로 기업의 사업장, 사무실 등 물리적 공간의 중요성이 크게 떨어짐에 따라 사고 발생 시 책임소재나 관리/감독 관할권 등이 불분명해지는 문제 발생 • 예) 디지털자산 생태계의 복잡성 등으로 관련 리스크 등에 대한 명확한 파악과 평가가 어려움 • 예) 디지털자산거래소, 대출 등 다양한 생태계가 긴밀하게 연계되어 있어 특정 밸류체인에 문제가 발생하면, 전 생태계로 리스크가 전이되는 문제 발생

| 출처: 저자 작성

그러나 금융산업 내에서 기술 중심의 혁신이 빠르게 확산됨과 동시에, 새로운 비즈니스 모델과 기술 적용으로 인한 리스크 역시 혁신에 비례하여 증가하고 있다. 이러한 변화는 금융시스템의 안정성과 소비자 보호 측면에서 새로운 과제를 야기하고 있으며, 이에 따라 글로벌 금융 규제 환경도 변화하고 있다. 따라서 전 세계 금융감독기관을 중심으로 금융산업 내 새롭게 부상하는 리스크를 신속하고 정확하게 식별하고, 이를 통제·완화할 수 있는 규제 대응의 필요성이 증가하고 있다.

핀테크와 디지털 기술은 금융의 효율성을 높이고 새로운 형태의 금융서비스를 제공하며 비용 절감을 가능하게 하는 등 금융산업 전반에서 긍정적인 혁신을 이루고 있으며, 레그테크RegTech(Regulation과 Technology의 합성어로 기술을 활용해 규제를 관리·준수하는 기술) 등을 통해 컴플라이언스를 강화하는 데도 기여하고 있다. 그러나 핀테크와 디지털 기술의 발전은 선진국과 신흥국을 막론하고 전 세계 금융시장에 큰 변화를 불러일으킴과 동시에 불확실성과 리스크를 초래하기도 한다. 이러한 상황에서 감독기관은 핀테크와 디지털 기술의 발전 및 적용으로 인한 리스크를 파악하고 이를 효과적으로 통제하기 위해 규제적 접근을 통해 대응할 필요가 있다. 혁신의 특성과 금융서비스에 미치는 영향, 그리고 그 파급력을 고려한 규제적 접근이 더욱 중요한 시점이다.

핀테크가 보다 낮은 비용으로 고객 경험을 개선하며 기존 금융상품이나 서비스를 보다 나은 방식으로 제공하는 수준인 경우, 기술 중립적인 규제 접근법이 리스크 관리에 충분할 수 있다. 그러나 핀테크 및 디지털 기술의 영향으로 기존 상품과 서비스의 성격이 크게 변화하거나 완전히 새로운 서비스가 제공되는 경우, 새로운 기술과 비즈니스 모델에 맞춘 맞춤형 규제 접근이 필요하다. 즉, 핀테크와 디지털 기술이 새로운 비즈니스 모델을 촉진하거나 파생시켜 새로운 리스크가 발생하는 경우에는 이러한 기술의 영향과 파급효과를 보다 잘 이해하기 위해 검증과 학습 Test & Learn 접근법이 효과적일 수 있다.

핀테크와 디지털 기술은 다양한 방식으로 시장과 금융시스템의 건전성에 영향을 미칠 가능성이 있다. 따라서 새로 발생하는 리스크의 규모와 유형을 확인하기 위해 감독기관이 시장 동향과 참여자들의 새로운 비즈니스 모델을 면밀히 모니터링하는 것이 중요하다. 새로운 핀테크와 디지털 기술의 도입이나 이를 적용한 비즈니스 모델이 규제의 범위를 벗어나 시장에 빠르게 확산될 경우, 모니터링과 규제적 조치를 통해 적절히 통제되지 않는다면 루나-테라 사태와 같은 시장 혼란 및 소비자 피해 리스크가 현실화될 가능성이 있다.

최근 금융업계는 빠르게 변화하는 트렌드 속에서, 전통 금융기관과 핀테크, 빅테크 기업 간의 네트워크 효과와 비즈니스 파트너십을 통한 긴밀한 연계 등으로 인해 핀테크와 디지털 기술이 금융 시스템 전반에 신속하고 광범위한 영향을 미치고 있다. 이에 따라 감독기관은 핀테크와 디지털 기술, 그리고 새로운 비즈니스 모델 변화가 가져오는 시장 변화와 트렌드를 어느 때보다 효과적으로 모니터링해야 할 필요성이 커지고 있다.

핀테크와 디지털 기술의 특성을 고려할 때, 핀테크가 주도하는 새로운 기술, 비즈니스 모델, 상품 및 서비스는 국경을 초월하여 글로벌 금융시장에 미치는 영향력이 과거보다 훨씬 커지고 있다. 이에 따라 새로운 기술 및 비즈니스 모델 관련 정보와 통찰을 공유하고, 학습 내용 및 모범사례를 교환하는 등 디지털 금융 관련 감독기관 간의 긴밀한 공조와 협력을 확대하는 것이 그 어느 때보다 중요해지고 있다. 이러한 협력은 핀테크 전문지식이나 자원 가용성이 부족한 감독기관이 새로운 핀테크 및 디지털 기술을 이해하고, 신종 리스크를 모니터링하며, 변화하는 금융산업에 적합한 새로운 규제 프레임워크를 수립하는 데 효과적인 접근방식이 될 수 있다.

핀테크·디지털 기술 관련 감독기관의 대응전략

감독기관의 핀테크와 디지털 기술 대응 전략은 금융 부문의 혁신과 발전에 중대한 영향을 미치며, 국가 차원의 금융 경쟁력 확보에서도 매우 중요한 역할을 한다. 이러한 대응 전략은 대부분의 경우, 정부 차원에서 다양한 이해관계자의 관점이 반영되도록 공개적인 협의와 논의를 통해 수립된다. 감독기관은 핀테크 및 디지털 기술로 인한 이슈와 변화에 대해 규제 및 감독적 측면에서 여러 방식으로 대응해왔으며, 이러한 접근은 크게 다섯 가지로 구분할 수 있다.

첫째는 일단 관망하고 지켜보는 Wait & See 전략이다. 핀테크와 디지털 기술의 활용도가 낮거나 산업의 성숙도가 초기 단계에 있는 국가에서 주로 이 접근방식을 채택한다. 이 경우 감독기관은 규제 범위 밖에서 핀테크 기반 상품 및 서비스의 소규모 개발과 출시를 허용하면서, 해당 상품과 서비스가 시장 건전성, 금융 안정성 및 소비자 보호에 미칠 수 있는 잠재적 위험을 면밀히 모니터링한다. 핀테크 생태계가 성장하고 있으나 감독과 규제 역량이 제한적인 일부 국가에서는 핀테크의 시장 영향과 리스크를 평가하기 위해 적극적으로 Wait & See 전략을 채택하는 경향이 있다.

둘째, 검증과 학습 Test & Learn 전략이다. 핀테크와 디지털 기술 활용이 다양하고 빠르게 성장하는 국가에서는 Test & Learn 접근방식이 효율적으로 활용되는 사례가 많다. 이 방식은 통제된 환경에서 다양한 상품과 서비스 및 비즈니스 모델이 실제 시장에 노출될 수 있도록 지원한다. Test & Learn은 감독기관이 신기술 도입에 따른 시장 반응과 잠재적 리스크를 실시간으로 관찰하고, 정책적 대응 방향을 사전에 검토할 수 있는 기반을 제공한다.

셋째, 기존 규제 프레임워크를 보완Adjusting Existing Frameworks하는 전략이다. 이는 신기술을 수용하고 핀테크와 디지털 기술로 인한 다양한 리스크를 완화하고 모니터링하기 위해 기존의 규제 프레임워크를 변화된 금융 환경에 맞게 일부 수정하는 방식으로 대응하는 전략이다. 기존 규제 체계를 보완하는 접근은 기술 중립적 접근Technology-Neutral Approach으로도 알려져 있으며, '동일 기능, 동일 리스크, 동일 규제' 원칙에 따라 작동한다. 이 접근방식은 핀테크를 접목한 새로운 금융상품과 서비스가 기존 규제 체계에서 이미 규제되는 금융상품과 유사한 경우 효과적으로 적용될 수 있다. 예를 들어, 특정 국가에서 디지털자산 관련 법규나 규제 프레임워크가 부재하더라도 디지털자산이 기존 자산과 유사하게 설계되었거나 기능적으로 유사성이 높은 경우, 기존 규제를 그대로 적용할 수 있다.

넷째, 맞춤형 규제Bespoke Regulation 전략이다. 핀테크와 디지털 기술이 기존 규제로 다룰 수 없는 새로운 기회를 창출하거나 독특한 리스크를 내포한 상품과 서비스를 제공하는 경우 맞춤형 규제 체제가 필요하다. 맞춤형 규제는 핀테크가 특정 금융업권 또는 금융산업 전체에 광범위한 영향을 미칠 때나 핀테크·디지털 기술로 발생한 시장 내 격차 해소, 오래된 관행의 개선 등 감독기관이 특정 목표를 달성하고자 할 때 적합하다. 대표적인 예로는, 소비자 데이터 권리를 강화하고 API 기술의 잠재성을 극대화하기 위해 EU, 영국, 호주, 한국 등에서 시행된 오픈뱅킹Open Banking, EU와 일본에서 디지털자산 리스크 관리를 목적으로 도입한 맞춤형 규제, 인도네시아의 전자화폐E-Money 관련 규제 등이 있다.

다섯째, 특정 상품·서비스 금지 또는 제한Bans or Targeted Restrictions 전

략이다. 드물지만, 감독기관은 특정 기업, 상품·서비스 또는 기술을 공공의 이익이나 정책 목표에 심각한 위험을 초래한다고 판단될 경우 금지하거나 제한할 수 있다. 예로는 중국의 디지털자산 거래 전면 금지, 스페인의 특정 디지털자산 관련 마케팅 제한, 영국의 특정 디지털자산 파생상품 제한 등이 있다. 특정 기업의 활동을 제한하거나 금지하는 조치는 주로 해당 기업이 기존 규제나 규제 프레임워크를 위반했을 때 부과된다. 다만, 특정 기술의 사용을 금지하는 경우는 거의 없는데, 이는 특정 기술의 금지가 잠재적인 금융 혁신과 기술 응용을 제한할 수 있기 때문이다.

핀테크·디지털 관련 규제 및 감독적인 측면의 대응 방안

대응전략	상세	적용
관망하고 지켜보는 전략 Wait & See	• 새로운 금융상품이나 서비스가 시장에 출시된 후 그 결과를 지켜보고 필요에 따라 규제를 도입하는 방식 • 장점 - 새로운 금융상품이나 서비스의 위험을 신중하게 평가한 후 규제를 도입함으로써 규제의 필요성 최소화 • 단점 - 새로운 금융상품·서비스의 위험이 예상보다 큰 경우 금융시스템 안정성·소비자 보호에 부정적 영향 초래	• 핀테크·디지털의 활용도가 낮거나 핀테크 산업의 성숙도가 초기 단계인 경우 • 새로운 금융서비스의 위험이 명확하지 않거나 규제 도입이 금융시스템의 혁신이나 안정성, 소비자 보호 등에 오히려 부정적인 영향을 초래할 수 있는 경우
검증과 학습 전략 Test & Learn	• 새로운 금융상품이나 서비스에 대한 규제를 도입하기 전, 소규모 테스트를 통해 상품의 영향도와 규제의 효과를 검증하고 필요에 따라 개선 • 장점 - 새로운 금융상품이나 서비스의 위험을 최소화하면서 새로운 금융상품·서비스의 특성을 신속히 파악 - 혁신을 저해하지 않으면서도 금융시스템의 안정성 유지 • 단점 - 규제 변화에 대한 불확실성이 존재 - 규제 샌드박스나 혁신 허브 등의 운영에 많은 비용 소요	• 핀테크·디지털의 활용도가 다양하고 빠르게 성장하는 경우 • 새로운 금융상품이나 서비스의 특성을 신속하게 파악할 필요가 있는 경우 • 금융시스템의 안정성 유지와 금융서비스 혁신을 동시에 효과적으로 달성할 필요가 있는 경우

대응전략	상세	적용
기존 규제 프레임워크 보완 전략 Adjusting Existing Frameworks	• 기존의 금융 규제 체계를 유지하면서 일부를 수정·보완하여 새로운 금융상품·서비스에 규제 적용 • 장점 - 기존의 규제 체계를 유지함으로써 규제의 일관성 유지 및 새로운 규제 도입에 따른 비용 절감 • 단점 - 새로운 금융상품이나 서비스의 특성을 완전히 반영하지 못할 수 있으며, 규제의 효율성이 저해될 수 있음	• 기존의 규제 체계의 일관성을 유지하면서도 새로운 금융서비스의 특성을 반영할 필요가 있는 경우 • 새로운 금융상품·서비스가 구조·기능·메커니즘 등이 이미 존재하는 상품·서비스와 유사하거나 크게 다르지 않은 경우
맞춤형 규제 전략 Bespoke regulation	• 기존의 금융 규제 체계에 적합하지 않은 새로운 금융상품이나 서비스에 대해 맞춤형 규제를 적용 • 장점 - 규제의 불확실성을 해소함으로써 핀테크의 혁신을 촉진하고, 시장의 부정적인 요인 등을 효과적으로 제거 • 단점 - 규제의 복잡성과 비용 증가, 감독기관의 판단에 따라 규제 적용이 달라지는 등 규제 일관성이 떨어질 수 있음	• 핀테크가 새로운 기술이나 비즈니스 모델을 기반으로 하거나 기존 금융서비스에 새로운 기회나 리스크를 발생시키는 경우 • 핀테크가 기존 금융 규제를 위반할 가능성이 있거나 기존 규제로 핀테크를 규제하기 어려운 경우
특정 상품·서비스를 금지 또는 제한 Bans or targeted restrictions	• 특정 상품·서비스의 유형, 리스크, 소비자 보호 필요성 등을 고려하여 감독기관이 특정 기업이나 특정 상품·서비스 또는 특정 기술을 금지하거나 제한 • 장점 - 금융시스템에 미치는 부정적인 영향을 예방하는 등 금융 안정성을 강화하고 소비자의 경제적 피해를 예방 • 단점 - 특정 상품·서비스의 금지 또는 제한은 금융소비자의 선택권을 제한하고 금융시장의 효율성을 저해할 수 있음	• 특정 상품·서비스가 공공의 이익이나 정책 시행에 위협이 될 경우 • 기존의 금융 규제 체계에 의해 충분히 관리되지 않는 리스크를 방지할 필요가 있는 경우

출처: IMF(2023), 'Institutional Arrangements for Fintech Regulation: Supervisory Monitoring', 저자 재작성

    이러한 규제·감독전략들은 상호 배타적이지 않으며, 일부는 병행하여 동시에 실행할 수 있지만, 대체로 명확한 결과를 기대할 수 있는 단일 전략 방식이 선호된다. 특정 전략을 채택하고 유지하는 결정은 핀테크 산업의 성숙도, 도입 수준과 영역, 감독기관의 판단과 역량, 시장에 미치는 영향, 핀테크 및 디지털 관련 리스크의 규모, 소비자 보호 및 금융 안정성 등 다양한 요인에 따라 달라진다.

시장변화에 대응하기 위한 감독기관의 동향 파악 및 모니터링

전 세계적으로 핀테크와 디지털 부문은 빠르게 성장하고 다양화되고 있으나, 이러한 혁신의 상당 부분은 종종 규제되지 않은 기업이나 기관에 의해 주도되는 경우가 발생한다. 그렇기 때문에 핀테크와 디지털 부문에 적절한 대응 전략을 마련하려면, 감독기관이 시장 동향과 발전 현황을 효과적으로 모니터링할 수 있는 위치에 있어야 한다.

감독기관이 수행하는 모니터링의 핵심요소는 새로운 리스크를 평가할 수 있는 충분한 정보와 데이터에 대한 접근 및 모니터링 역량이다. 핀테크와 디지털 부문의 발전에 효과적으로 대응하기 위해 감독기관은 금융 정보, 데이터 및 모니터링에 대한 다양한 접근 방안을 취할 수 있다.

감독기관의 접근 방안은 지역과 국가별로 다를 수 있으나, 각 지역의 필요와 상황에 맞춰 다양한 방안을 적절히 활용하여 핀테크와 디지털 관련 리스크를 식별하고 규제 대응 전략을 결정해야 한다. 빠른 기술 발전 등을 고려할 때, 감독기관은 동향 파악과 리스크 대응을 위해 기존 감독체계를 보완하고, 혁신 허브Innovation Hub와 규제 샌드박스Regulatory Sandbox와 같은 유연한 접근 방식을 함께 활용할 수 있다.

핀테크 산업이 성숙한 국가에서는 기존 금융 감독체계를 통해 주요 시장 동향을 파악하는 것만으로도 충분한 감독 수단이 될 수 있다. 또한, 금융업계 전반이 핀테크와 디지털 기술을 광범위하게 채택하고 있거나, 반대로 생태계의 규모가 작아 이들 기술의 영향력이 제한적인 경우에도 기존 감독체계는 새로운 기술과 관련 리스크에 대한 동향을 효과적으로 파악하는 데 유용하게 활용될 수 있다. 전통적인 금융기관이 핀테크·디지털 기술 개발을 주도하거나, 핀테크 기반 혁신과 기존 금융서비스 간 차이가 크지 않은 경우에도, 감독기관은 기존 감독체계를 통해 새로운 리스크를 효과적으로 모니터링할 수 있다. 이는 감독기관의 가용자원이 제한적인 경우에도 유용한 접근방식이 될 수 있다.

그러나 핀테크 산업이 주도하는 금융 혁신의 속도와 파급력이 크고 광범위하며, 발전이 새로운 기술과 혁신적인 비즈니스 모델을 기반으로 이루어지는 경우, 기존 감독체계는 효과적으로 작동하기 어렵다. 기존 규제가 주로 대면 금융서비스에 맞춰 설계되어 있어, 핀테크 기반의 비대면 금융서비스나 새로운 기술을 활용한 디지털·핀테크 서비스의 경우 규제의 사각지대에 놓일 가능성도 있다. 이로 인해, 기존 감독체계만으로는 핀테크 산업의 동향을 충분히 파악하기에는 한계가 있을 수 있다.

또다른 접근방안인 금융 부문의 혁신 허브는 금융감독기관이 주도하여 핀테크 기업과 기존 금융기관을 포함한 다양한 이해관계자가 참여하는 플랫폼을 의미한다. 혁신 허브는 핀테크 혁신을 촉진하는 동시에 금융시스템의 안정성과 금융소비자 보호를 목표로 한다. 혁신 허브는 핀테크 혁신을 위한 다양한 활동을 수행할 수 있는데, 주로 핀테크 기업과의 소통과 협력을 촉진하여 이들의 혁신 활동을 지원한다. 더불어 핀테크 혁신에 대한 교육과 홍보를 통해 핀테크에 대한 이해도를 높이고, 허브 활동 참여를 유도하며, 규제 환경을 개선함으로써 핀테크 혁신에 적합한 규제 환경 조성을 위한 논의와 정책 개발을 지원하기도 한다.

혁신 허브는 금융 규제 감독기관이 주관할 수도 있고, 민간기업, 학계, 연구기관 등이 주관할 수도 있으며, 핀테크 기업을 비롯해 기존 금융기관, 학계, 연구기관, 소비자 단체 등 다양한 이해관계자가 참여할 수 있다. 혁신 허브는 핀테크 교육과 홍보, 핀테크 기업 지원, 규제 개선 논의 등 핀테크 혁신을 위한 다양한 활동을 수행할 수 있다. 혁신 허브의 운영에는 상당한 비용이 소요되므로, 성공적인 운영을 위해서는 사업 타당성 분석, 명확한 목표 설정, 강력한 조직적 동의 등이 필요하다.

마지막으로, 금융 부문의 규제 샌드박스는 기존 규제 체계에서 한시적으로 예외를 허용하여 새로운 금융상품이나 서비스를 실험할 수 있도록 지원하는 제도이다. 규제 샌드박스는 주로 일정 기간 동안 혁신적인 금융상품이나 서비스를 금융시장에서 실제로 테스트하고, 그 결과를 바탕으로 규제를 개선하는 것을 목적으로 한다. 규제 샌드박스에 참여하는 기업은 기존 금융 규제에서 일시적으로 면제되거나 적용이 완화될 수 있으며, 이를 통해 혁신적인 금융상품이나 서비스를 개발하는 기업이 규제 부담을 덜고, 새로운 금융상품과 서비스에 대한 테스트를 보다 자유롭게 수행할 수 있도록 돕는다.

일반적으로 규제 샌드박스는 실험적 접근을 기반으로 하며, 실제 금융시장에서 새로운 금융서비스의 효용성과 혁신성을 테스트하는 동시에 잠재적 리스크를 평가하기 위해 제한된 규모로 일정 기간 동안 테스트를 수행한다. 이를 통해 감독기관은 새로운 금융서비스의 잠재적 리스크를 신중하게 관리할 수 있다. 또한, 규제 샌드박스는 소비자 보호장치를 마련하는 데도 기여한다. 규제 샌드박스에 참여하는 기업은 소비자 보호조치를 마련하고 이를 이행해야 하며, 감독기관은 소비자 보호를 위해 참여 기업의 이행상황을 지속적으로 모니터링한다.

감독기관의 시장 동향 파악 및 모니터링 방안

구분	특징	장점	단점
기존 감독체계 Existing Supervisory Stuctures	• 핀테크 규제 및 감독 이슈를 해결하기 위한 첫 번째 단계이며 규제 대상 금융기관이 핀테크/디지털 기술을 도입하는 경우 특히 유용 • 핀테크/디지털 기술 관련 규제와 관련된 대부분의 규제 및 감독 이슈를 모니터링하고 대응하는 데 활용 • 핀테크 성숙도가 높은 경우 기존 감독 체계 활용이 핀테크 활용성을 보다 높일 수 있음	• 기존 감독체계와 자원을 활용하여 비용 효율적 • 새로운 구조를 구축하는 대신 혁신에 대한 즉각적인 대응 가능 • 혁신 허브 및 규제 샌드박스와 같은 제도적 장치 등이 제공하는 대부분의 이점을 제공할 수 있음 • 글로벌 감독기관끼리 빠른 공조가 가능	• 새로운 분야 및 신기술의 리스크과 이점 등을 식별하는 전문성의 한계 • 다양한 분야에 걸쳐 혁신이 빠르고 지속적으로 일어나는 핀테크 분야에 대해 제한된 테스트 및 검증능력 • 특정 거래가 감독기관의 규제 프레임워크 내에 적절하게 들어맞지 않을 경우 잠재적 규제 차익 리스크 존재
혁신 허브 Innovative Hub	• 전문가 자원의 활용이 가능하며, 크리티컬한 이슈가 아닌 경우 다수의 기관을 지원하는 데 효과적 • 핀테크/디지털 기술이 빠르게 확산되는 경우 자주 사용	• 할당된 자원을 활용하여 규제 범위 밖의 기업이나 비즈니스 모델 등을 효과적으로 모니터링 가능 • 감독기관은 전문가 자원을 보다 효과적으로 확보하고 유지할 수 있음 • 전 세계 혁신 허브와 직접적으로 교류할 수 있으며, 기업들에게 용이하게 지침 제공 가능	• 핀테크 기업 등과의 협의과정에서 시간/비용 소모가 클 수 있으며, 감독기관 내부의 동의가 필요 • 테스트 기능 부재 • 지침이 제공되는 경우 감독기관의 평판 리스크 발생 가능
규제 샌드박스 Regulatory Sandbox	• 통제된 환경에서 새로운 기술과 비즈니스 모델 테스트에 사용 • 새로운 기술, 상품 또는 서비스의 실질적인 적용/전파가 용이	• 테스트를 통해 정책 결정을 위한 긍정적인 결과물을 얻을 수 있음 • 올바르게 구현된 경우 샌드박스를 통해 상품을 빠르게 시장에 출시할 수 있음 • 감독기관이 새로운 기술과 비즈니스 모델 등을 깊이 있게 이해할 수 있는 좋은 수단으로 활용 가능 • 감독기관은 전문인력을 보다 효과적으로 확보하고 유지할 수 있음	• 불명확한 비전이나 목표는 부진한 결과와 평판 리스크를 초래할 수 있음 • 설계 표준이 명확하지 않은 경우 사용자, 시장 및 재무 안정성에 위험을 초래할 수 있음 • 초기 셋업과 관리 및 유지에 많은 비용이 소모되며, 제한된 기간 동안 소수의 기업들만 지원 가능 • 감독기관 내부의 심층적인 동의가 필요하며, 시장에 대한 장기적인 영향은 검증하기 어려움

| 출처: IMF(2023), 'Institutional Arrangements for Fintech Regulation: Supervisory Monitoring', 저자 재작성

규제 샌드박스는 핀테크 산업의 발전을 촉진하고 소비자 보호 강화를 지원하지만, 규제와 사업 운영의 불확실성도 수반한다. 이는 테스트 기간 동안 새로운 금융서비스의 성과나 결과가 규제 변화에 중대한 영향을 미치기 때문이다. 이러한 규제 샌드박스가 내포하는 규제 변화와 적용 절차의 불확실성은 핀테크 기업에 큰 부담으로 작용할 수 있다.

감독기관이 시장 동향을 명확히 파악하고 이를 효과적으로 모니터링하는 것은 감독기관이 금융 안정성과 정책 목표를 달성하는 데 매우 중요한 요소이다. 전 세계 주요 국가에서 빠르게 성장하는 핀테크 생태계는 금융시장과 소비자에게 상당한 효익을 창출할 잠재력을 지니고 있지만, 동시에 금융 안정성과 소비자 보호 및 시장 무결성 측면에서 상당한 위험을 초래할 수도 있다. 이러한 리스크를 완화하기 위해 감독기관은 새로운 기술과 비즈니스 모델을 지속적으로 모니터링하고, 잠재적 리스크를 식별해야 한다. 이는 기술의 급속한 성장과 광범위한 파급력, 그리고 루나-테라 사태와 같은 사례에서 나타난 새로운 비즈니스 모델의 부정적 영향과 시장 혼란, 소비자 보호 문제 등을 고려할 때 특히 중요하다.

미래 금융을 준비하는 글로벌 규제 동향

핀테크·디지털 금융 관련 글로벌 규제 방향성

2008년 글로벌 금융위기 이후 금융시스템의 안정성을 확보하기 위한 노력의 일환으로, 시스템 리스크 관리 강화, 거시 건전성 규제 도입, 그리고 기능별 규제 체계 구축 등 전 세계적인 금융 규제 개혁이 이루어졌다. 이후 디지털 기술의 급격한 발전으로 금융산업의 패러다임이 변화하는 가운데, 주요국들은 전통 금융 부문에 대한 엄격한 규제를 유지하면서도 핀테크 산업의 혁신을 장려하는 유연한 규제 환경을 조성해왔다.

그러나 2019년을 전후하여 빅테크 기업들의 금융시장 진출이 본격화되면서, 금융산업 내에서 이들 기업의 지배력 증가에 대한 우려가 제기되었고, 이는 국제적 수준에서 핀테크 규제에 대한 논쟁을 촉발하는 계기가 되었다. 그 결과 지난 몇 년간 글로벌 차원에서 핀테크 규제에 대한 논의가 활발히 진행되어왔으며, 핀테크 규제의 개념 정립, 규제 체계

금융산업 관련 글로벌 규제 논의 방향성

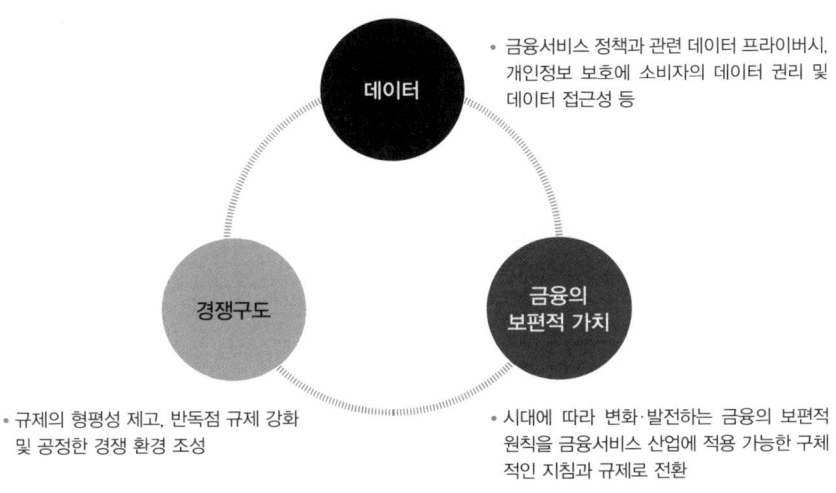

출처: 저자 작성

설계, 구체적인 국제 규범 마련 등 핀테크 규제의 전반적인 측면을 아우르는 논의가 이루어졌다. 그러나 디지털 경제 거버넌스Governance의 개념과 체계에 부합하는 규제 필요성에 대한 글로벌 공감대는 이제 막 형성되기 시작한 단계이며, 관련 논의는 여전히 초기 수준에 머물러 있는 것으로 볼 수 있다.

핀테크를 효과적으로 규제하기 위해서는 ①데이터, ②경쟁구도, ③금융의 보편적 가치를 모두 아우르는 포괄적인 접근방식이 필요하다. 데이터 및 경쟁구도 관련 규제는 디지털 경제 거버넌스의 핵심을 이루며, 핀테크 산업의 거시적 환경에도 중요한 영향을 미친다. 금융의 보편적 가치와 관련된 규제는 사회적인 필수 인프라로서 금융산업의 본질과 속성 등을 반영한다. 최근 핀테크 규제를 둘러싼 국제적 논의와 실험적·탐색적 규제 제정 움직임은 이 세 가지를 중심으로 이루어지고 있으며, 핀테크와 디지털 분야에서 주요국들의 규제 변화 양상의 핵심 내용은 다음 세션에서 구체적으로 살펴보기로 하자.

데이터 관련 글로벌 규제 트렌드

디지털 경제 시대의 도래에 따라 데이터 소유, 개인정보 보호 및 보안에 중점을 둔 규제 마련이 전 세계적으로 진행되고 있다. 데이터는 디지털 경제 시대에 있어 막대한 경제적 가치를 창출하는 필수적인 자원으로 인식되고 있다. 미국의 IT 및 통신, 컨슈머 기술 부문 시장조사 기관인 인터내셔널 데이터 코퍼레이션International Data Corporation, IDC은 2020년 기준으로 전 세계에서 생성된 데이터의 양을 약 64제타바이트(1ZB=10^{21}바이트)로 추정했으며, 2025년까지 전 세계에서 생성될 디지털 데이터의

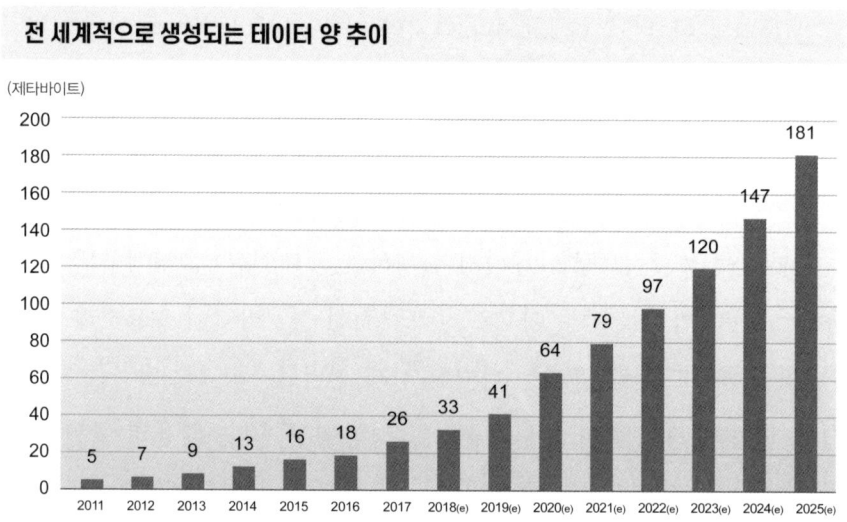

전 세계적으로 생성되는 데이터 양 추이

출처: IDC, Statista, 저자 재작성
* (e)는 추정치

총량이 180제타바이트를 넘어설 것으로 전망했다.

데이터 기반 비즈니스 모델이 금융산업뿐만 아니라 다양한 비금융산업에도 빠르게 확산·진화하고 있으며, 금융데이터의 기준과 범위가 확대됨에 따라 검색 및 채팅 이력, 여행 기록, 취미나 관심사 등의 데이터까지도 수집되어 기업의 전략수립과 의사결정에 활용되고 있다. 이에 따라 금융서비스 정책과 관련하여 전 세계적으로 데이터 프라이버시와 보호의 중요성이 특히 강조되고 있으며, 소비자에게 데이터 재산권Data Property Right을 허용하는 방안을 비롯해 데이터 권리와 접근성에 대한 논의가 핵심 의제로 떠오르고 있다.

금융권의 이러한 변화와 트렌드는 금융과 데이터 간의 관계를 새롭게 정의하고 있으며, 데이터 수익화Monetization of Data를 기반으로 한 새로운 금융시스템의 도래와 함께 데이터 소유권, 개인정보 보호 등 데이터의 가치가 향후 핀테크와 디지털 발전의 핵심축이 될 것임을 시사한다. 이와 관련해 최근 유럽연합EU의 규제 개혁이 중요한 사례로 언급된다.

2018년 5월 EU는 정보 주체인 개인이 자신의 개인정보 및 데이터를 상호 운용 가능한 형식Structured & Interoperable Format으로 수신할 권리인 '개인 데이터 이동권Right to Data Portability'과 '개인의 개인정보를 삭제할 권리Right to Have Personal Data Erased', 그리고 '데이터 컨트롤러Data Controller 및 데이터 프로세서Data Processor'의 의무사항 등을 명시한 '일반 개인정

◆ 데이터 컨트롤러(Data Controller)는 개인정보의 처리 목적 및 수단을 단독 또는 공동으로 결정하는 자연인, 법인, 공공기관, 에이전시 기타 단체를 의미하고, 데이터 프로세서(Data Processor)는 컨트롤러를 대신하여 개인정보를 처리하는 자연인, 법인, 공공기관, 에이전시, 기타 단체를 의미한다.

유럽연합 일반 개인정보 보호법(GDPR) 주요내용 및 해당 법안이 명시한 정보 주체 권리

법 적용 대상	• EU 내 본사를 둔 기업은 물론, 재화나 서비스를 제공하는 모든 기업에 적용
개인정보 정의	• 개인식별정보 : IP주소, 쿠키 ID, 시리얼넘버, 위치 정보 등 • 특별유형정보 : 유전정보, 생체 인식정보 등
위반시 제재 조항	• 손해배상 : 컨트롤러/프로세서에게 위반처리 손해에 대한 책임 부여 • 과징금 : 심각한(일반적) 위반일 경우 최대 직전 회계년도 전 세계 매출 4%(2%) 또는 2천만(1천만) 유로 중 높은 금액 • 과징금이 부과되지 않는 위반의 경우, 벌칙 규정을 신설하고 이를 유럽 집행위원회에 통보할 것을 모든 EU 회원국에게 의무화

	권리	주요내용
신설	처리 제한권	• 본인 개인정보 처리 제한을 요구할 권리 • 단, 공익상 중요한 목적인 경우 등 처리제한이 적용되지 않을 수 있음
	개인정보의 이동권	• 본인 개인정보를 체계적이고 판독이 가능한 형식으로 수취할 권리 • 다른 개인정보 처리자에게 개인정보를 이전할 권리
강화	반대권(프로파일링 거부권)	• 상황에 따라 본인과 관련된 개인정보 처리를 언제든지 거부할 권리(프로파일링 포함)
	삭제권(잊혀질 권리)	• 본인 개인정보 삭제를 요구할 권리 • 단, 표현과 정보의 자유에 대한 권리 행사, 공적 권한, 공익적 목적 등의 경우 제한될 수 있음

┃ 출처: 삼정KPMG 경제연구원(2019), '데이터 경제의 시작 , 마이데이터: 금융산업을 중심으로

보 보호법General Data Protection Regulation, GDPR'을 시행했다.

 EU의 GDPR은 2018년 발효되었으며, 개인 데이터 이동권에 근거하여 개인이 자신의 데이터 개방을 금융기관에게 요청할 경우, 금융기관이 보유한 개인 데이터를 정보 주체인 본인이나 또는 지정한 제3자에게 개방하도록 규정하는 마이데이터MyData의 근거를 마련했다. 또한 GDPR에

따르면, 기업이 개인정보 보호와 관련해 중대한 위반을 저지를 경우, 전 세계 연간 매출의 4% 또는 2천만 유로 중 더 큰 금액이 과징금으로 부과될 수 있으며, 일반적인 위반에 대해서는 연간 매출의 2% 또는 1천만 유로가 부과될 수 있다. GDPR은 데이터 주권과 개인정보 보호의 중요성을 인식하고 이를 법제화한 선구적인 입법 사례로, 데이터 경제의 발전과 함께 새롭게 부상하는 리스크에 대응하기 위한 최초의 규제적 시도로 평가받는다.

2018년 GDPR의 시행은 전 세계적으로 개인정보 보호에 대한 인식을 크게 제고시키는 계기가 되었으며, 이에 따라 다양한 국가와 지역에서는 법적 기반을 정비하고 제도를 강화하려는 움직임이 활발히 나타나고 있다. 특히 EU를 비롯한 스위스, 호주, 일본, 싱가포르, 인도, 한국 등에서는 개인정보 보호 및 데이터 주권 강화를 위한 법률이 순차적으로 제정되고 있으며, 이 같은 흐름은 글로벌 차원에서 개인정보 보호 체계를 정립하는 데 긍정적인 영향을 미치고 있다.

미국의 경우, 아직까지 연방정부 차원의 포괄적인 프라이버시 법제는 마련되지 않은 상태이나, 주정부 차원에서는 일부 진전이 있었다. 캘리포니아는 2018년 6월 '소비자 프라이버시법Consumer Privacy Act'을 제정하였고, 이어 2021년 3월에는 버지니아가 '소비자 데이터 보호법Consumer Data Protection Act'을 통해 주 단위 규제의 선례를 구축하였다. 미국은 전반적으로 EU 등과 비교해 상대적으로 기업 친화적인 규제 기조를 유지하고 있으며, 데이터 활용과 기업의 이익 보호에 더 큰 비중을 두는 정책 방향을 보이고 있다.

한편, 연방 차원의 입법 논의도 지속되고 있다. 2022년에는 '미국개

전 세계 주요 개인정보 보호 및 데이터 주권주의 관련 법안 예시

국가	제도	주요내용	시행시기
중국	네트워크 안전법	• 중국 내 사업활동 등을 통해 수집한 데이터/정보는 중국 서버에 보관을 의무화 • 데이터 이전시 중국 감독기관의 평가 필수	2019년 1월
EU	GDPR	• 개인정보 삭제권 등 개인의 권리 강화 • 해외이전 정보가 유출/침해될 경우 소송 가능	2018년 5월
러시아	러시아 연방법 내 개인정보보호법	• 러시아 개인정보는 현지 DB에 보관/관리 • DB 위치를 감독기관에 신고 필요	2015년 9월
미국	소비자 프라이버시법	• 개인정보 삭제권, 출처·목적 요구권 등 개인의 권리 강화	2020년 1월 (캘리포니아주)

출처: 언론보도

인정보보호법American Data Privacy and Protection Act, ADPPA'이 하원에 발의되었으나, 상원의 반대로 인해 최종 입법으로 이어지지 못하였다. 이후 2024년 4월, 상하원 위원장들이 주도하여 '2024년 미국 개인정보 권리법American Privacy Rights Act of 2024, APRA'이 공개되었으며, 이는 연방정부 차원의 포괄적인 개인정보 보호 법안으로 주목받고 있다. APRA가 제정될 경우, 미국 전역에 걸쳐 개인정보 보호 및 보안에 관한 통일된 기준을 수립하고, 연방 차원의 새로운 규율 체계를 마련하는 데 중요한 이정표가 될 것으로 평가된다.

경쟁구도 관련 글로벌 규제 트렌드

전 세계적으로 규제의 형평성을 높이기 위해 불공정거래행위에 대한 대응과 반독점 규제를 강화하는 방안이 추진되고 있다. 금융산업은 전통적인 금융기관을 중심으로 핀테크 기업과 빅테크 기업이라는 비교적 새로운 주체들이 등장하며 다변화되었다. 전통적인 금융기관은 오랜 역사와 신뢰를 바탕으로 안정적인 금융서비스를 제공하고 있으며, 핀테크 기업은 혁신적인 기술을 활용하여 기존 금융서비스의 페인 포인트Pain Point를 개선하며 새로운 가치를 창출하고 있다. 빅테크 기업은 방대한 데이터와 플랫폼을 기반으로 금융산업에 진출하여 기존 금융시장에 새로운 경쟁 구도를 형성하고 있다.

문제는 각 금융시장 참여자에게 적용되는 규제 체계가 상이하여 금융시장의 불균형을 야기해왔다는 점이다. 특히 금융산업으로 진출한 구글Google, 애플Apple, 아마존Amazon, 메타Meta(이전 페이스북) 등 빅테크 기업들은 전통적인 금융기관에 비해 상대적으로 건전성, 영업행위 등 다양한 측면에서 완화적인 규제 환경을 적용받아왔다. 또한 빅테크 기업들은 방대한 비금융정보를 활용하여 고객 니즈를 빠르고 정확하게 분석할 수 있으며, 비대면채널 중심의 서비스를 제공하여 금융기관보다 낮은 비용으로 편리한 디지털 금융서비스를 제공할 수 있다. 이처럼 완화적인 규제 환경과 강력한 경쟁 우위 등이 맞물리면서 빅테크 기업들은 금융업계에서 빠르게 시장 점유율을 확대하며 성장할 수 있었다.

초기에는 혁신적인 서비스 모델로 소비자들에게 긍정적인 반응을 얻었지만, 시장 지배력 확대 과정에서 소비자 후생 저해, 경쟁 제한 등의 문제가 발생하며 빅테크 기업에 대한 부정적인 인식이 점차 심화되었다.

더불어 전통적인 금융기관이 엄격한 규제를 받는 반면, 빅테크 기업은 상대적으로 완화된 규제 환경에서 운영되어왔다는 점에서 규제 형평성에 대한 우려가 지속적으로 제기되었다. 그 결과 금융산업 내 공정한 경쟁을 보장하기 위한 균형 잡힌 규제 체계 마련에 대한 논의가 전 세계적으로 활발히 이루어지고 있다.

전 세계 주요 국가들은 디지털 경제 시대의 급격한 변화에 발맞춰 핀테크에 대한 규제를 재정립하고 있으며, 특히 빅테크 기업들의 시장 지배력 남용을 방지하고 공정한 경쟁 환경을 조성하기 위한 반독점 규제에 초점을 맞추고 있다. 최근 주요 빅테크 기업들에 대한 반독점 조사와 제재 조치, 과징금 처분 등이 증가하는 추이를 보이고 있는데, 이는 글로

글로벌 시가총액 상위 10대 기업 중 빅테크 기업(2023년 5월 기준)

순위	사업자	국가	시가총액 (십억 달러)
1	애플(Apple)	미국	2,746.2
2	마이크로소프트(Microsoft)	미국	2,309.8
3	사우디 아람코(Saudi Arabian Oil Company)	사우디아라비아	2,055.2
4	알파벳(Alphabet)	미국	1,340.5
5	아마존(Amazon)	미국	1,084.1
6	엔비디아(NVIDIA)	미국	708.4
7	메타(Meta Platforms, 이전 Facebook)	미국	599.8
8	테슬라(Tesla)	미국	539.0
9	루이비통모에헤네시(LVMH · Louis Vuitton Moet Henessy)	프랑스	482.5
10	비자(Visa)	미국	477.4

출처: Statista

전 세계 주요국 핀테크·디지털 시장 사전규제 도입배경 및 주요내용

구분	도입배경 및 주요내용	법안명
EU	• (도입배경) 사후적인 경쟁법 집행 및 현행 규제만으로는 플랫폼 경제에서의 구조적인 문제나 이슈 등에 대응하기 어려움 • (주요내용) 일정 규모 이상의 핵심 플랫폼 사업자(게이트키퍼)에 대해 자사우대 행위 금지, 비공개 데이터 활용 금지, 데이터 이동성·호환성 보장 등 의무 부과 • (위반시 제재) 연매출액의 10% 이내 과징금 및 반복 위반시 20% 부과 • (향후 일정) 법 적용대상(게이트키퍼) 지정(23년 9월)→게이트키퍼와 협의 실시→의무 적용(24년 3월)	• EU 디지털 시장법(DMA) - 2023년 5월 시행
미국	• (도입배경) 디지털 시대에 혁신과 기업 활동을 보장하기 위해 신속하고 효율적인 대응 필요 • (주요내용) 사전에 거대 플랫폼 사업자를 지정하여 자사우대·차별 취급·인앱 결제 강제화 등에 대한 금지의무 부과 • (위반시 제재) 미국 내 총매출액의 15% 또는 미국 내 관련 매출액의 30% 범위 중 많은 금액으로 과징금 부여	• 미국의 혁신 및 선택을 위한 온라인법 (American Innovation and Choice Online Act) • 플랫폼 독점 종식법(Ending Platform Monopolies Act) 등
독일	• (도입배경) 디지털시장에서 거래의 투명성 등 공정거래질서를 확보하기 위해 경쟁감독기관이 조기에 효과적으로 개입할 필요성 증대 • (주요내용) 시장 지배적 사업자 사전지정 기준에 데이터 접근성 등 디지털시장의 특성 반영, 입점업체에 대한 충분한 정보 제공 의무 부과, 자사우대·데이터 이동·호환 방해 등 금지행위 유형 신설, 연방카르텔청에 전담 심결부 설치 • (위반시 제재) 연매출액 10% 이내 과징금	• 독일 경쟁제한방지법 (Act against Restraints of Competition, GWB) - 2021년 1월 개정시행

출처: 공정거래위원회, 언론보도

벌 핀테크 산업에서 정책 기조가 공정 경쟁과 반독점이 강화되는 추세로 전환되고 있음을 보여준다. 유럽연합은 빅테크 기업들의 데이터 결합 및 플랫폼 간의 연계 등 행위기반 규제 방식에 초점을 맞추고 있는 반면, 미국의 경우, 빅테크 기업의 금융산업 진출에 대한 직접적인 규제보다는, 플랫폼 사업을 통한 시장 지배력 남용 행위에 대한 감시를 강화하는 방향으로 규제를 추진하고 있다.

유럽연합 집행위원회European Commission는 디지털 시장에서 공정성과 투명성을 확보하기 위해 2020년 12월 '디지털 서비스법Digital Services Act, DSA'과 '디지털 시장법Digital Markets Act, DMA'을 발의했다. 두 법안 모두 2022년 7월 유럽의회로부터 최종 승인을 받았으며, 디지털 서비스법은 2022년 8월, 디지털 시장법은 2022년 11월에 공식 발효되었다. 온라인 플랫폼 소비자들의 권익 보호 및 정보의 투명성을 목적으로 제정된 디지털 서비스법은 디지털 서비스의 범위를 명확히 하고 콘텐츠, 상품, 서비스 측면에서 온라인 플랫폼의 책임과 의무를 규정함으로써 사용자 기본권 보호 장치를 강화하는 것을 목표로 한다.

주요내용으로는 특정 사용자 타깃 광고의 제한·금지, 사용자 권리 보호 강화, 정보 투명성 증대, 그리고 불법·유해 콘텐츠에 대한 대형 플랫폼의 책임 강화를 통한 불법 콘텐츠 방지 등이 포함되어 있다. 디지털 서비스법에서 정한 의무사항을 위반할 경우, 해당 기업은 글로벌 연간 매출액의 최대 6%까지 과징금을 부여받을 수 있다. 디지털 서비스법은 2023년 8월부터 대형 플랫폼과 검색엔진 사업자를 대상으로 우선 적용되었고, 2024년 2월 17일부터 전면 시행됨에 따라, 고용 근로자 수 50명 미만, 연 매출 1천만 유로 미만인 소규모·영세 기업을 제외한 EU 내 모든 온라인 플랫폼에 적용되었다.

디지털 시장법은 거대 플랫폼 사업자의 시장 지배력 남용을 방지하고 공정한 경쟁 환경 조성을 위해 제정된 법으로, 매출액, 시가총액, 이용자수, 사업 전망 등을 기준으로 특정 시장에서 독점적·지배적 지위를 가지고 있는 '게이트키퍼Gatekeeper'를 지정하는 기준을 설정한다. 게이트키퍼

디지털 서비스법(DSA) 적용 서비스 및 의무

구분	중개 서비스	호스팅 서비스	온라인 플랫폼	초대형 온라인 플랫폼
서비스 성격	• 단순도관서비스 • 캐싱(Caching) 서비스 • 호스팅 서비스	• 호스팅 서비스(저장)	• 호스팅 서비스 (저장 및 배포)	• EU 내 서비스의 월평균 활성 이용자수가 4,500만 명 이상 및 EU집행위원회가 지정한 서비스
서비스 유형	• 인터넷 접속 제공자 • 도메인명 등록 서비스 • 디지털 인증 발급서비스	• 클라우드 서비스 • 웹 호스팅 서비스	• 앱스토어 • 공유경제 서비스 • 소셜(미디어) 플랫폼 • 온라인 마켓 플레이스	• 앱스토어 • 공유경제 서비스 • 소셜(미디어) 플랫폼 • 온라인 마켓 플레이스
주의 의무	• 투명성 보고서 공개 • 연락처/법적대리인 지정	• 투명성 보고서 공개 • 연락처/법적대리인 지정	• 투명성 보고서 공개 • 연락처/법적대리인 지정	• 투명성 보고서 공개 • 연락처/법적대리인 지정
추가 의무	—	• 고지 및 조치 • 범죄 신고	• 고지 및 조치 • 범죄 신고 • 다크패턴 금지 • 온라인 마켓 플레이스 책임 • 온라인광고 투명성 • 추천 시스템 투명성 • 미성년자 정보 이용 규제 • 민감정보 이용규제	• 고지 및 조치 • 범죄 신고 • 다크패턴 금지 • 온라인 마켓 플레이스 책임 • 온라인광고 투명성 • 추천 시스템 투명성 • 미성년자 정보 이용 규제 • 민감정보 이용규제 • 위험 평가 • 독립 감사 • 데이터 공유 • 위기대응 협력

출처: 국회도서관, 김지현(2022), 'EU 디지털서비스법(안) 입법 동향'

란 마켓 플레이스, 앱스토어, 검색엔진, 소셜 네트워크 등과 같이 특정 시장에서 지배적인 지위를 차지하고 있는 플랫폼 사업자로, 시장에 상당한 영향력을 행사하고, 플랫폼 이용 사업자와 개인 소비자들 간 주요 접근 경로를 통제하는 기업을 의미한다.

디지털 시장법은 게이트키퍼 플랫폼 사업자가 일상적인 사업 활동에서 준수해야 할 의무와 책임을 부여함으로써 공정한 시장 환경을 조성하고자 한다. 디지털 시장법을 위반할 경우, 전 세계 매출의 최대 10%에 해당하는 과징금이 부과될 수 있으며, 반복 위반 시 과징금 한도가 20%로 높아질 수 있다. EU 집행위원회는 2023년 9월 알파벳(구글 모회사), 애플, 메타(페이스북), 아마존, 바이트댄스(틱톡 운영사), 마이크로소프트 등 6개 기업을 게이트키퍼로 지정했으며, 이들 기업이 운용 중인 22개 서비스에 대한 별도 의무사항을 부여한 바 있다.

더불어 2024년 7월, 유럽연합 집행위원회는 메타의 '유료 또는 동의' 모델이 디지털 시장법을 위반했다고 판단하고 본격적인 조사에 착수했다. 해당 모델은 사용자에게 광고를 보거나 유료 서비스에 가입하는 두 가지 선택지만 제공하여 소비자의 자유로운 선택권을 침해한다는 지적을 받고 있으며, 집행위원회는 2025년 3월까지 심층 조사를 진행한 후

EU 디지털 시장법(DMA)의 게이트키퍼 제한사항

게이트키퍼 의무사항 (Gatekeepers will have to)	게이트키퍼 금지사항 (But they can no longer)
• 사용자가 구독과 유사한 조건에서 핵심 플랫폼 서비스의 구독을 취소할 권리를 부여해야 함 • 운영체제를 설치할 때 가장 중요한 소프트웨어(예, 웹브라우저)를 기본값으로 하지 않아야 함 • 인스턴트 메시징 서비스(Instant Messaging Services)의 기본 기능의 상호 운용성을 보장해야 함 • 앱 개발자가 스마트폰의 보조적 기능(예, NFC 칩)에 공정하게 접근할 수 있도록 허용해야 함 • 판매자가 플랫폼의 마케팅 또는 광고 데이터에 접근할 수 있도록 허용 • EU집행위원회에 기업 결함을 통보해야 함(사전 신고)	• 자신의 상품 및 서비스를 다른 상품 및 서비스보다 유리하게 취급하지 말아야 함(자사우대 금지) • 서비스 중 수집된 개인 데이터를 다른 서비스의 목적으로 재사용하지 않아야 함 • 상업적 이용자에게 불공정한 조건을 요구하지 않아야 함 • 특정 소프트웨어 응용 프로그램을 사전 설치(Pre-install)하도록 강제하지 않아야 함 • 앱 개발자가 자신의 앱을 앱스토어에 등록되도록 하기 위해 특정 서비스(예, 결제시스템 또는 ID 제공자)를 사용하도록 요구하지 않아야 함

┃ 출처: 한국행정연구원 KIPA 규제동향, 최은진(2022), '디지털시장에서의 온라인 플랫폼 규제 동향', Council of the EU, Press release(2022)

빅테크 기업들의 EU 감시대상 서비스

기업	초대형 온라인 플랫폼	기업	초대형 온라인 플랫폼
알파벳	• 구글맵스 • 구글플레이 • 구글쇼핑 • 유튜브 • 검색 • 크롬 • 안드로이드 • 구글 애드	메타	• 페이스북 • 인스타그램 • 왓츠앱 • 메신저 • 마켓 플레이스 • 애드
아마존	• 마켓 플레이스 • 애드	바이트댄스	• 틱톡
애플	• 앱스토어 • 사파리 • iOS	마이크로소프트	• 링크드인 • 윈도우

출처: 언론보도

최종 결론을 내릴 예정이다.

　미국에서도 최근 반독점법에 대한 논의가 심화되면서 주요 이슈로 부상하였다. 2021년 6월 미 하원에서는 빅테크 기업의 독과점 규제를 강화하기 위해 5개의 반독점 법안으로 구성된 '더 강력한 온라인 경제: 기회, 혁신, 선택A Stronger Online Economy: Opportunity, Innovation, Choice'이라는 패키지 법안을 발의한 바 있다. 그러나 해당 법안들은 117대 미 의회에서 통과되지 못함에 따라 회기 만료로 2023년 1월 전부 폐기되었고, 결과적으로 미국에서 온라인 플랫폼에 대한 추가적인 규제 입법 추진은 불확실한 상황에 놓이게 되었다.

　그러나 2024년 9월, 워싱턴 D.C. 연방법원은 구글의 검색 사업 보호 조치가 반독점법을 위반한다고 판결하며, 구글을 사실상 독점 기업으로 규정함으로써 반독점 규제 방침을 명확히 했다. 이 소송은 2020년 10월 미국 법무부U.S. Department of Justice, DOJ가 구글이 스마트폰 제조업체들에게 거액을 지급함으로써 검색 시장의 90%를 장악하고, 독점적 지위를 남용하여 반독점법을 위반했다고 제소하면서 시작되었다. 법원은 구글이 일반 검색 서비스 및 텍스트 광고 시장에서 독점적 배포 계약을 체결하여 경쟁을 부당하게 제한하고 시장 지배력을 남용했다고 판단하고, 이는 독점, 독점 기도, 독점 공모를 금지하는 셔먼 반독점법Sherman Antitrust Act 제2조에 대한 위반에 해당한다고 결론지었다.

해당 판결은 IT 산업의 경쟁 환경에 새로운 법적 기준을 제시하고, 빅테크 기업의 독과점적 지위 남용에 경종을 울린 사건으로 평가되며, 산업 전반에 상당한 파장을 미칠 것으로 예상된다. 특히 구글의 반독점 소송 패소는 중요한 선례로 작용하여, 향후 유사한 소송에서 애플, 메타, 아마존 등 동종 업계 기업들에게도 영향을 미칠 가능성이 크다.

한편, 미 법무부가 2024년 3월 애플을 상대로 반독점 소송을 제기하면서, 미국을 대표하는 빅테크 기업인 구글, 애플, 아마존, 메타가 모두 미 정부와의 반독점 소송에 직면하거나 소송 절차를 진행할 예정이다. 미 법무부는 2023년 8월 구글의 검색 시장 독점에 대해, 미 연방거래위원회Federal Trade Commission, FTC는 2023년 9월 아마존의 전자상거래 시장 독점에 대해 반독점 소송을 연달아 시작했다. 또한, FTC는 2020년 12월 메타가 인스타그램Instagram과 왓츠앱WhatsApp을 불법적으로 인수해 소셜미디어 시장의 경쟁을 저해했다고 보고 소송을 제기했으나 기각된 바 있으며, 추가 증거를 제출하며 소송을 재준비 중이다. 이러한 독점 규제 소송의 향후 전개는 빅테크 산업의 미래를 좌우할 중요한 분수령이 될

미국의 빅테크 관련 반독점 소송

피고	원고	소송쟁점
구글	미 법무부	소송 제기 시기 ▶ 2020년
		검색엔진 독점 위해 애플 등에 금전적 대가를 지불하고 선탑재
		▶ 2023년
		디지털 광고 기술 독점으로 경쟁 배제
아마존	미 연방거래위원회(FTC)	▶ 2023년
		판매자를 압박해 아마존 쇼핑몰의 가격만 낮추어 공정 경쟁 방해
메타	미 연방거래위원회(FTC)	▶ 2020년
		인스타그램 및 왓츠앱 인수는 시장 독점에 해당
마이크로소프트	미 연방거래위원회(FTC)	▶ 2023년
		게임 콘솔시장 및 클라우드 게이밍 시장 독점

출처: 동아일보(2024), '구글, 검색시장 불법독점… 美 '빅테크 규제 첫 판결'

것으로 전망된다.

  이 외에도 공정 경쟁을 촉진하기 위한 논의의 일환으로, 플랫폼 간 상호 운용성 보장, API에 대한 공통 기술 표준 개발, 다양한 상품 및 서비스를 저렴한 가격으로 패키지로 제공하는 번들링Bundling에 대한 제한, 차별적 접근 조건 금지, 그리고 플랫폼 내 자사 상품 판매 제한 등의 사안이 영국, 독일, 인도 등 다양한 국가에서 논의되고 있다. 특히 인도 정부는 전자상거래 플랫폼이 자사 계열사 제품을 우선적으로 판매함으로써 발생하는 시장 왜곡을 방지하고, 모든 판매자가 동등한 기회를 가질 수 있도록 자사 계열사 제품의 우선 판매를 금지하는 정책을 제시한 바 있다.

금융의 보편적 가치 관련 글로벌 규제 트렌드

최근 핀테크와 금융의 보편적 가치를 재검토하는 다양한 제언들이 나오면서 금융산업 규제의 변화와 개혁이 추진되고 있다. 데이터 및 경쟁구도 관련 규제는 개인정보 보호, 데이터 보안, 경쟁정책 측면에서 금융서비스 정책의 방향을 제시하는 반면, 금융의 보편적 가치에 대한 규제는 시대적 요구에 따라 변화하는 금융의 기본 원칙을 구체적인 지침과 규제로 전환하고 반영하는 역할을 한다.

금융의 보편적 가치에 관한 규제 개혁은 디지털 경제의 거버넌스 체계를 수립하기 위한 필수적인 기본 단계로서, 데이터와 경쟁구도 관련 규제를 추진하고 강화하는 데 중요한 기반이 된다. 금융의 보편적 가치에 대한 규제의 본질은 금융 규제의 목적, 원칙, 도구 등을 재구성하여 새로운 리스크를 최소화하는 데 있다. 금융의 보편적 가치 관련 현재 주요 국가들은 사회 전반의 복지Social Welfare 향상을 규제 개혁의 궁극적인 목표로 지향하고 있으며, 이와 관련된 국제적 논의는 주로 ①경제적 효율성 증대, ②금융 안정성 강화, ③시장 무결성 확보, ④소비자 보호, ⑤운영 탄력성 확보, ⑥자금세탁 방지, ⑦공정 경쟁 환경 조성에 초점을 맞추어 전개되고 있으며, 이에 대한 구체적인 내용은 다음과 같다.

① **경제적 효율성 증대**: 금융시스템이 원활하게 작동하고 자원이 효율적으로 배분될 수 있게 함으로써 경제적 효율성을 강화하는 것을 의미
예) 금융시장 정보 비대칭 해소, 금융시장의 진입 및 퇴출장벽 최소화를 통한 경쟁 촉진, 부실 금융기관의 퇴출 등

② **금융 안정성 강화**: 금융시스템이 급격한 시장 변동이나 금융기관의 실패로 인한 금융위기를 예방하고 경제 전체에 미치는 영향을 최소화

예) 금융기관의 재무 건전성 강화, 금융시장의 투명성 제고, 금융기관의 위험관리 강화, 금융위기 대응 체계 구축 등

③ **시장 무결성 확보**: 시장의 투명성과 공정성을 보장하여 참여자들이 합리적 경제 결정을 내릴 수 있도록 함으로써 시장의 신뢰를 강화

예) 시장 감시 강화, 금융상품과 서비스에 대한 명확한 정보 제공, 금융기관 내부 통제 시스템 강화 등

④ **소비자 보호**: 금융상품과 서비스 이용 시 소비자의 권익 보호와 부당한 피해 예방

예) 정보 투명성 강화로 소비자의 합리적 의사결정 지원, 부당 거래 행위 규제, 소비자 피해 구제 조치 등

⑤ **운영 탄력성 확보**: 금융기관이 사이버 공격이나 자연재해 등 위기 상황에 적응하고 극복할 수 있는 역량을 강화

예) 리스크 관리 강화, 위기 대응 역량 증대, 건전성 지표 강화, 자본금 유지, 정부 지원 강화 등

⑥ **자금세탁 방지**: 비자금이나 탈세 등 범죄 행위로 얻어진 수익을 불법적으로 조작하여 자금 출처를 은폐하거나 합법적 자금으로 전환하려는 시도 방지

예) 의심 거래 신고, 고객 신원 확인 제도, 금융거래 기록 보관 조치 등

⑦ **공정 경쟁 환경 조성**: 금융기관이 동등한 조건에서 공정하게 경쟁할 수 있도록 사회적 불평등과 과도한 이익 추구 방지

예) 담합 및 가격 협의 금지, 금융기관의 인수합병 규제, 시장 지배력 제한 조치 등

금융의 보편적 가치와 관련된 최근 규제 중 영향력과 중요성 측면에서 주목할 만한 법안은 다음과 같다.

유럽연합 지속가능금융공시규정
Sustainable Finance Disclosure Regulation, SFDR

지속가능금융공시규정은 유럽연합EU의 지속가능금융 행동계획Sustainable Finance Action Plan의 일환으로 2019년 11월 발표되어 2021년 3월부터 시행되었다. 이 규정은 금융기관이 투자자산의 지속가능성 관련 위험과 해당 투자가 사회와 환경에 미치는 영향을 공시하도록 의무화한다. 2023년 12월 4일, 유럽금융감독기구ESA는 SFDR을 보완하기 위한 기술적 세부규칙Regulatory Technical Standards, RTS에 대한 최종 보고서를 발표했다. 이 보고서는 지속가능한 투자 공시 강화, 투자 결정이 지속가능성에 미치는 주요 부정적 영향을 측정하는 PAI 지표의 추가 도입, 온실가스 배출 감소 목표와 관련된 공시 강화 등 금융상품의 환경 및 사회적 영향을 보다 명확하게 평가하고 보고할 수 있도록 규정을 강화하는 내용을 포함하고 있다.

유럽연합 디지털 업무 탄력성법
Digital Operations Resilience Act, DORA

유럽연합EU은 2022년 7월 금융서비스 부문에서 디지털 운영의 회복 탄력성을 강화하기 위해 디지털 업무 탄력성법을 제정했다. DORA는 금융 부문 내 정보통신기술ICT 리스크를 포괄적으로 관리하고 규제하는 것을 주요 목적으로 한다. 이 법은 리스크 관리, 사건 보고, 디지털 업무 탄력성 테스트, ICT 서드파티 리스크 관리, 정보 공유 등 다양한 ICT 리스크 관리 영역을 포함하며, 금융기관의 디지털 운영 안정성을 보장하기 위한 체계를 마련하고 있다. DORA는 2025년 1월부터 시행될 예정으로, 금융서비스 부문에 디지털 리스크 관리와 대응 역량 강화를 요구하는 중요한 법적 틀을 제공한다.

EU 기업 지속가능성 보고지침
Corporate Sustainability Reporting Directive, CSRD

2023년 10월 18일, EU 의회는 지속가능성 보고지침CSRD의 기반인 유럽 지속가능성 공시기준ESRS 채택 반대 결의안을 부결했다. 이에 따라 CSRD의 시행이 확정되었으며, 약 5만 개 이상의 기업이 ESG 정보 공시의무를 부담하게 된다. CSRD는 기존 비재무보고지침Non-Financial Reporting Directive, NFRD보다 적용 범위가 확대되어 EU 내 자회사를 둔 비EU 기업까지 포함하며, EU 소재 및 임직원 500명 이상의 은행, 보험사 등 NFRD에 해당되었던 금융기관들도 CSRD의 적용 대상이 된다. 2024 회계연도부터 NFRD 대상 기업은 CSRD 기준에 따라 공시해야 하며, 2025 회계연도부터는 일정 자산, 매출, 직원 수 기준을 충족하는 기업도 포함된다. 2026년부터는 상장 중소기업과 금융기관 등도 CSRD의 적용을 받게 된다. 그러나 산업별 ESRS 채택은 2년 연기되었으며, 농림어업, 석유 및 가스, 자동차 등 특정 산업에 대한 표준 시행과 비EU 기업 대상 적용 시점도 지연되었다.

유럽연합 기업 지속가능성 실사지침
Corporate Sustainability Due Diligence Directive, CSDDD

EU의 기업 지속가능성 실사지침은 2024년 7월 25일 발효되었다. 2022년 2월 EU 집행위원회의 제안 이후 수년간의 심의를 거쳐 채택된 이 지침은 일정 기준을 충족하는 EU 내외 기업들에게 공급망 전반에서 자사, 자회사, 협력사의 활동에 대한 인권 및 환경 실사를 의무화한다. 이 지침이 포함하는 공급망의 범위는 생산부터 소비에 이르는 모든 단계로, 원자재 조달, 제조, 유통, 운송 등이 주요 실사 대상이며, 실사 항목에는 아동노동 금지와 노동권 보장 같은 인권 문제와 함께, 생물다양성 보호 및 폐기물 관리 등 환경 요소가 포함된다. 임직원 500명 이상의 EU 상장사 및 은행, 보험사 등 금융권도 적용 대상에 해당된다. 금융산업은 초기 단계에서 업스트림(공급망의 초기 단계)에 실사가 적용되며, 발효 후 2년 내에 다운스트림(최종 소비자와 연결된 단계)으로의 확대 여부가 재검토될 예정이다. 해당 지침을 준수하지 않을 경우 기업은 전 세계 매출의 최대 5%에 해당하는 벌금을 부과받을 수 있다.

미국 자금세탁방지법
Anti-Money Laundering Act of 2020

2021년 1월 미국 의회를 통과한 자금세탁방지법은 자금세탁 및 테러자금조달 방지를 위한 수십 년 만의 가장 포괄적인 개혁으로 평가된다. 이 법은 미 법무부와 재무부가 미국 내 환거래계좌를 보유한 해외 은행에 대해 금융거래정보 제출을 요구할 권한을 크게 확대하여, 미국 외부에서 관리되는 기록까지 포함할 수 있도록 했다. 이에 불응 시 법정모독

죄 처벌 및 최대 5만 달러의 민사벌금이 부과될 수 있으며, 미국 금융기관은 해당 은행과의 거래 종료 지시를 받을 수 있다. 또한, 금융회사가 아닌 일정 조건의 법인도 금융범죄단속네트워크Financial Crimes Enforcement Network, FinCEN에 실소유자 정보를 제출해야 하며, 일부 조건을 충족하는 법인은 신고 의무에서 면제될 수 있다. 신고의무 위반 시에는 민사벌금, 형사벌금, 또는 징역형이 부과될 수 있어 미국 내 사업을 영위하는 기업과 금융기관에 상당한 영향을 미칠 것으로 보인다.

미국 기후 공시 의무화 규칙
The Enhancement and Standardization of Climate-Related Disclosures for Investors: Final Rules

미국 증권거래위원회SEC의 기후 공시 의무화 규정이 2023년 3월 6일 통과되어, 기업들에게 기후 리스크와 온실가스 배출량 등 기후 관련 정보를 공시하도록 의무화되었다. 이 규정은 2025년부터 단계적으로 시행될 예정이며, 미국 내 상장된 모든 금융 및 비금융 기업들은 비즈니스 전략과 재무 상태에 중대한 영향을 미치는 기후 관련 위험, 배출량(Scope 1 및 Scope 2), 기후변화 대응 계획 등을 공시해야 한다. 국내 기업 중 미국에 상장된 기업들은 이 규정의 공시 의무를 지게 되며, 미국 상장사 공급망에 포함된 기업들 또한 간접적인 영향을 받을 수 있다.

글로벌 핀테크 및 디지털 금융 규제 동향은 데이터, 경쟁 구도, 금융의 보편적 가치라는 세 가지 핵심 측면에서 분석할 수 있다. 이러한 요소들은 단순히 개별 국가의 문제를 넘어 전 세계적으로 중요한 이슈로 부각되고 있으며, 국제적 차원의 논의를 촉발하고 있다. 국제기구들은 핀테크와 디지털 금융 규제의 글로벌 표준을 확립하기 위한 다각적 논의를 활발히 전개하고 있으며, 주요 국가들도 이 과정에 적극적으로 참여하고 있다. 이는 각국의 규제 체계가 개별적으로 운영되던 기존의 방식을 넘어, 국제기구를 중심으로 글로벌 금융 환경 전반에서 통합적이고 일관된 규제 프레임워크를 구축하려는 움직임을 보여준다.

이와 같은 국제적 협력과 규제 강화는 핀테크 산업의 발전을 촉진하면서도 시장의 투명성과 신뢰성을 높이고, 데이터 보안 및 소비자 보호와 같은 금융의 보편적 가치를 수호하기 위한 필수적인 단계로 평가된다. 국제사회의 이러한 노력은 향후 글로벌 금융시장의 안정성과 지속가능성을 도모하며, 각국의 경제 성장과 혁신적 금융서비스 제공을 위한 기반을 공고히 하는 중요한 기초가 될 것이다.

핀테크·디지털 금융 관련 글로벌 규제 주요 논의사항

디지털자산 관련 글로벌 규제 동향

최근 글로벌 핀테크 및 디지털 금융 규제의 주요 이슈 중 하나로 디지털자산이 부각되고 있다. 디지털자산(또는 가상자산)은 블록체인 기술을 기반으로 발행되어 전자적으로 거래 또는 이전될 수 있는 경제적 가치를 지닌 전자적 증표를 의미하며, 기존 금융시스템에 혁신적 영향을 미칠 잠재력을 지니고 있으나, 투자자 보호, 시장 안정성, 자금세탁 방지 등의 측면에서 다양한 리스크가 존재하여 규제의 필요성이 대두되고 있다.

바젤은행감독위원회의 은행 디지털자산 익스포저에 대한 건전성 규제 체계

◆◆ 은행의 암호자산 익스포저에 대한 건전성 규제 체계

분류 조건	내용
① 형태	• 토큰화된 전통자산 또는 안정화 메커니즘 기반의 암호자산 형태일 것
② 법률·결제 체계	• 암호자산 구조상 모든 계약적 권리·의무 및 이해관계가 명확히 정의되고 환매·발행·결제를 보장하는 법적 체계가 갖추어져 있을 것
③ 리스크관리 인프라	• 암호자산의 기능이나 운영 네트워크가 결제의 완결성, 환매·이체 가능성 등의 손상을 초래할 수 있는 중대한 리스크를 충분히 관리할 수 있도록 설계·운영될 것
④ 감독체계	• 암호자산의 환매·이체 및 결제 완결성을 실행하는 기관이 적절하게 규제되고 감독될 것

◆◆ 은행의 암호자산 익스포저에 대한 건전성 규제 체계*

Group 1

분류조건 ①~④를 모두 충족하는 암호자산

토큰화된 전통자산(Group 1a)
스테이블 코인(Group 1b)

기본적으로 기존 바젤 규제체계에 따라 자본규제를 적용하되,

- 인프라 리스크에 추가자본 규제
- 안정화 메커니즘 요건을 완전히 통과하지 못하는 스테이블 코인에 추가자본규제

Group 2

분류조건 ①~④를 완전히 충족하지 못하는 암호자산

토큰화된 전통자산, 스테이블 코인 무담보(Unbacked) 암호자산 등

| 해지 인식 조건 충족 (Group 2a) | 포지션 상계(netting)를 허용하여 순포지션에 100% 자본부과 |
| 해지 인식 조건 미충족 (Group 2b) | 1,250% 위험가중치(RW) 적용 |

총 익스포저 한도 규제(기본자본의 1%)

기타 해당사항 : 운영리스크, 유동성조건, 레버리지비율, 거액익스포저 한도, 감독, 공시요건

┃ 출처: 한국은행(2022), '가상자산 규제 관련 주요 이슈 및 입법 방향'
　* 2차 공개 협의안에서 새로 도입된 내용을 점선 박스로 표시

이러한 세계적인 흐름을 고려하여 국제결제은행Bank for International Settlements, BIS의 바젤은행감독위원회Basel Committee on Banking Supervision, BCBS는 2022년 6월, 바젤 ⅢBasel III 규제체계에 부합하는 은행의 디지털자산 익스포저에 대한 건전성 규제 방안 및 가이드라인Consultative Document: Second Consultation on the Prudential Treatment of Cryptoasset Exposures을 발표했다. 이 가이드라인은 2019년 12월 논의의 후속 문서로, 주요 업계 참여자로부터 수렴된 32개의 공개 의견을 반영해 마련되었으며, 은행이 디지털자산 익스포저에 대해 최소한의 기준을 준수하도록 설계되었다. 제안된 기준은 기술 중립적으로 설계되었으며, 디지털자산과 유사성이 있지만 바젤 Ⅲ 프레임워크에 따라 규제되는 전통적인 자산의 처리 기준을 기반으로 한다. 해당 가이드라인은 디지털자산과 관련된 잠재적인 운영 리스크, 신용 리스크 및 시장 리스크를 식별하고 디지털자산에 대한 보수적인 인식·처리 방안을 제안하고 있다.

국제통화기금International Monetary Fund, IMF 또한 2023년 2월 '디지털자산 규제의 핵심요소Elements of Effective Policies for Crypto Assets'라는 정책 권고안을 발표했다. 이 권고안은 디지털자산 생태계의 확대로 인해 국가 통화정책의 효율성이 저하되고, 재무 리스크가 심화될 가능성을 경고하며, 거시경제 안정성, 금융 안정성, 소비자 보호, 시장 및 금융의 무결성을 확보하기 위한 디지털자산 정책 프레임워크와 이에 필요한 9가지 핵심요소를 제안하고 있다.

금융안정위원회Financial Stability Board, FSB도 2020년 10월 '글로벌 스테이블코인 규제, 감독, 감시Regulation, Supervision and Oversight of Global Stablecoin Arrangements'를 발간하며 각국의 이행을 권장하는 10가지 권고사항을

IMF의 디지털자산 관련 리스크 대응을 위한 정책·규제 프레임워크

거시 금융 측면의 리스크

Element 1
가상화폐를 공식 통화 또는 법정 통화로 인정하지 않고 통화정책 프레임워크를 강화하여 통화 주권과 안정성을 보호

Element 2
과도한 자본 유출입 변동성 대비 및 자본 유출입 관리방안 효과성 유지

Element 3
가상화폐의 재정적 위험을 분석 및 공시하고 가상화폐에 대한 명확한 과세 방안 정립

법적, 규제적 측면 리스크

Element 4
가상화폐의 법적 지위를 명확히 하고, 가상화폐 거래 및 사용에 따른 법적 위험을 해결

Element 5
모든 시장 참여자에 대한 규제·감독요건 등을 개발하고 시행

Element 6
감독기관들 간 공동 모니터링 프레임워크 구축

글로벌 협력 & 국제기구 역할

Element 7
가상화폐 규제의 감독과 규제 시행을 강화하기 위해 국제 협력 체계를 구축

Element 8
가상화폐가 국제 통화 시스템의 안정성에 미치는 영향을 모니터링

Element 9
국제 협력을 강화하여 국경 간 결제·금융서비스를 위한 디지털 인프라 및 대안적 솔루션 개발

출처: IMF(2023), 'Elements of Effective Policies For Crypto Assets', 저자 재작성

제시했다. 이후 FSB는 국제기준제정기구Standard Setting Bodies, SSBs 및 기타 국제기구와 협력하여 디지털자산 시장의 발전, 스테이블코인의 특성, 규제 계획 및 최근 시장 변화를 반영한 개정 권고사항을 담은 '글로벌 스테이블코인 규제, 감독, 감시에 대한 권고사항 리뷰Review of the FSB High-level Recommendations of the Regulation, Supervision and Oversight of Global Stablecoin Arrangements'를 2022년 10월에 발표했다.

이어 금융안정위원회는 2023년 7월, '디지털자산 활동을 위한 글로벌 규제 프레임워크FSB Global Regulatory Framework for Crypto-Asset Activities'를 발

표하며 규제 및 감독 방식의 포괄성과 일관성을 촉진하고자 했다. 이 프레임워크는 '디지털자산 활동 및 시장에 대한 규제, 감독, 감시에 대한 권고사항High-level Recommendations for the Regulation, Supervision and Oversight of Crypto-asset Activities and Markets: Final report'과 '글로벌 스테이블코인 규제, 감독, 감시에 대한 권고사항High-level Recommendations for the Regulation, Supervision and Oversight of Global Stablecoin Arrangements: Final Report'이라는 두 가지 권고사항으로 구성되며, '동일 기능, 동일 리스크, 동일 규제' 원칙을 기반으로 디지털자산 활동과 스테이블코인의 리스크에 비례하여 일관성 있는 규제를 위한 기반을 제공하고 있다.

이 외에도 2023년 1월 개최된 세계경제포럼World Economic Forum, WEF에서는 주요국 정상, 학계 및 사회 각계 리더들이 모여 국제적 현안을 논의했으며, 이 자리에서 참석자들은 디지털자산의 잠재력과 혁신성을 인정하는 한편, 이에 대한 정책적 대응의 필요성을 강조하였다. 세계경제포럼은 같은 해 5월, 디지털자산 규제에 대한 글로벌 접근방식 개발을 위한 요구사항과 과제를 분석한 '디지털자산 규제 경로: 글로벌 접근방식Pathways to the Regulation of Crypto-Assets: A Global Approach'을 발간했다. 이 백서는 다양한 국가에서 채택 중인 규제 접근방식을 분석하며, 정부, 감독기관 및 정책기관, 산업 및 학계 전문가들로 구성된 디지털 통화 거버넌스 컨소시엄Digital Currency Governance Consortium의 의견을 종합하여 책임 있는 글로벌 디지털자산 생태계 구축을 위한 방향을 제시하고 있다.

금융안정위원회의 디지털자산 활동 및 시장 규제, 감독, 감시에 대한 9가지 권고사항 주요내용

권고사항	주요내용
1. 규제 권한 및 도구	• 감독기관은 디지털자산 활동과 시장을 규제, 감독, 감시하고 관련 법규를 효과적으로 집행할 수 있는 적절한 권한과 도구, 그리고 자원을 보유하고 활용해야 함
2. 일반 규제 체계	• 감독기관은 (가상화폐 발행자 및 서비스 제공자를 포함한) 가상화폐 활동 및 시장에 대해 기능 및 내재된 금융 안정성 리스크에 비례하여 포괄적이고 효과적인 규제, 감독 및 감시를 적용해야 함 • 이는 '동일한 활동, 동일한 위험, 동일한 규제'라는 원칙에 따라야 함
3. 국경 간 협력, 협조 및 정보 공유	• 감독기관은 각자의 의무를 이행하는 데 있어 (국제적 또는 국내적으로) 상대 기관을 적절히 지원하기 위해 효율적인 의사소통, 정보 공유 등을 통해 서로 협력해야 함
4. 거버넌스	• 금융 안정성에 잠재적 위험을 방지하기 위해 감독기관은 디지털자산 발행자 및 서비스 제공업체들이 포괄적인 거버넌스 프레임워크를 구축하고 이를 공개하도록 요구해야 함 • 거버넌스 프레임워크는 해당 업체의 특성과 활동 또는 관련 시장에 따라 달라질 수 있으나, 명확하고 직접적인 책임 라인을 포함해야 함
5. 리스크 관리	• 감독기관은 디지털자산 서비스 제공업체에게 효과적인 리스크 관리 프레임워크를 구축하도록 요구해야 함 • 프레임워크는 업체의 위험 수준, 규모, 복잡성 및 시스템적 중요성, 그리고 업체가 참여하는 활동이나 시장에 의해 발생할 수 있는 금융 안정성 리스크에 비례해야 하며, 해당 업체의 활동과 관련된 모든 실질적 리스크를 포괄적으로 다루어야 함
6. 데이터 수집, 기록 및 보고	• 감독기관은 필요에 따라 디지털자산 발행자 및 서비스 제공업체에게 리스크, 규모, 복잡성 및 시스템적 중요성에 비례한 강력한 프레임워크를 구축하도록 요구해야 함 • 프레임워크에는 관련 정책, 절차 및 인프라를 포함하여 데이터 수집, 저장, 보관 및 정확하고 신속한 보고를 위한 시스템 및 프로세스가 포함되어야 하며, 감독기관은 감독 업무를 수행함에 있어 필요한 데이터에 접근할 수 있어야 함
7. 공시	• 감독기관은 디지털자산 발행자 및 서비스 제공업체가 사용자 및 이해관계자에게 거버넌스, 리스크 프로파일, 운영 및 재무 정보, 제공하는 상품·서비스 및 수행 업무에 관해 명확하며 투명한 정보를 포괄적으로 제공하도록 요구해야 함
8. 상호연결·상호의존성 리스크 관리	• 감독기관은 상호 연결성 및 상호 의존성으로 인해 발생하는 금융 안정성 리스크를 해결하기 위해 디지털자산 생태계 내 또는 외부 금융시스템과의 상호 연결성을 파악하고 모니터링해야 함
9. 통합 디지털자산 서비스 제공자에 대한 포괄적 규제	• 감독기관은 여러 기능이나 활동을 결합·통합하여 서비스를 제공하는 디지털자산 서비스 제공업체 및 그 관계사가 개별 기능의 결합으로 인해 발생하는 리스크를 포괄적으로 관리할 수 있도록 적절히 규제, 감독 및 감시해야 함

┃ 출처: Financial Stability Board(2023), 'High-level Recommendations for the Regulation, Supervision and Oversight of Crypto-Asset Activities and Markets', 저자 재작성

AI 관련 글로벌 규제 동향

디지털자산과 더불어 최근 몇 년간 글로벌 규제 환경에서 가장 논의의 중심에 있는 이슈 중 하나는 단연 인공지능AI이다. 금융기관들은 AI 기술을 적극 도입하여 업무 자동화, 신용평가, 투자자문, 사기 및 부정방지 등 다양한 영역에서 혁신을 이루며, 새로운 가치 창출과 고객 경험 혁신

AI 이해하기: 도구, 기술 및 인에이블러

AI 적용/채택	• 증강 현실 연구 (마케팅, 의학, 과학 등) • 자율주행 차량 및 드론 • 제스처 인식 등 생체 인식 • 확장 현실 • 제너러티브 디자인 • 지능형 에이전트	• 예측 시스템 (유지보수, 소매, 거래 등) • 추천 시스템 • 로봇 프로세스 자동화 • 테스트, 음성, 이미지 및 비디오 인식
핵심 AI 기술	머신러닝 • 딥러닝 • 신경망 • 강화 학습 • 지도 학습 • 비지도 학습 구현 • 자율 로봇공학 • 인간 증강	규칙 기반 추론 • 의사결정 • 전문가 시스템 • 지식 표현 • 기획 및 스케줄링 • 검색 및 최적화 지각 • 증강 및 가상 현실 • 머신 비전 • 자연어 처리
AI 인에이블러 (Enablers) 및 지원인프라	• 사이버 보안 • 데이터 분석 • 윤리와 책임 • 구조화된 데이터와 구조화되지 않은 데이터	• 클라우드 • 고속 인터넷 및 프로세서 • 센서, 사물인터넷 • 휴대폰 및 기기 • 로봇공학

| 출처: World Economic Forum, Adopting AI Responsibly: Guidelines for Procurement of AI Solutions by the Private Sector

을 추구하고 있으나, 동시에 AI의 확산으로 인한 사회적 영향, 윤리적 딜레마 등에 대한 우려 또한 심화되었다. 더불어 AI가 글로벌 가치 사슬에서 차지하는 비중이 커짐에 따라, AI의 윤리적 활용과 관련된 규제 체계 마련에 대한 요구가 증대하고 있으며, 이에 대한 국제적인 공론화가 점차 이루어져왔다.

이후 2022년 11월 오픈AIOpenAI의 ChatGPT 출시를 계기로 생성형 AI 기술에 대한 사용자와 기업의 관심이 전 세계적으로 빠르게 확산되었으며, 기술의 상용화 및 AI 시대 도래에 대한 기대와 함께 부작용에 대한 우려도 높아지면서 AI에 대한 구체적이고 실질적인 규제 체계 도입이 더욱 가속화되었다. 그 결과 AI 규제 정책의 방향 설정과 입법 움직임이 강화되고 있으며, 다수의 국가와 기업이 AI 기술의 개발, 확산, 초기 적용 단계에서 정책 수립을 활발히 추진하고 있다.

초기 논의로는, 2019년 제41차 유엔 인권이사회United Nations Human Rights Council, UNHRC에서 '신기술과 인권New and emerging digital technologies and human rights' 결의안이 채택되었다. 이는 AI가 인류에게 미칠 영향이 커지고 있는 상황에서, 인권 보호를 위한 국제사회의 노력이 더욱 중요해지고 있음을 보여준다. 한국은 핵심제안국으로 참여하여 결의안 상정을 이끌었다. AI는 의료, 교육, 교통 등 다양한 분야에서 인간의 삶을 개선할 수 있는 잠재력을 가지고 있지만, 한편으로는 차별, 편견, 감시 등 인권침해 위험도 내포하고 있다. 해당 결의안은 AI의 개발과 활용 과정에서 인권 보호의 필요성을 강조하며 인권을 보호하고 증진하기 위한 원칙을 제시하고, 신기술과 인권을 종합적으로 다루었다는 점에서 의미가 있다.

OECD가 제시한 신뢰 가능한 인공지능 10대 권고안 중 AI 관련 가치 기반 원칙

구분	구성요소	주요내용
가치 기반 원칙	1. 포용적 성장, 지속 가능한 개발 및 웰빙	• 모든 이해관계자들은 인간의 능력 강화, 창의성 향상, 소외된 계층의 포용, 경제적, 사회적, 성별 불평등 및 기타 불평등의 해소 등을 통해 AI의 책임감 있는 관리에 적극적으로 참여
	2. 인간 중심 가치와 공정성	• AI 이해관계자들은 AI 시스템의 전체 수명 주기 동안 법치, 인권 및 민주적 가치를 존중해야 함. 이는 자유, 존엄성 및 자율성, 개인정보 및 데이터 보호, 무차별 및 평등, 다양성, 공정성, 사회정의 및 국제적으로 인정된 노동권을 포함
	3. 투명성 및 설명 가능성	• AI 이해관계자들은 AI 시스템을 투명성과 책임감 있게 공개해야 하며, 상황에 적합하고 의미 있는 정보를 제공해야 함
	4. 견고성, 보안 및 안전	• AI 시스템은 전체 수명 주기 동안 견고하고 안전하며 안전해야 하며, 기타 악조건에서도 적절하게 기능하고 안전 위험을 초래하지 않아야 함 • AI 시스템 수명 주기 동안 생성된 데이터 세트, 프로세스 및 결정과 관련하여 추적 가능성을 확보해야 함 • AI 시스템의 수명 주기 각 단계에 지속적으로 체계적인 위험관리 접근방식을 적용하여 AI 시스템과 관련된 위험을 해결해야 함
	5. 책임성	• AI 이해관계자는 AI 시스템의 올바른 기능과 위의 원칙 준수에 대해 책임감을 가져야 함

출처: OECD(2019, 2023), 'Recommendation of the Council on OECD Legal Instruments Artificial Intelligence'

    더불어 같은 해 5월 22일, 경제협력개발기구OECD 디지털경제정책위원회Committee on Digital Economy Policy, CDEP의 제안에 따라 OECD 회의에서 AI에 관한 권고안이 채택되었다. 이는 국가 간 합의로 마련된 최초의 AI 표준으로, 인권과 민주적 가치를 존중하며 신뢰할 수 있는 AI의 책임 있는 활용을 통해 혁신과 신뢰를 증진하는 것을 목표로 한다. 또한, 개인정보 보호, 디지털 보안 위험관리, 책임 있는 기업 활동 등 기존 OECD 표준을 보완하며, AI에 특화된 문제에 중점을 두고 있다.

    해당 권고안은 두 가지 주요 제안을 포함하고 있다. 첫 번째로, 신뢰할 수 있는 AI의 책임 있는 활용을 위해 ①포용적 성장과 지속가능한 개발 및 웰빙Inclusive Growth, Sustainable Development and Well-being, ②인간 중심 가치와 공정성Human-centred Values and Fairness, ③투명성 및 설명 가능성 Transparency and Explainability, ④견고성, 보안 및 안전Robustness, Security and Safety, ⑤책임성Accountability이라는 다섯 가지 상호 보완적 가치 기반 원칙Values-based Principles을 제시하였다.

두 번째 제안으로, 국가 정책 및 국제 협력을 통한 신뢰할 수 있는 AI 구현을 위해 정책 입안자들에게 ①AI 연구 및 개발에 대한 투자Investing in AI Research and Development, ②AI를 위한 디지털 생태계 조성Fostering a Digital Ecosystem for AI, ③AI 촉진을 위한 정책 환경 구축Shaping an Enabling Policy Environment for AI, ④인적 역량 강화 및 노동시장 변화에 대비Building Human Capacity and Preparing for Labour Market Transformation, ⑤신뢰할 수 있는 AI를 위한 국제 협력 강화International Co-operation for Trustworthy AI라는 다섯 가지 정책 권고Recommendations for Policy를 제시하고 있다.

2019년, G20도 AI의 잠재력과 리스크에 대한 국제적 논의에 주도적으로 참여했다. 디지털 경제 태스크포스Digital Economy Task Force, DETF의 주도 아래, AI 기술에 대한 공공의 신뢰를 증진하고 그 잠재력을 실현하기 위해 일본 츠쿠바에서 G20 장관들은 OECD AI 권고안을 바탕으로 AI의 개발, 사용 및 규제에 대한 인간 중심적 접근을 강조한 비구속적 G20 AI 원칙을 채택했다.

G20 정상들은 AI의 책임 있는 개발과 사용이 지속가능한 개발 목표 SDGs 달성과 포용적인 사회 실현의 원동력이 될 수 있다고 강조하면서, AI 정책 문제에 대한 논의를 지속하고 G20 AI 원칙의 이행을 장려하고

OECD가 제시한 신뢰 가능한 인공지능 10대 권고안 중 정책 권고안

구분	구성요소	주요내용
정책 권고안	1. AI 연구 개발에 대한 투자	• AI 혁신을 촉진하기 위해 AI의 사회적, 법적, 윤리적 함의와 정책 문제를 다루는 데 초점을 맞춘 연구 등에 공공·민간 투자 장려 • 상호 운용성과 표준 개선을 목표로 AI 연구 개발 환경을 지원하기 위한 개인정보 및 데이터 보호를 위한 오픈 데이터 세트 투자를 장려
	2. AI를 위한 디지털 생태계 조성	• 신뢰할 수 있는 AI를 위한 디지털 생태계의 개발과 접근성을 촉진 • 디지털 기술과 인프라, 그리고 필요에 따라 AI 지식 공유를 포함
	3. AI를 촉진하기 위한 정책 환경 조성	• 신뢰할 수 있는 AI 시스템의 연구 개발 단계에서 배치 및 운영 단계로의 민첩한 전환을 지원하는 정책 환경 촉진 • AI 시스템을 테스트하고 필요에 따라 확장할 수 있는 통제된 환경을 제공 및 지원
	4. 인간의 역량 강화 및 노동시장 변화 준비	• AI 도입으로 인한 노동시장 및 사회 변화에 대비하기 위해 이해관계자들과 긴밀히 협력하고, 사람들이 필요한 기술을 갖추도록 하여 AI 시스템을 효과적으로 사용하고 상호작용할 수 있도록 지원. AI 도입으로 영향을 받는 사람들에 대한 지원, 새로운 노동시장 기회 제공 등 • 업무에서 AI의 책임감 있는 사용을 촉진하고, 근로자의 안전과 일자리의 질을 향상시키고 기업가정신과 생산성을 육성하며, AI의 이점이 광범위하고 공정하게 공유되도록 노력
	5. 신뢰할 수 있는 AI를 위한 국제 협력	• AI 원칙을 발전시키고 신뢰할 수 있는 AI의 책임 있는 관리를 위해 적극 협력하고, AI 지식 공유를 촉진. 정부는 AI에 대한 전문지식을 얻기 위해 다양한 이니셔티브 장려 • 상호 운영 가능하고 신뢰할 수 있는 AI를 위한 글로벌 기술 표준 개발을 촉진하고, AI 연구, 개발 및 적용 관련 실적 및 진전을 측정하기 위해 국제적으로 비교 가능한 지표의 개발 및 사용을 장려

┃ 출처: OECD(2019, 2023), 'Recommendation of the Council on OECD Legal Instruments Artificial Intelligence'

있다. G20은 이러한 AI 원칙의 실천을 통해 AI 기술의 이점을 최대화하고 인간 중심의 긍정적 결과를 도출하는 데 초점을 두고 있다.

2020년 사우디아라비아에서 개최된 G20 리야드 정상회의에서 디지털 경제 태스크포스DETF는 G20 AI 원칙을 확장하며 'G20 디지털 경제 태스크 포스를 위한 인공지능 국가 정책 사례Examples of AI National Policies -

Report for the G20 Digital Economy Task Force'를 통해 각국의 AI 거버넌스 전략과 혁신적 정책 사례를 공유했다.

이후, 2023년 9월 발표된 'G20 뉴델리 정상회의 선언문G20 New Delhi Leaders' Declaration'에서는 인공지능의 개발 및 활용 과정에서 인권 보호, 투명성, 설명 가능성, 공정성, 책임성, 규제, 안전성, 인적 감독, 윤리, 편견 방지, 개인정보 및 데이터 보호 등 다양한 측면을 포괄하는 종합적 관리체계의 구축 필요성이 강조되었다. 선언문은 AI의 잠재력을 극대화하는 동시에 잠재적 위험을 최소화하기 위해 국제적 협력을 강화하고, 글로벌 차원의 AI 거버넌스 체계 수립을 위한 논의를 지속할 것을 천명하였다. 더불어 2023년 G20 정상회의 선언문에서는 AI와 관련된 국제 협력의 중요성을 강조하며, 2019년 G20 AI 원칙에 대한 이행 의지를 재확인하고 AI를 통한 디지털 경제 강화를 목표로 인사이트와 전략을 공유하려는 의지를 표명했다.

G20과 더불어 국제연합United Nations, UN 또한 AI의 발전과 확산이 가져올 잠재적 위험과 기회를 인식하며, 이를 책임감 있게 관리하기 위한 국제적 협력의 필요성을 강조해왔다. 안토니오 구테흐스António Guterres UN 사무총장은 AI 기술에 대한 통제와 글로벌 협력 촉진을 위해 새로운 UN 내 전담 통제기관 설립의 필요성을 언급하며, UN이 인공지능 규제 논의에서 주도적 역할을 수행할 의지를 표명하였다. 또한, UN은 디지털 기술의 잠재적 이익을 극대화하기 위한 접근법을 마련하기 위해 2018년 7월 사무총장의 주도로 민간, 정부, 학계의 전문가들로 구성된 '디지털 협력 고위급 패널UN Secretary-General's High-Level Panel on Digital Cooperation'을 설립했다. 이 패널은 디지털 기술이 초래할 다양한 문제를 해결하고, 국

제사회의 실질적이고 효과적인 디지털 협력을 지원하기 위해 정기적으로 회의를 개최하고 있다.

또한 UN은 사무총장 기술담당 특사 사무소Office of the Secretary-General's Envoy on Technology를 설립하여 디지털 기술 분야의 국제 협력을 증진하고 있다. 2022년 6월 임명된 아만딥 싱 길Amandeep Singh Gill 특사는 유엔 디지털 협력 고위급 패널 사무국장을 역임하며 쌓은 풍부한 경험을 바탕으로, 유네스코 AI 윤리 권고안 초안 작성 등 다양한 국제 프로젝트에 기여하며 디지털 기술의 지속가능한 발전을 위한 기반을 마련해왔다.

UN의 AI 관련 전담기구 설립 추진은 2023년부터 본격적으로 이루어졌다. 2023년 6월 사무총장은 AI 규제를 위한 전담기구 설립과 국제 규약 마련 계획을 발표하며, AI 거버넌스 문제를 해결하기 위해 국제사회가 포용적 접근방식을 취할 필요성을 강조했다. 2023년 10월, UN은 AI의 잠재적 리스크와 기회를 평가하고, 국제적 거버넌스 논의를 지원하기 위한 전담 조직으로 AI 고위급 자문기구High-level Advisory Body on Artificial Intelligence를 공식 출범시켰다. 이 기구는 33개국 출신의 기술, 법률, 데이터 보호 등 관련 분야 전문가 39명으로 구성되었다.

UN AI 고위급 자문기구 구성

구분	주요내용
공동의장	• 카르메 아르티가스(Carme Artigas): 스페인 디지털화 및 인공지능부, 국무장관 • 제임스 매니카(James Manyika): 구글(알파벳) 선임 부사장 및 연구, 기술 및 사회 부문 사장
자문위원	• 안나 아브라모바(Anna Abramova): 모스크바 국제관계 대학교(MGIMO), AI센터 소장 • 오마르 술탄 알 올라마(Omar Sultan Al Olama): 아랍에미리트 인공지능부, 국무부장관 • 라티파 알-압둘카림(Latifa Al-Abdulkarim): 사우디 의회(Shura Council) 의원, 킹사우드대학 컴퓨터 과학, 조교수

자문위원	- 에스텔라 아라냐(Estela Aranha): 브라질 연방정부, 법무 및 공공 안보 장관 특별 고문관 - 란 발리처(Ran Balicer): Clalit Health Services Israel, 혁신책임자 및 부총장 - 파올로 베난티(Paolo Benanti): 성 프란치스코 수도회 일반회 회원, 교황청 그레고리오 대학교, 강사 - 아베바 비르한(Abeba Birhane): 모질라 재단(Mozilla Foundation AI Accountability), 담당 선임 고문관 - 이안 브레머(Ian Bremmer): 유라시아그룹(Eurasia Group), 사장 겸 창업자 - 안나 크리스트만(Anna Christmann): 독일연방정부, 항공 우주 조정관 - 나탈리 크램프턴(Natasha Crampton): 마이크로소프트, 최고 AI 책임자 - 니가트 다드(Nighat Dad): 디지털 권리 재단 파키스탄(Digital Rights Foundation Pakistan), 사무국장 - 비랄스 다르(Vilas Dhar): 패트릭 J. 맥과번(Patrick J. McGovern)재단, 회장 - 버지니아 디그넘(Virginia Dignum): 우메오대학(Umeå University) 인공지능 교수 - 에마 아리사(Arisa Ema): 도쿄대학 조교수 - 모하메드 파라하트(Mohamed Farahat): 북아프리카 IGF MAG 법률 및 부회장 - 아만딥 싱 길(Amandeep Singh Gill): UN 사무총장 기술 담당 특사 - 웬디 홀(Wendy Hall): 사우샘프턴대학교 컴퓨터 과학, 교수 - 라하프 하르푸쉬(Rahaf Harfoush): 레드스레드 디지털문화연구소 소장, 디지털 인류학자 - 기타노 히로아키(Hiroaki Kitano): 소니그룹, 최고 기술 책임자 - 고학수(Haksoo Ko): 대한민국 개인정보보호위원회(PIPC) 위원장 - 안드레아스 크라우제(Andreas Krause): 취리히 연방 공과대학교, 교수 - 마리아 바니나 마르티네스 포세(Maria Vanina Martinez Posse): 인공지능 연구소(IIIA-CSIC), 연구원 - 세이디나 무사 은디아예(Seydina Moussa Ndiaye): 셰이크 햄두 칸 디지털 대학교(Cheikh Hamidou Kane Digital University), 강사 - 미라 무라티(Mira Murati): OpenAI, 최고 기술 책임자 - 페트리 밀리마키(Petri Myllymaki): 헬싱키 대학교, 컴퓨터 과학과, 정교수 - 앨론드라 넬슨(Alondra Nelson): 프린스턴 고등연구소(Institute for Advanced Study), 교수 - 나즈네 라자니(Nazneen Rajani): 허깅 페이스(Hugging Face), 수석 연구원 - 크레이그 람랄(Craig Ramlal): 더 웨스트 인디스 대학(St. 오거스틴 캠퍼스), 컨트롤 시스템 그룹 책임자 - 허루이민(He Ruimin): 싱가포르 정부, 최고 인공지능 책임자 및 디지털 기술 책임자 - 엠마 러트캄프-블룸(Emma Ruttkamp-Bloem): 프리토리아대학교(University of Pretoria), 교수 - 마리에트예 스하커(Marietje Schaake): 스탠퍼드대학교 사이버 정책 센터, 국제정책 책임자 - 샤라드 샤르마(Sharad Sharma): iSPIRT 재단, 공동 설립자 - 얀 탈린(Jaan Tallinn): 케임브리지 실존적 위험 연구 센터(Cambridge Centre for the Study of Existential Risk), 공동 설립자 - 필립 티고(Philip Thigo): 케냐 정부, 고문 - 히메나 소피아 비베로스 알바레즈(Jimena Sofia Viveros Alvarez): 멕시코 대법원 로레타 오르티즈(Loretta Ortiz) 판사실 수석 법률 고문관 - 이쩡(Yi Zeng): 중국과학원 뇌 영감 인지 AI 연구소, 소장 겸 교수 - 장링한(Zhang Linghan): 중국정치법률대학교, 데이터 법치연구소 교수

출처: UN

AI 고위급 자문기구는 국제적으로 상호 운용 가능한 거버넌스와 지속 가능한 개발 목표Sustainable Development Goals, SDGs에 맞춰 AI가 어떻게 통제되고 활용될 수 있을지 다양한 관점과 권장안을 제공하는 역할을 수행한다. 2024년 9월 AI 고위급 자문기구는 포용적이고 분산된 AI 거버넌스 아키텍처 마련을 촉구하는 '인류를 위한 AI 거버넌스Governing AI for Humanity'를 발표했다. 해당 보고서는 AI 관련 위험을 관리하고 기술의 잠재력을 전 세계적으로 공유하기 위한 방안을 제시했으며, 무엇보다도 국제적 협력을 바탕으로 포용적이고 분산된 AI 거버넌스 아키텍처의 토대를 마련할 것을 촉구했다.

보고서는 인공지능 거버넌스와 관련된 세 가지 해결해야 할 주요 사항을 언급했는데 첫째, 대표성의 공백Representation Gaps이다. 현재 국제 AI 거버넌스 논의에는 많은 지역이나 국가들의 참여가 배제되어 있는데, 보고서는 AI 거버넌스 결정에 다양한 목소리를 포함하는 것이 중요하다고 강조한다. 둘째, 조정의 공백Coordination Gaps이다. 보고서는 전 세계 다양한 지역에서 AI 거버넌스 이니셔티브가 증가함에 따라 조정과 상호 운용성을 강화하기 위한 메커니즘이 필요하다고 강조했다. 마지막으로 이행의 공백Implementation Gaps이다. 보고서는 좋은 거버넌스에 대한 합의가 실질적인 결과로 이어지도록 하기 위해 실질적인 행동과 후속 조치의 필요성을 강조했다.

더불어 AI의 안전하고 윤리적인 사용 및 인공지능 거버넌스의 공백을 해소하기 위해, 보고서는 7가지 권고안을 제시했다. 7개 권고안에는 ①국제 AI 과학 패널 설립, ②UN 차원의 AI 거버넌스 정책 대화, ③AI 표준 교환, ④AI 역량 개발 네트워크 구축, ⑤글로벌 AI 펀드 설립,

UN의 AI 거버넌스를 위한 7가지 권고안

권고안	상세 내용
① 국제 AI 과학 패널 설립	• AI 기술에 대한 과학적 합의와 불확실성 평가를 위한 독립적인 국제 AI 과학 패널 제안 • AI 기술 트렌드에 대한 과학적 합의 도출 및 신규 분야 제안
② UN 차원의 AI 거버넌스 정책 대화	• 다양한 국가와 이해관계자가 참여하는 정책기구 • AI 관련 규제 및 거버넌스 방식을 공유하고, 규제 격차를 해소
③ AI 표준 교환	• 국제적인 표준을 공유하고, 각국이 AI 기술의 안정성과 신뢰성을 유지하며 글로벌 표준 일치를 보장할 수 있는 표준 교환 플랫폼 운영 • 국제 표준화기구 공동 주관의 AI 표준 정상회의 개최
④ AI 역량 개발 네트워크 구축	• 연구자와 사회적 기업가들이 AI 모델을 활용할 수 있도록 연계하고 지원하는 플랫폼 마련
⑤ 글로벌 AI 펀드 설립	• AI 개발 및 활용 혜택을 공평하게 분배하게 위한 기금을 운용 • 소외된 지역에서도 AI 기술을 활용할 수 있도록 재정적 지원과 인프라 제공을 통한 접근성 확대
⑥ 글로벌 AI 데이터 프레임워크 촉진	• AI 훈련 데이터의 접근성, 프라이버시 보호, 공정한 사용을 보장하기 위한 글로벌 AI 데이터 프레임워크 마련
⑦ 유엔 사무국 내 AI 사무국 설립	• AI 관련 글로벌 거버넌스를 통합적으로 운영할 수 있는 사무소를 UN내에 설립하여 관련 정책 지원

출처: UN(2024), 'Governing AI for Humanity'

⑥글로벌 AI 데이터 프레임워크 촉진, ⑦유엔 사무국 내 AI 사무국 설립이 포함됐다. 보고서는 AI의 역량이 발전함에 따라 더욱 강력한 글로벌 거버넌스 메커니즘이 필요할 수 있다는 점을 강조하면서도, 현재 단계에서는 새로운 국제 AI 기구를 설립하는 것을 권고하지는 않았으며, 대신, 기존의 국제 협력 체계를 활용하여 AI 리스크를 관리하고 기회를 공유하는 데 집중할 것을 제안했다.

UN의 AI 고위급 자문기구의 출범과 이니셔티브는 글로벌 거버넌스

UN의 포용적 AI 거버넌스를 위한 로드맵

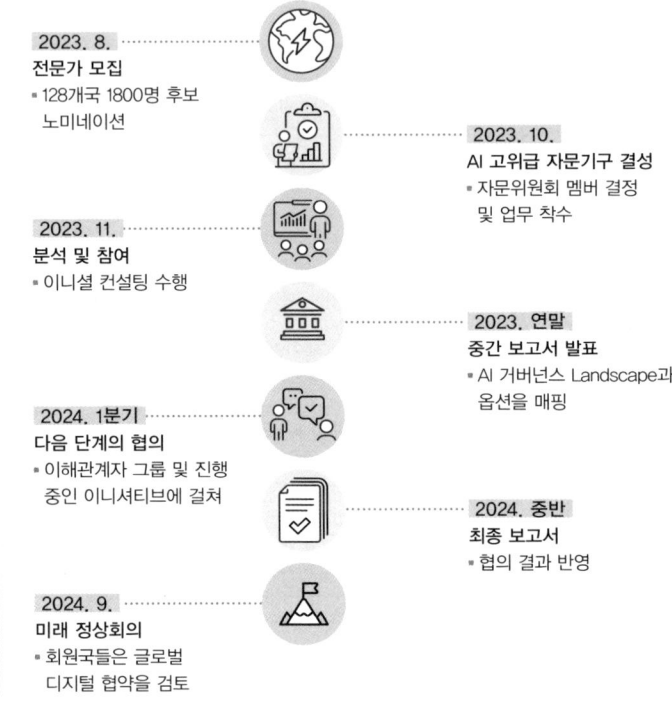

출처: UN

    체계를 선도하는 UN 주도 하에 이루어짐에 따라, 자문기구의 연구 결과와 보고서는 국제 인공지능 거버넌스 형성에 상당한 영향을 미칠 것으로 예상된다. 또한, AI 기술의 책임 있는 개발과 활용을 위한 국제적 공감대를 형성하고 협력 체계를 구축하여, 기존의 지역 및 국가 단위로 분산되어 있던 AI 규제 체계를 넘어, AI 기술의 글로벌 확산에 발맞춰 보다 명확하고 포괄적인 국제적 규범을 정립하는 데 기여할 것으로 기대된다.

핀테크·디지털 금융 관련 지역·국가별 규제 동향

미국

미국의 금융산업과 마찬가지로 핀테크 산업 또한 연방Federal 및 주State 양측의 규제를 적용받는다. 미국 연방정부와 50개 주정부는 각각 독립적인 규제 체계를 수립하여 금융산업 및 금융서비스 제공업체에 적용할 법률을 정립하고 있다.

   금융 및 핀테크 산업에 적용되는 법규와 규제는 연방 및 주에 소속된 다양한 감독기관에 의해 시행되고 집행된다. 연방 차원의 규제와 주 차원의 규제는 권한 범위에서 차이를 보이지만, 일부 영역에서는 중복 규제가 발생하기도 한다. 규제를 적용할 때 연방법과 주법, 또는 연방기관과 주기관의 권한이 충돌할 경우, 주법보다 연방법이 우선적으로 적용된다. 그러나 금융 및 핀테크 산업과 관련한 다양한 이슈를 포괄하는 연방 차원의 법규가 미비하여, 해당 산업은 연방 및 주 규제 체계에 모두 노출되어 있는 상황이다. 따라서 금융 및 핀테크 산업은 연방과 주정부의 법적 요건을 동시에 준수해야 하며, 각기 다른 규제 환경에 대한 고려가 필요하다.

   미국 금융산업의 규제 체계는 각 감독기관이 특정 기능에 따라 역할을 분담하여 감독하는 구조를 특징으로 한다. 일부 감독기관은 특정 유형의 금융기관에 중점을 두는 반면, 다른 기관은 특정 금융상품이나 서비스에 주력하며, 또 다른 기관은 소비자 보호와 같은 특정 영역 내 다양한 금융기관과 서비스에 대해 일반적인 감독 권한을 갖고 감독업무를 담당하는 구조이다.

예를 들어, 대출 관련 금융상품은 소비자금융보호국Consumer Financial Protection Bureau, CFPB, 소비자 보호 및 예금 보험 등과 관련해서는 연방예금보험공사Federal Deposit Insurance Corporation, FDIC, 증권, 브로커 딜러, 투자 자문, 펀드 및 디지털자산 거래 등과 관련해서는 증권거래위원회 Securities and Exchange Commission, SEC, 불공정하거나 기만적인 관행에 대한 소비자 보호는 연방거래위원회Federal Trade Commission, FTC, 선물거래는 상품선물거래위원회Commodity Futures Trading Commission, CFTC, 자금세탁 방지 관련해서는 금융범죄단속네트워크Financial Crimes Enforcement Network, FinCEN가 각각 규제 및 감독을 담당하는 식이다.

미국 내 금융산업 규제는 다양한 형태로 이루어지며, 주 및 연방기관은 금융산업에 대한 새로운 규제와 규정을 제정하고 시행할 권한을 가진다. 이들 기관은 기존의 규제 및 규정을 해석하고, 은행을 포함한 금융서비스 제공업체에 라이선스를 부여하며, 금융서비스 제공업체를 조사하거나 컴플라이언스 문제가 발생할 경우, 행정 또는 법적 절차를 통해 규제를 집행할 수 있는 권한을 보유하고 있다. 미국의 금융 및 핀테크 규제 환경은 광범위하고 복잡한 양상을 보이지만, 각 감독기관은 맡은 역할에 따라 관련 지침을 발표하거나 규제 프레임워크를 수립하여 규제 체계를 지속적으로 발전시키고 있다.

미국의 감독기관들은 핀테크 및 디지털 혁신을 수용하고 촉진하기 위한 규제 정비와 마련에 적극적으로 나서고 있다. 미국 통화감독청Office of the Comptroller of the Currency, OCC은 핀테크 기업의 혁신을 지원하기 위한 규제 개발을 목적으로 혁신 사무소Office of Innovation와 금융기술 사무소Office of Financial Technology를 설립하여, 새로운 기술 도입과 관련한 규제 체계 마련을 주도하고 있다.

또한, 증권거래위원회는 2018년 혁신 및 금융기술 전략 허브Strategic Hub for Innovation and Financial Technology, FinHub를 설립했다. FinHub는 디지털자산을 포함한 분산원장기술, 디지털 금융, 인공지능 및 기계학습 등 핀테크 관련 다양한 이슈를 담당하고 있다. 이와 더불어, 금융산업규제기구Financial Industry Regulatory Authority, FINRA는 2019년 금융 혁신, 특히 핀테크 관련 이슈에 대한 감독을 강화하기 위해 금융 혁신 사무국Office of Financial Innovation을 설립했다. 이처럼 미국의 감독기관들은 빠르게 변화하는 금융 환경에 대응하여 디지털 혁신을 수용하고 촉진하기 위한 규제 마련에 지속적으로 힘쓰고 있다.

디지털자산 관련 규제에 있어 미국은 아직 포괄적인 규제 프레임워크를 도입하지 않은 상황이며, 현재 각 감독기관들은 기존 법령에 따라 부여된 관할권에 맞춰 개별적으로 규제를 집행하는 상황이다. 이에 따라 2021년 이후 디지털자산 규제와 관련해 미 의회와 증권거래위원회 간에 규제에 대한 인식 차이가 드러나면서 규제의 불확실성이 심화되는 모습을 보인 바 있다. 그러나 최근에는 미국 내에서 디지털자산에 관한 감독기관의 관할권을 명확히 하고 규제 적용 범위를 구체화하는 다양한 법안이 발의되고 제정되면서, 디지털자산 관련 규제 프레임워크가 점차 체계를 갖춰가는 추세다.

디지털자산 규제를 둘러싼 논란의 중심에 서 있는 게리 겐슬러Gary Gensler 미 증권거래위원회 위원장은 2021년 취임 이후 대부분의 디지털자산을 증권으로 분류해야 한다는 주장을 일관되게 펼쳐왔다. 증권거래위원회는 기존 법률 체계로 디지털자산 규제가 가능하다는 입장을 견지

미국 감독기관별 디지털자산 규제

증권거래위원회	상품선물거래위원회	FinCEN, OFAC	국세청
증권으로 취급되는 디지털자산 규제	상품으로 취급되는 디지털자산 규제	자금세탁, 테러자금의 조달 방지	디지털자산을 연방소득세 부과대상으로 취급
• 증권성(타인의 돈을 모아 공동의 사업에 투자하고, 타인의 노력에 의존해 수익을 기대할 경우)이 있는 대부분의 디지털자산 규제 • 모든 디지털자산이 증권인 것은 아니며, 디지털자산이 완전하게 탈중앙화되고 채굴을 통해 생성된 경우(비트코인 등) 증권거래위원회 규제가 곤란	• CFTC는 비트코인을 비롯한 디지털자산을 상품 취급 • 해당 자산들의 파생상품은 상품거래법에 따라 CFTC의 규제 대상이며, 상품으로 간주되는 자산의 시장 조작 시도에 제재 • 개별 자산의 증권성, 규제권한에 대해 SEC와 충돌 • 향후 규제역할 강화 예상	• 재무부 소속 • FinCEC은 은행비밀법에 따라 디지털자산을 통한 자금세탁 조사, 규제 • OFAC는 국가 및 개인에 대한 특별 제재 리스트를 설정하고, 이들과 거래 관련성이 있는 디지털자산 주체들을 규제	• 디지털자산을 소유한 모든 개인 또는 기업은 취득 및 매각 관련 자세한 기록 유지 의무 • 디지털자산을 판매하여 얻는 모든 이익, 디지털자산으로 재화, 서비스를 구매하여 얻을 수 있는 모든 이익, 채굴에서 발생한 공정가치에 대해 과세

┃ 출처: 국제금융센터(2022), '미국의 가상자산 규제 현황과 향후 전망'

하며, 디지털자산 사업자들이 법규를 준수하지 않음으로 인해 피해가 발생한다고 지적하고, 이에 따라 증권거래위원회는 해당 자산의 위법 행위를 규제할 권한이 있다고 주장했다.

이러한 입장을 실천에 옮기듯, 증권거래위원회는 2023년 6월 주요 디지털자산거래소인 코인베이스Coinbase와 바이낸스Binance를 증권법 위반 혐의로 기소했다. 증권거래위원회는 이들 거래소가 허가 없이 거래소, 증권사, 청산 대행사 등의 역할을 수행해 미국 증권법을 위반했다고 밝혔다. 이번 소송에서 증권거래위원회는 바이낸스와 코인베이스에 상장된 솔라나SOL, 에이다ADA, 폴리곤MATIC, 파일코인FIL, 샌드박스SAND, 엑시인피니티AXS 등을 비롯해 바이낸스코인BNB, 바이낸스 스테이블코인BUSD, 디센트럴랜드MANA, 알고랜드ALGO, 코스모스ATOM, 코티COTI 등

SEC가 증권으로 규정한 디지털자산

코인 이름	증권 이유	시가총액 순위	코인 이름	증권 이유	시가총액 순위
바이낸스 코인	교환용 토큰으로 판매하던 당시, 뉴욕증시 투자자 유도	4위	알고랜드	투자자들로부터 투자 이익을 약속하는 프라이빗 세일을 진행하고 투자 유도	44위
에이다	재단을 책임지는 3개 단체의 노력으로 인한 투자수익의 합리적 기대 및 투자 유도	7위	샌드박스	재단과 개발사의 공동기업 관계에 따른 투자 수익의 합리적 기대	51위
솔라나	투자 수익의 합리적 기대	10위	디센트럴랜드	투자 수익의 합리적 기대 및 토큰 목적성 부재	57위
폴리곤	브랜드를 바꾸기 전 투자자들에게 브랜드가 바뀌면 시세가 상승할 것이라고 투자 유도	11위	엑시인피니티	투자 수익의 합리적 기대 (P2E 요건에 충족해도)	61위
바이낸스 USD	스테이블코인임에도 바이낸스 생태계에서 수익창출 가능	14위	플로우	토큰 판매를 통한 자금 조달	67위
코스모스	코스모스 재단과 협력 재단이 공동기업 관계	20위	칠리즈	토큰 판매를 통한 자금 조달 및 투자 수익의 합리적 기대	71위
인터넷 컴퓨터	부정확한 토큰 정보 및 투자 수익의 합리적 기대	31위	넥소	토큰 판매를 통한 자금 조달	88위
파일코인	프라이빗 세일 및 퍼블릭 세일을 통한 투자 유도	32위	대시	투자 수익의 합리적 기대 및 토큰 판매를 통한 자금 조달	90위
니어프로토콜	재단 노력에 따른 투자 이익의 합리적 기대 부각, 토큰 판매를 통한 자금 조달	39위	코티	토큰 판매를 통한 자금 조달	331위
			보이저	개발 플랫폼의 노력에 따른 투자 및 수익 기대	466위

출처: 바이라인네트워크(https://byline.network/) 기사 'SEC는 왜 솔라나를 증권이라고 봤을까', 2023년 6월 12일자'

일부 디지털자산을 증권으로 명시했다.

아울러, SEC는 코인베이스에 상장된 칠리즈CHZ, 플로우FLOW, 디피니티ICP, 니어프로토콜NEAR, 보이저VGX, 대시DASH, 넥소NEXO 등을 포함해 총 19개의 코인을 증권형 자산으로 분류했다. SEC가 증권으로 분류한 이 19개 디지털자산의 시가총액은 2023년 6월 초 기준으로 약 900억 달러(한화 약 120조 원)에 달했다.

이러한 결정은 디지털자산 시장에 큰 파장을 일으켜 시장가치의 급격한 하락뿐만 아니라, 로빈후드Robinhood와 이토로eToro 등 미국의 주요 거래 플랫폼들의 거래 지원 중단과 같은 광범위한 혼란을 초래했다. 더불어 지속적인 규제 불확실성은 미국 내 관련 기술 인재의 해외 유출을 가속화하는 원인으로도 지목되어, 정책 입안자들 사이에서도 이 문제에 대한 경각심이 높아지게 되었다. 이러한 규제 공백을 해소하기 위해 2022년 이후 약 50건 이상의 디지털자산 관련 법안이 미국 의회에 제출된 것으로 알려져 있으며, 그중 중대한 영향을 미칠 것으로 예상되는 주요 법안들은 다음과 같다.

첫째, 책임 있는 금융 혁신 법안Lummis-Gillibrand Responsible Financial Innovation Act, RFIA이다. 이 법안은 2022년 6월 7일 상원의원 신시아 루미스Cynthia Lummis와 키어스틴 질리브랜드Kirsten Gillibrand가 공동 발의한 디지털자산 법안으로, 디지털자산의 규제 프레임워크를 구축하고, 산업의 불확실성을 완화하며, 소비자 보호 강화를 목적으로 한다.

법안의 핵심 내용은 디지털자산을 증권형Security과 상품형Commodity으로 분류하는 것이다. 증권형 디지털자산은 1933년 증권법Securities Act of 1933을 적용받으며 규제기관으로 증권거래위원회를 지정한다. 반면, 상품형 디지털자산은 상품거래법Commodity Exchange Act에 따라 상품선물거래위원회Commodity Futures Trading Commission, CFTC를 규제기관으로 지정하며, 상품선물거래위원회가 증권이 아닌 모든 대체 가능Fungible 디지털자산의 현물시장을 독점적으로 규제하도록 한다.

또한, 이 법안은 증권으로 간주되지는 않지만, 발행 주체의 영향력이 자산가치에 미치는 부수자산Ancillary Assets 개념을 새로 도입하였다. 이는 기업 자산이나 부채로 인정되지 않으면서도 기업의 수익 배분권, 청산 우선권, 기타 재정적 권리를 요구하지 않는 자산을 포함한다. 이와 함께 스테이블코인 발행자는 스테이블코인의 가치를 보장하기 위해 100%의 준비금을 확보해야 하며, 준비금의 자산 구성과 공시 요건을 마련하도록 규정하고 있다. 또한, 디지털자산의 리스크, 거래 수수료, 리스크 요소 등에 대한 명확한 정보를 투자자에게 제공하는 조항도 포함하고 있다.

둘째, '21세기를 위한 금융 혁신 및 기술 법안Financial Innovation and Technology for the 21st Century Act, FIT21'이다. 2023년 7월 20일 발의된 이 법안은 디지털자산이 상품Commodity인지 증권Security인지 판단하는 체계적 절차를 수립하고, 각 감독기관의 관할 범위를 명확히 할 목적으로 제안되었다. 미국 하원 금융서비스위원회 위원장 패트릭 맥헨리Patrick MacHenry를 중심으로 발의된 이 법안은 디지털자산을 디지털상품Digital Commodities, 제한된 디지털자산Restricted Digital Assets, 결제 스테이블코인Payment Stablecoins으로 분류하며, 미국 상품선물거래위원회에 디지털자산 관련 규제 권한을 확대하는 내용을 포함하고 있다.

해당 법안의 핵심은 디지털자산을 블록체인의 탈중앙화 여부에 따라 증권 또는 상품으로 분류하여 증권거래위원회와 상품선물거래위원회 간 규제 관할권을 명확히 하는 것이다. 탈중앙화된 자산은 상품선물거래위원회의 관할 아래 상품으로 분류되며, 중앙화된 자산은 증권거래위원회의 규제를 받는 증권으로 간주된다. 법안이 통과될 경우, 개별 가상자산의 증권성 여부에 대한 명확한 기준이 마련될 것으로 예상된다. 이 법안은 2024년 5월 미국 하원을 통과하여 현재 상원에서 검토 중이다.

셋째, 디지털자산 시장구조 법안Digital Asset Market Structure Bill, DAMS이다. 2023년 6월 하원 금융서비스위원회 위원장 패트릭 맥헨리Patrick McHenry와 하원 농업위원회 위원장 글렌 톰슨Glenn Thompson은 미국 내 디지털자산 규제에 대한 기능적 프레임워크 제공을 목적으로 이 법안을 발표하며 입법 논의를 시작했다. 해당 법안은 디지털자산을 규제하기 위해 완전히 새로운 체계를 구축하기보다는, 기존 법적 프레임워크를 활용하되 필요한 부분을 보완하는 방식을 채택하였다.

법안에 따르면 상품선물거래위원회는 디지털자산 현물 시장에 대해 명시적이고 독점적인 관할권을 부여받아 블록체인 생태계에서의 감독 기능을 강화하게 된다. 블록체인 네트워크가 기능적이며 분산되어 있다는 점을 증권거래위원회에 인증할 경우, 해당 네트워크의 디지털자산(토큰)은 증권거래위원회의 감독 대상에서 면제되어 증권이 아닌 디지털 상품으로 규제된다.

또한, 증권거래위원회는 투자계약의 일환으로 제공되는 디지털자산, 즉 증권으로 분류되는 자산에 대한 관할권을 유지한다. 이 법안에 따르면, 디지털자산은 특정 요건을 충족할 경우 투자계약으로 판매된 이후에도 세컨더리(2차 시장)에서 거래가 가능하다. 스테이블코인은 상품거래법에 따른 디지털 상품의 정의에서 제외되지만, 상품선물거래위원회 등록 기관CFTC-registered entity에서 거래될 경우, 상품선물거래위원회는 스테이블코인 거래에 대해 디지털 상품과 유사한 관할권을 행사할 수 있다.

넷째, 디지털 상품거래 법안Digital Commodity Exchange Act, DCEA이다. 디지털 상품거래 법안은 디지털 상품거래소Digital Commodity Exchanges, DCE와 디지털 상품보관소Digital Commodity Custodians를 위한 새로운 규제 프레임워크를 제공한다. 이 법안은 상품거래법을 근거로 하여 현물 또는 현금 디지털 상품을 제공하는 디지털 상품거래소로 등록하고 규제할 수 있는 권한을 상품선물거래위원회에 부여한다.

등록된 디지털 상품거래소는 법안에 따라 거래 활동을 모니터링하며, 이상거래 방지, 최소자본 요건 설정, 특정거래정보의 공개 보고, 이해상충 방지, 거버넌스 표준 설정 및 사이버 보안 조치 등을 수행해야 한다. 또한, 디지털 상품거래소는 고객의 디지털자산을 상품선물거래위원회가 인정하고 규제하는 적절한 디지털 상품보관소에 보관하도록 규정하고 있다.

이 법안은 또한 자산 기반 스테이블코인 운영자를 '고정가치 디지털 상품 운영자Fixed-value Digital Commodity Operator, FVDCO'로 등록하도록 하여 고정된 가치를 가진 디지털자산의 발행과 판매에 대한 새로운 규제 체제를 마련해 고객 자산을 보호한다. 고정가치 디지털 상품 운영자는 상품선물거래위원회의 규제를 준수하며 고정된 가치를 유지하기 위한 적절한 조치를 이행해야 한다. 또한, 고정가치 디지털 상품Fixed-value Digital Commodity, FVDC에 대한 운영 정보를 공개하고, 상품 가치를 뒷받침하는 자산 보호, 이해상충 문제의 공개 및 해결, 상품선물거래위원회의 감독·조사 목적의 장부와 기록 유지 등 특정 의무를 충족해야 한다.

미국에서는 2017년 이후 디지털자산의 급속한 성장에 따라 규제 필요성이 대두되기 시작했지만, 2022년부터 디지털자산 규제에 대한 논의가 본격화되었다. 이에 디지털자산을 증권이 아닌, 상품으로 규제하는 방안을 중심으로 다양한 규제 법안이 제안되었다. 2023년에는 디지털자산 규제에 관한 구체적인 논의가 진행되었으며, 의회에 발의된 여러 법안들이 상·하원에서 심도 있는 검토를 거치며 규제 체계 확립을 위한 과정이 진행되고 있다. 미국의 디지털자산 관련 규제 법안 정비는 여전히 진행 중이나, 글로벌 추세에 맞춰 명확하지 않았던 감독기관 간 규제 관할권을 구체화하고, 분산되어 있던 규제 프레임워크를 재정비하며, 소비자 보호를 강화함으로써 디지털자산 규제의 불확실성을 줄이고 업계의 투명성을 높였다는 점에서 중요한 의미를 갖는다.

한편, 인공지능과 관련하여, 미국의 AI 규제 체계는 연방 수준의 포괄적인 AI 규제를 제정하는 측면에서 유럽연합EU에 비해 뒤처져 있다는 평가를 받고 있다. 현재 미국에서는 포괄적인 AI 규제가 부재한 상태로, AI 연방정부, 주정부, 산업계, 법원 등의 복합적인 규제 아래에 놓여 있다. 그러나 이러한 규제 수단은 한계를 가지며, 산업계의 자율적 규제에서 발생할 수 있는 이해충돌, 여러 주정부의 중복되거나 상충되는 규제로 인한 컴플라이언스 문제, 그리고 기존 법률의 범위 내에서 AI 관련 분쟁을 심리하는 법원의 한계 등이 문제점으로 지적되고 있다.

미국에는 아직 포괄적인 AI 규제가 마련되지 않았지만, 다양한 프레임워크와 가이드라인이 존재한다. 최근 몇 년간 미국에서는 AI 이니셔티브 설립과 함께, 연방 과학기관의 AI 연구, 개발 및 평가 활동에 대한 방향성을 제시하는 '2020년 국가 인공지능 이니셔티브 법안National Artificial Intelligence Initiative Act of 2020'이 2021년 1월에 제정되었다. 이를 통해 AI 기술 개발 및 활용을 국가 차원의 핵심 정책으로 설정하고, 2021년 1월 1일부터 과학기술정책실 산하에 국가인공지능계획사무국National Artificial Intelligence Initiative Office과 국가인공지능자문위원회National AI Advisory Committee를 설립하여 체계적인 국가 인공지능 정책 추진을 위한 발판을 마련하였다.

2022년 12월 23일, 미국은 AI 분야에서의 국가 경쟁력을 강화하기 위해 인공지능 관련 프로그램 및 정책을 장려하는 내용을 담은 미국 인공지능 진흥법Advancing American AI Act을 제정하였다. 이를 통해 AI 활용 사례를 체계적으로 관리하기 위한 'AI 활용 사례 인벤토리Inventory'를 구축하고 이를 공개하도록 하였으며, 연방정부의 AI 설계, 개발, 획득 및 활용 전 과정에 적용될 수 있는 공통 원칙을 제시하여 AI 활용의 투명성과 신뢰성을 확보하고자 하였다. 더불어 미국 반도체 및 과학법CHIPS and Science Act, 생성적 적대 신경망 출력물 확인법Identifying Outputs of Generative Adversarial Networks Act 등 AI 연구개발 또는 특정 연방 프로그램 내 AI 활용에 중점을 둔 법안들도 제정되었다.

2021년 1월부터 2023년 1월까지 활동한 117대 미 연방 의회에서는 인공지능과 머신러닝에 중점을 둔 75개 이상의 법안이 발의되었고, 이 중 6개가 제정되었다. 제정된 법안들은 연방 차원의 AI 계획, 연구와 교육 투자, 일자리 이동 및 인력 재교육, AI 기술의 상업적 활용, 윤리와 편향

미국 2020년 국가 인공지능 이니셔티브 법안 주요내용

법안	주요내용
NAII Act of 2020	• 미국 인공지능 이니셔티브(American AI Initiative)의 설립을 공식화
	• 연방 인공지능 활동을 지원하기 위한 국가인공지능계획사무국(National Artificial Intelligence Initiative Office)을 설립
	• NAII 지원을 위한 연방 프로그램 및 활동을 조정할 과학기술정책국(Office of Science and Technology Policy) 산하 기관간 위원회를 설립
	• 국가인공지능자문위원회(National AI Advisory Committee)를 설립
	• 국립과학재단(NSF)이 전국 인공지능 연구소 네트워크를 지원하도록 의무화 • 전미과학공학의학한림원(National Academies of Sciences, Engineering, and Medicine; NASEM)이 다양한 분야에서 미국의 노동력에 대한 AI의 현재 및 미래 영향에 대한 연구를 진행하도록 의무화 • 인공지능 연구 자원(National AI Research Resource)의 사업 타당성을 조사하고 계획하기 위한 태스크포스 설립
	• 매년 국방수권법(NDAA)에 국방, 국가안보 및 정보 분야에서 인공지능(AI)에 초점을 맞춘 조항을 포함시킴 - 해당 조항은 AI 개발, 조달 및 정책, AI 데이터 저장소, AI 전문가의 채용 및 유지, 그리고 2021년 국가안보 인공지능 위원회(National Security Commission on AI) 최종 보고서의 권장사항 이행 등을 포함

출처: Congressional Research Service(2023), 'Artificial Intelligence: Overview, Recent Advances, and Considerations for the 118th Congress

문제, 알고리즘 책임, 정부 효율성 제고와 비용 절감, 그리고 의료, 국방, 국가안보 등 다양한 분야를 포괄하고 있다.

117대 미 연방 의회가 발의한 법안 중 하나로, 알고리즘 책임법Algorithmic Accountability Act, HR 6580이 2022년 2월 3일 상·하원에서 동시에 발의되었다. 이 법안은 자동화 시스템 사용으로 인한 위험, 편향, 의도치 않은 오류 및 결함 문제를 해결하는 것을 목표로 하며, 기업이 중요한 의사결정 프로세스를 자동화할 때 그 영향을 평가하고, 그 결과를 연방거래위원회Federal Trade Commission, FTC에 보고하도록 의무화했다. 알고리즘 책임법은 중요한 의사결정 프로세스와 자동화된 의사결정 시스템을 규제하는 최초의 규제였으나, 2023년 1월 117대 의회가 휴회되기 전 위원회에서 통과되지 못했다.

미국의 국가 AI 연구개발 전략 계획: 2023 업데이트

	AI 연구개발(R&D) 9가지 전략
①	책임 있는 AI 연구에 장기적으로 투자 : 공익을 위한 책임 있는 혁신을 고려하여 생성형 AI를 비롯한 차세대 AI에 대한 투자 우선순위를 설정
②	인간과 AI의 협업을 위한 효과적인 방법을 개발 : 인간의 능력을 효과적으로 보완하고 강화하는 AI 시스템을 만드는 방법에 대한 이해를 제고
③	AI의 윤리적, 법적, 사회적 영향을 이해하고 대처 : AI가 초래하는 위험을 이해하고 완화하기 위한 접근법을 개발하여 AI 시스템이 국가의 가치를 반영하고 형평성을 증진할 수 있도록 노력
④	AI 시스템의 안전과 보안을 보장 : 신뢰할 수 있고 믿을 수 있으며 안전한 AI 시스템 설계에 대한 지식을 발전
⑤	AI 학습 및 테스트를 위한 공유 공개 데이터 세트와 환경을 개발 : 고품질 데이터 세트와 환경, 테스트 및 훈련 리소스에 대한 액세스를 확대, 활성화
⑥	표준과 벤치마크를 통해 AI 시스템을 측정하고 평가 : AI 권리장전을 위한 청사진(Blueprint for an AI Bill of Rights, 2022.10)과 AI 위험 관리 프레임워크(AI Risk Management Framework, 2023.1)에 따라 기술 표준 및 벤치마크를 포함한 광범위한 AI 평가 기법을 개발
⑦	국가 AI R&D 인력 수요에 대한 이해 제고 : AI 인력을 전략적으로 육성하기 위해 인력 개발 기회를 개선
⑧	AI 발전 가속화를 위한 공공-민간 파트너십 확대 : 학계, 산업계, 국제 파트너 및 기타 비연방 기관과 협력을 통해 책임있는 AI R&D에 대한 지속적인 투자와 발전을 실용적인 역량으로 전환할 수 있는 기회를 촉진
⑨	AI 연구 분야에서 국제 협력에 대한 원칙적이고 조율된 접근방식 확립 : 환경적 지속가능성, 의료, 제조와 같은 글로벌 과제를 해결하기 위해 AI R&D에서 국제 협력을 우선시하여 국제 가이드라인 및 표준 개발, 이행에 도움

출처: 국가전략정보포털, 과학기술기획평가원

2023년 5월, 바이든 행정부는 '국가 AI 연구개발 전략 계획National AI R&D Strategic Plan'을 업데이트하여 연방 차원의 AI 주요 연구 과제를 새롭게 정의했다. 이번 업데이트는 신뢰할 수 있는 AI 시스템의 개발과 활용을 통해 미국의 지속적인 리더십을 보장하고, 다양한 분야에서 AI 시스템의 통합을 준비하며, 모든 연방기관의 AI 활동을 조율하는 목표를 포함하고 있다. 2016년과 2019년에 발표된 기존 전략에 이어, 2023년의 업데이트는 기존 8가지 전략을 재확인하면서 AI 연구 분야에서의 국제 협력 접근을 강조하는 9번째 전략을 추가하였다.

2024년 6월 기준, 제118대 미 의회(2023.1~2025.1)에서는 AI 관련 370건 이상의 법안이 발의된 것으로 알려져 있다. 제118대 의회는 혁신을 촉진하고 지원하는 동시에 규제의 강화를 목표로, 현행 연방 규제 체계가 AI 감독 및 정책 수립에 충분한지 평가하고 있다. 또한, 연방정부가 AI 연구 및 개발 지원에서 어떤 역할을 해야 하는지, AI 기술이 노동력에 미칠 잠재적 영향, AI 시스템의 투명성을 확보하기 위한 테스트와 검증, 핵무기 관련 의사결정, 생체인식 감시, 작업장 감시 등 AI 사용 금지 영역, 사이버 보안, 첨단 기상 모델링, 산불 감지, 공항 효율성 및 안전성 향상, 정밀 농업, 특정 의약품 처방 등 다양한 분야에서 AI 사용을 지원하며 신뢰할 수 있고 책임감 있는 AI 개발을 위한 방안을 검토하고 있다.

유럽연합(EU)

EU는 디지털 경제의 성장과 혁신을 지원하면서도 안전하고 투명한 디지털자산 생태계를 구축하기 위해 포괄적인 규제 체계 마련에 앞장서 왔다. 유럽연합 집행위원회European Commission, EC는 2020년 9월 ① 디지털 금융 전략, ②디지털자산시장 규제법안, ③금융업체의 디지털 운영 복원력 확보를 위한 법안, ④분산원장기술의 금융시장 인프라 시범 적용 방안을 포함한 '새로운 디지털 금융 패키지New Digital Finance Package'를 발표하며 디지털자산에 대한 논의를 시작했다.

이후 다양한 논의를 통해 법안이 수정·보완되었고, 유럽 의회 등의 승인을 거쳐 2023년 5월 EU는 세계 최초로 디지털자산 기본법인 '디지털자산시장 규제법Markets in Crypto-Assets, MiCA'을 제정하였다. 2023년 6월 9일 유럽연합 공식 관보에 공표되어 2023년 6월 29일부터 발효되었으며, 2024년 6월부터 세계 경제의 약 5분의 1을 차지하는 27개 EU 회원국 및 EU 전역에서 본격 시행됐다. MiCA는 디지털자산의 발행, 유통, 거래, 보관 등에 대해 EU 회원국이 적용할 수 있는 세계 최초의 포괄적 규제 프레임워크로서, 혁신을 지원하면서도 금융 안정성과 투자자 보호를 위한

EU의 디지털자산시장 규제법(MiCA) 구성

전문(제안이유) (1) ~ (119)	
본문	부속서
• 제1편 대상, 범위 및 용어 정의 • 제2편 자산준거토큰이나 이머니토큰이 아닌 디지털자산 • 제3편 자산준거토큰 • 제4편 이머니토큰 • 제5편 디지털자산서비스 제공자에 대한 인가 및 운영 요건 • 제6편 디지털자산 관련 시장남용 행위의 예방 및 금지 • 제7편 회원국 주무당국, EBA, ESMA • 제8편 위임법규 • 제9편 경과규정 및 관련규정 최종 개정	• 부속서 I 자산준거토큰이나 이머니토큰이 아닌 디지털자산 백서의 공시 항목 • 부속서 II 자산준거토큰 백서의 공시 항목 • 부속서 III 이머니토큰 백서의 공시 항목 • 부속서 IV 디지털자산서비스 제공자별 최소 자본요건 • 부속서 V 제3편 및 제4편 규정에 대한 중요 자산준거토큰 발행자의 위반 목록 • 부속서 VI 제3편 및 제4편 규정에 대한 중요 이머니토큰 발행자의 위반 목록

출처: 업비트(2023), '유럽연합(EU)의 디지털자산시장에 관한 법률(MiCA)' 번역 참고자료

디지털자산 시장 규제 도입을 목적으로 한다. 약 150여 페이지에 달하는 MiCA 법안은 증권에 대한 기존 EU 규정을 기반으로 작성되었다.

MiCA의 주요 특징 중 하나는 EU 내에서 디지털자산 서비스를 제공하려는 기업이 EU 27개 회원국 중 한 곳의 감독기관에서만 승인을 받으면, 27개 전체 회원국에서 사업을 진행할 수 있다는 점이다. 한 회원국에서 허가를 받은 기업은 다른 회원국에서 추가 승인 없이도 활동을 시작할 수 있다. 증권성 여부는 각 회원국의 재량에 따라 결정되며, MiCA는 포괄적인 가이드라인을 제공하고 각국이 독립적으로 증권성 여부를 판단할 수 있도록 했다.

MiCA는 디지털자산을 크게 세 가지 유형으로 분류하고, 각각 차별화된 규제를 적용한다. 이 유형에는 ①일반(기타) 디지털자산, ②법정화폐 Fiat Money 가치에 연계된 전자화폐토큰Electronic Money Tokens, EMTs, ③복수의 법정화폐나 단일 또는 복수의 디지털자산, 혹은 이들의 조합을 기반으로 안정적 가치를 유지하는 자산준거토큰Asset-referenced Tokens, ARTs이 포함된다. 토큰의 사용 범위가 확장될수록 규제가 더욱 엄격해지며, 특히 단일 통화권 내에서 교환 수단으로 사용되는 자산준거토큰의 일일 거래 수가 100만 건을 초과하고, 거래 총액이 2억 유로보다 클 경우 해당 자산준거토큰의 발행이 금지된다.

아울러, MiCA는 유럽 증권시장감독청European Securities and Markets Authority, ESMA에 디지털자산 관련 백서를 등록하여 투자자들이 상시 접근할 수 있도록 하고, 디지털자산 투자와 거래의 투명성 및 공시 요건을 명시하였다. 또한, 내부정보 이용 및 시장 조작 방지 조치를 규정하여 소비자 보호를 강화하는 데 중점을 두었다.

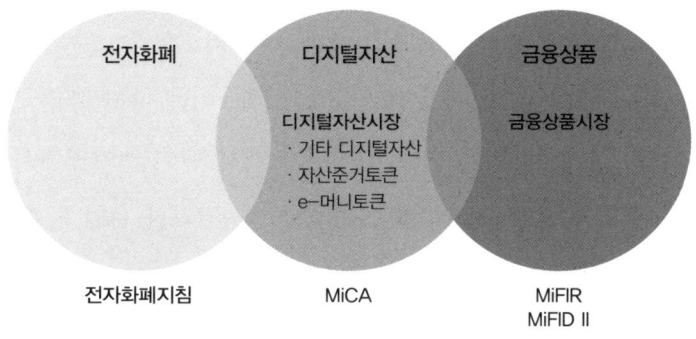

출처: 업비트(2023), '유럽연합(EU)의 디지털자산시장에 관한 법률(MiCA)' 번역 참고자료

    MiCA는 그동안 규제의 사각지대에 있던 디지털자산 분야를 규제 체계 안으로 포섭하는 데 성공한 세계 최초의 법안이다. 그러나 대체불가토큰NFT, 탈중앙화금융DeFi, 디지털자산 대출Lending 및 대차Borrowing 등의 영역은 여전히 규제의 회색지대에 남아 있어 모든 디지털자산 부문을 효과적으로 통제하기 어렵다는 우려도 제기되고 있다. 이에 유럽중앙은행European Central Bank, ECB 총재 크리스틴 라가르드는 이번 법안의 한계를 지적하며, NFT, DeFi, 대출 등 추가적인 디지털자산 영역을 다루기 위한 MiCA2에 대한 논의의 필요성을 제안한 바 있다.

    EU 가상화폐 산업은 MiCA에 대해 전반적으로 지지 의사를 나타내고 있으나, 기준을 충족하지 못할 경우 발생할 수 있는 높은 규제 비용에 대한 우려도 존재한다. MiCA 규제 요건을 준수하지 못할 경우, 디지털자산 사업자에게는 최대 수백만 유로의 벌금이 부과될 수 있으며, 이는 연간 매출액의 12.5%에 달할 수 있다.

또한, MiCA는 유럽 집행위원회가 NFT, DeFi, 디지털자산 대출과 대차 등 MiCA에서 다루지 않은 디지털자산 영역에 관한 보고서와 MiCA 적용에 따른 중간 및 최종 결과 보고서를 유럽 의회와 유럽 각료이사회에 정해진 기한 내에 제출할 것을 명시하고 있다. 이에 따라 유럽 집행위원회는 2024년 말까지 NFT, DeFi 등 MiCA에서 제외된 영역에서 추가적인 법안 제정이 필요한지 여부를 조사하고, 그 결과를 유럽 의회 및 유럽 각료이사회에 보고할 예정이다.

MiCA는 빠르게 성장하는 디지털자산 산업을 규제하려는 유럽연합EU의 선구적 접근을 보여주는 법안으로, 글로벌 디지털자산 업계에서 중요한 입법 성과로 평가받는다. MiCA의 규제는 EU의 디지털자산 시장뿐만 아니라 전 세계 디지털자산 업계의 표준으로 작용할 가능성이 있다. 특히, 자금 세탁 방지, 조세 회피, 은행 자본 규제, 사이버 보안, 분산원장

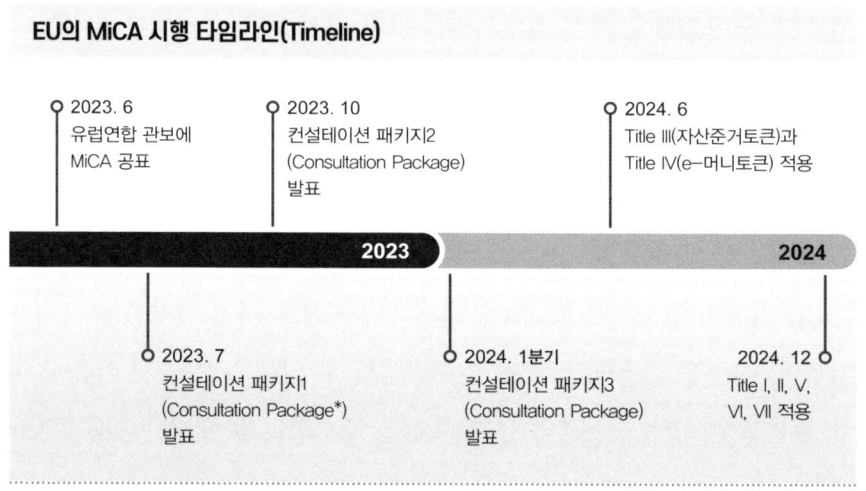

EU의 MiCA 시행 타임라인(Timeline)

출처: European Securities and Markets Authority
* 컨설테이션은 가상화폐 서비스 제공자를 위한 규정 제안에 대한 의견을 구하는 것으로 인증, 식별, 충돌 관리, 불만 처리 등에 초점을 맞춤

EU의 MiCA 디지털자산 유형별 차등규제 주요내용

구분	일반 디지털자산	자산준거토큰	e머니토큰
공통	• 백서 제공 정보에 대한 민사배상 책임 • 배상책임 배제의 법적 무효		
권유(발행) 또는 매매거래를 허용받기 위한 요건	• 법인인 자 • 백서 작성자 • 백서 통지자 • 백서 공표자 • 마케팅 홍보물 작성자/공표자 • 권유자 요건 준수자 • 일부 적용 예외	• 발행자일 것 • 인가받은 법인 • 사전통지 등 요건을 준수하는 여신기관 • 인가신청, 평가, 인가 부여/거부/취소 • 일부 적용 예외	• 발행자일 것 • 여신기관 또는 전자화폐 발행기관으로 인가받은 자 • 백서 당국 통보, 공표 • EMT는 전자화폐로 간주
권유자(발행자), 매매거래를 허용받으려는 자의 의무	• 정직, 공정, 전문가답게 행동 • 공정, 명확, 오해 없게 소통 • 이해상충 관리, 공시 • 시스템, 보안 접근 • 프로토콜 표준 준수	• 정직, 공정, 전문가답게 행동 • 보유자들에 대한 정보의 지속 제공 • 민원 처리절차 수립 • 이해상충 식별, 방지, 관리 및 공시	
디지털자산백서 마케팅 홍보물	• 내용과 형식 규제 • 책임 명시 문구 • 작성자 신원 명시(권유자와 다를 경우) • 미래가치 주장 금지 • 경영진의 진술 포함 • 요약부 포함 • 당국 통지, 공표, 정정 • 마케팅 홍보물 요건 준수	• 내용과 형식 규제 • 책임 명시 문구 • 작성자 신원 명시 • 미래가치 주장 금지 • 위험 정보 공시 • 경영진 진술 포함 • 요약부 포함 • 백서 통지/승인, 정정, 공표 • 마케팅 홍보물 요건 준수	• 내용과 형식 규제 • 작성자 신원 명시 • 책임 명시 문구 • 경고 문구 • 요약부 포함 • 공표전 당국 통보 • 중요내용 정정 • 마케팅 홍보물 요건 준수
추가 의무	• 권유 결과 공표 • 조달 자금, 디지털자산 안전 보관 • 일반보유자의 청약 철회권	• 1억 유로 이상 ART 모니터링, 분기별 보고 • 교환의 매개로 사용되는 ART 발행 제한 • 견고한 지배구조 체제 수립 • 경영진, 주요주주 요건 입증: 경영진 변경 통지 • 발행 중단 승인 등 자기 자금 요건 • 준비자산 요건 준수(확보, 구성, 운용, 위탁보관, 투자) 상환 청구권 • 이자 지급 금지 • 인수합병 계획 통지, 당국 평가 • 복원 및 질서 있는 상환 계획	• 상환 청구권 보장 • 액면가 발행 • 이자 지급 금지 • 발행 대금으로 받은 자금의 안전한 보관, 투자 • 복원 계획 및 질서 있는 상환 계획
중요 토큰 추가 규제		• 중요 ART 분류, 자발적 분류 요건 • 위험관리, 유동성 스트레스 테스트 수행	• 중요 EMT 분류, 자발적 분류 요건 • 위험 관리, 유동성 스트레스 테스트 수행

| 출처: 업비트(2023), '유럽연합(EU)의 디지털자산시장에 관한 법률(MiCA)' 번역 참고자료

기술 기반 증권 거래 등의 영역에서도 MiCA가 설정한 규제 프레임워크를 준용할 가능성이 크다. 더불어 미국, 아시아 등 주요 경제권에서도 디지털자산 관련 규제 정립에 힘쓰고 있어 MiCA는 이들 지역 국가들의 입법 및 규제 논의에 중요한 기준점이 될 것으로 예상된다.

한편, EU의 AI 규제 마련은 유럽연합 집행위원회 등을 중심으로 이루어지고 있다. 2024년 3월 유럽의회는 전 세계 최초의 포괄적인 AI 법안인 'EU 인공지능법EU Artificial Intelligence Act'을 통과시켰으며, 같은 해 5월 유럽연합 이사회는 해당 법안을 최종 승인했다. 2021년 4월 유럽연합 집행위원회가 법안Proposal for a Regulation Laying Down Harmonised Rules on Artificial Intelligence을 처음 제안한 후 3년만이다.

해당 법안은 AI 개발자, 배포자 및 사용자에게 특정 AI 용도에 대한 명확한 요건과 의무를 제시하는 것을 목표로 하며, 주요내용으로는 AI 적용에 따른 리스크 평가, 고위험 AI 적용 사례에 대한 정리 및 명확한

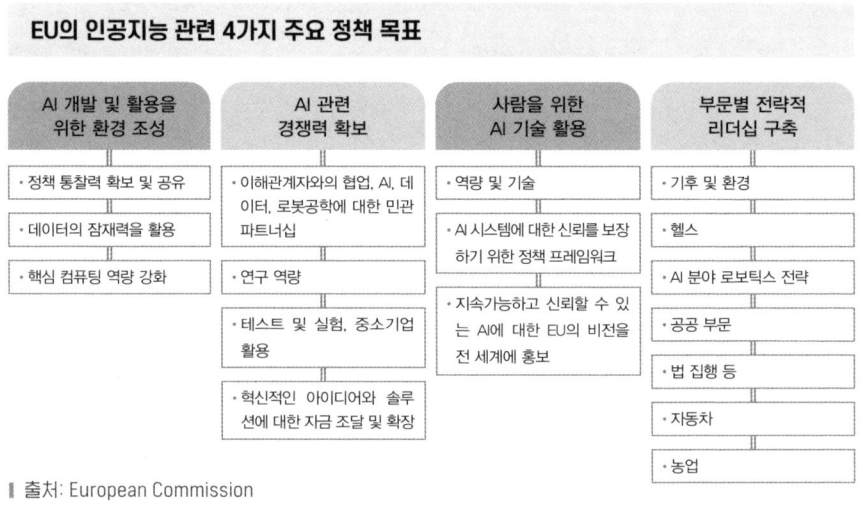

출처: European Commission

요건 설정, 고위험 AI 애플리케이션 제공자와 사용자에 대한 의무 부여, AI 시스템 출시 전 적합성 평가, 그리고 EU 및 개별 국가 차원의 거버넌스 방안 제안 등이 포함된다.

해당 법안의 핵심은 AI 시스템이 사용자에게 미치는 위험 수준에 따라 ①허용 불가 위험Unacceptable Risk, ②고위험High Risk, ③제한적 위험Limited Risk, ④최소 또는 무위험Minimal or No Risk으로 4단계로 분류하고, 이에 맞는 규제 요건을 적용하는 것이다. 허용 불가 위험은 ①무의식적 조작 및 왜곡된 의사결정 유도, ②취약 계층에 대한 악용, ③사회적 점수화, ④범죄행위 예측, ⑤무작위 얼굴 인식, ⑥감정 추론 시스템, ⑦생체 인식 기반 프로파일링, ⑧실시간 원격 생체 인식 시스템이 있으며, 허용 불가 위험에 해당하는 AI는 기술 개발이나 시장 출시가 전면 금지된다. 허용 불가 AI 시스템 관련 규정을 위반한 기업에게는 최대 3,500만 유로와 전년 회계연

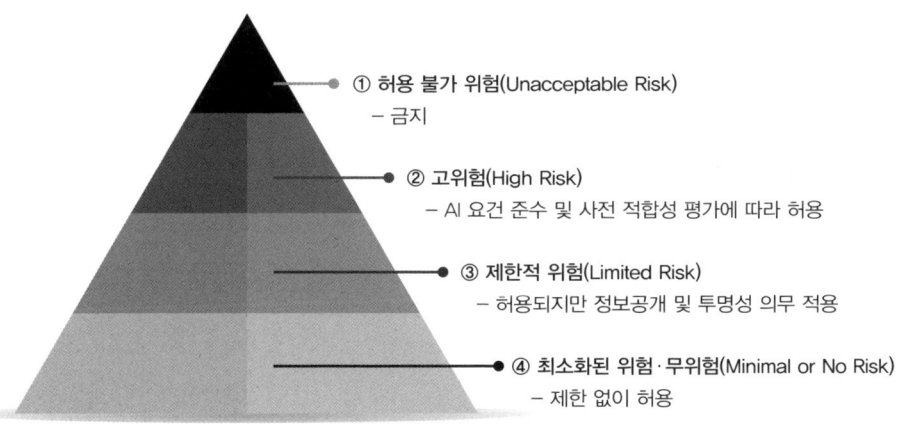

출처: European Commission

EU 인공지능법 관련 허용 불가 위험(Prohibited AI Practices)

허용 불가 위험 종류	상세
① 무의식적 조작 및 왜곡된 의사결정 유도	• AI 시스템이 사용자 의사결정 능력을 저해하여 무의식적 조작을 통해 개인이나 집단이 본래 내리지 않았을 결정을 유도함으로써 중요한 피해를 발생시키거나 그 가능성이 높은 경우
② 취약 계층에 대한 악용	• 연령, 장애, 사회적 또는 경제적 취약성을 악용하여 개인이나 특정 집단의 행동을 왜곡하여 심각한 피해를 유발하거나 그 가능성이 높은 경우
③ 사회적 점수화	• 개인의 사회적 행동이나 예측된 특성을 바탕으로 개인이나 집단을 평가·분류하는 AI 시스템으로, 이는 사회적 맥락과 무관한 불이익을 초래하거나 과도한 부정적 처우를 유발할 경우
④ 범죄위험 평가 및 예측	• 범죄 가능성 예측을 위해 단순 프로파일링이나 성격 특성 평가에 기반하여 개인의 위험도를 평가하는 AI 시스템으로, 객관적이고 검증 가능한 사실에 기반하지 않은 경우
⑤ 무작위 얼굴 인식	• 인터넷, CCTV 영상 등에서 무차별적으로 얼굴 이미지를 수집하여 얼굴 인식 데이터베이스를 구축하거나 확장
⑥ 감정 추론 시스템	• 직장 또는 교육기관에서 개인의 감정을 추론하는 AI 시스템으로, 의료 또는 안전 목적이 아닌 경우
⑦ 생체 인식 기반 프로파일링	• 개인의 생체 정보를 활용하여 인종, 정치적 견해, 종교적 신념, 성적 지향 등 민감한 정보를 유추하는 경우. 단, 법 집행 목적의 데이터 분류는 예외
⑧ 실시간 원격 생체 인식 시스템	• 공공장소에서 법 집행 목적으로 실시간 원격 생체 인식 시스템을 사용하는 경우. 단 실종자 수색, 테러 예방, 특정 범죄 용의자 확인 및 체포 등의 특정 목적에 한정될 때만 예외 허용

출처: https://artificialintelligenceact.eu/

도 글로벌 연매출액의 최대 7% 중 더 큰 금액에 대한 제재금이 부과된다.

더불어 해당 법안은 ①생체인식 식별 지원, ②중요 인프라의 관리·운영지원, ③교육 및 직업 훈련, ④고용, 근로자 및 자영업의 인력평가, ⑤필수 서비스 및 공공 서비스, ⑥법 집행, ⑦이민, 난민 및 국경 관리, ⑧사법 및 민주적 과정을 지원하는 AI 시스템을 고위험으로 분류하고, 이에 대한 강도 높은 요건을 시스템 공급자와 운영자, 수입업자, 유통업자에게 부과하고 있다. 특히, 공공 서비스 활용, 자연인 신용도 평가 등의 경우에는 시장 출시 전 사전 적합성 평가를 수행해야 하는 등 시스템이 안전한지 확인하기 위한 다양한 요건을 충족해야 한다. 고위험 AI 시스템 관련 규정을 위반 시 최대 1,500만 유로와 전년 회계연도 글로벌 연

EU 인공지능법 관련 고위험 AI(부속서 III)

고위험 AI 종류	상세
① 생체인식 식별 지원	• 원격 생체 인식 시스템: 특정 개인의 신원을 확인하는 목적으로 사용되지 않는 경우 고위험으로 분류 • 민감한 속성에 따른 생체 분류 시스템: 개인의 민감한 속성(예: 인종, 성별) 등을 추론하여 분류하는 AI 시스템 • 감정 인식 시스템: 사용자의 감정을 인식하는 AI 시스템
② 중요 인프라의 관리·운영지원	• 주요 디지털 인프라, 도로 교통, 수자원, 가스, 난방, 전력 공급 등과 같은 중요한 인프라의 안전 관리와 운영에 사용되는 AI 시스템
③ 교육 및 직업 훈련	• 입학 및 배정 결정: 교육 및 직업 훈련기관의 입학 또는 배정을 결정하는 AI 시스템 • 학습 결과 평가: 학습 결과를 평가하거나 학습 과정을 조정하는 AI 시스템 • 교육 수준 평가: 적절한 교육 수준을 평가하는 AI 시스템 • 시험 중 부정행위 탐지: 시험 중 금지된 행동을 감지하는 AI 시스템
④ 고용, 근로자 및 자영업의 인력평가	• 채용 및 인재 선발: 채용 및 인재 평가, 직무 추천 등 고용 관련 결정을 내리는 AI 시스템 • 근로 조건 및 성과 평가: 근무 조건, 승진, 업무 할당, 성과 및 행동을 평가하는 AI 시스템
⑤ 필수 서비스 및 공공 서비스	• 공공 지원 서비스 자격 평가: 공공기관이 개인의 공공 지원 자격을 평가하고, 서비스 승인·철회 등에 사용 • 신용 평가 및 점수: 신용 평가와 점수 산정에 사용되는 AI 시스템(단, 금융사기 탐지용 AI 시스템은 제외) • 보험 위험 평가: 생명 및 건강 보험 관련 위험 평가와 가격 책정에 사용 • 응급 상황 분류: 긴급 전화 분류 및 응급구조서비스 배치 우선순위를 결정하는 AI 시스템
⑥ 법 집행	• 범죄 피해자 위험 평가: 범죄 피해 가능성을 평가하는 AI 시스템 • 거짓말 탐지기 및 유사 도구: 법 집행기관이 사용을 목적으로 하는 거짓말 탐지기 및 유사 도구 • 증거 평가: 수사 또는 기소 과정에서 증거 신뢰도를 평가하는 AI 시스템 • 범죄 예측: 범죄 발생 가능성 평가, 성격 및 과거 행위 평가에 사용하는 AI 시스템 • 개인 프로파일링: 범죄 수사 및 기소 과정에서 개인을 프로파일링하는 AI 시스템
⑦ 이민, 난민 및 국경 관리	• 거짓말 탐지기 및 위험 평가: 이민자의 보안 및 건강 위험을 평가하는 AI 시스템 • 비자 및 난민 신청 평가: 비자 및 난민 신청서의 신뢰성을 평가하는 AI 시스템 • 개인 식별: 이민 및 국경 관리에서 개인을 식별하는 AI 시스템(단, 여행 서류 확인용 제외)
⑧ 사법 및 민주적 과정	• 사법 보조: 사법 기관에서 사실 및 법적 근거를 해석하거나 법 적용을 지원하는 AI 시스템 • 선거 영향력 행사: 선거 및 국민투표에서 투표 행위에 영향을 미치기 위한 AI 시스템(단, 행정적·물류적 지원 도구는 제외)

| 출처: https://artificialintelligenceact.eu/

매출액의 최대 3% 중 더 큰 금액에 대한 제재금이 부과될 수 있다.

딥페이크Deepfake와 같은 비인격화, 기만, 조작의 위험을 수반하는 사람과 상호작용하는 AI 시스템은 제한된 위험성을 갖는 시스템으로 분류되며, 이에 따라 투명성 의무가 부과된다. 투명성 의무는 시스템 제공자가 AI 사용 상황과 맥락을 고려해 상대방이 AI 시스템과 상호작용하고 있다는 사실을 명확히 인지할 수 있도록 고지해야 하는 책임을 의미하며, 이를 통해 사용자는 AI와의 상호작용을 분명히 인지하고 잠재적 위험으로부터 보호받을 수 있다. 오디오, 이미지, 동영상, 텍스트 등 합성 콘텐츠를 생성하는 AI 시스템의 공급자는 결과물이 기계 판독이 가능한 형태로 제공되도록 하고, 인공적 생성이나 조작을 판별할 수 있도록 해야 한다. 만약 시스템 제공자가 인증기관이나 관할 당국에 부정확하거나 불완전한 정보, 혹은 오해를 초래할 수 있는 정보를 제공할 경우 최대 750만 유로 또는 전년 회계연도 글로벌 연매출액의 최대 1% 중 더 큰 금

EU 인공지능 규제 법안의 고위험 AI 시스템 요건

시스템의 의도된 목적에 기반하여 리스크 관리 프로세스 수립 및 실행

- 고품질의 검증 및 테스트 데이터(관련성, 대표성 등) 사용
- 설명서 작성 및 디자인 로깅 기능 구축(추적 가능 및 감사 용도)
- 적절한 수준의 투명성을 보장하고 사용자에게 적절한 정보 제공
- 인간의 감독·감시체계 확보 (시스템에 내장되거나 또는 사용자에 의해 이행되는 형태)
- 견고성, 정확성 및 사이버 보안 확보

출처: European Commission

액이 제재금으로 부과될 수 있다.

마지막으로 최소화된 위험·무위험 AI 시스템에 대해서는 고위험 AI 시스템에 적용되는 규제와 연계하여 자율적인 규제 체계 및 AI 거버넌스 체계를 구축하도록 하였다. 특히, 명확한 목표와 성과 지표를 기반으로 한 자발적인 행동 강령을 도입하고, 이를 통해 AI 기술의 윤리적 개발과 활용을 위한 기업의 자발적인 참여를 유도하고 있다.

EU 인공지능법은 AI 시스템의 윤리적이고 안전한 개발과 사용을 위한 명확한 기준을 제공하고 있으며, 위험 기반 접근방식을 통해 위험도의 경중에 따라 AI 시스템을 분류하고, 각기 다른 규제를 적용하는 것이 특징이다. 세계 최초의 AI 법안으로, AI 시스템의 정의부터 이해관계자의 의무, 제재 조치에 이르기까지 포괄적인 규제 기준을 제공함으로써, AI 기술의 안전성과 신뢰성을 높이는 데 기여할 것으로 예상된다.

EU 인공지능 규제 법안의 고위험 AI 관련한 서비스 제공자 및 사용자 의무

구분	의무사항
서비스 제공자 의무	• 조직 내 품질 관리 시스템을 구축하고 구현 • 최신 기술 문서 작성 및 유지 • 사용자가 고위험 AI 시스템의 작동을 모니터링할 수 있도록 하는 로깅(Logging) 의무 수행 • 시스템의 적합성 평가 및 중요한 수정사항 발생시 재평가 수행 • EU 데이터베이스에 AI 시스템 등록 • CE 마크 부착 및 적합성 선언에 서명 • 출시 후 모니터링 실시 • 시장 감독기관과 협력
사용자 의무	• 사용 지침에 따라 AI 시스템 작동 및 운영 • AI 시스템 사용시 인간의 감독/감시체계 확보 • 잠재적인 운영 리스크에 대한 모니터링 • 심각한 사고나 오작동 등을 서비스 공급자나 관련 업체에 알림 • GDPR 등 기존 법적 의무의 지속 준수

출처: European Commission

더불어 본 법안은 AI 기술이 야기할 수 있는 사회적, 윤리적 문제에 대한 선제적 대응을 목표로 사전 예방적 규제 체계를 택하고 있고, 포괄적인 AI 규제 모델을 세계 최초로 제시함에 따라 글로벌 AI 규제·거버넌스 체계 구축 및 표준화를 촉진하는 데 크게 기여할 것으로 전망된다. 해당 법안은 단계적인 시행을 거쳐 2026년 8월부터 전면 시행될 예정이며, ChatGPT와 같은 범용 모델의 경우, 산업계가 충분히 대비할 수 있도록 유예 기간을 제공할 계획이다.

중국

중국은 2013년부터 금융기관에 디지털자산의 위험성을 고지하고 디지털자산 거래에 대한 경고를 지속해왔으며, 2020년 중국 인민은행의 은행법 개정을 통해 디지털자산 단속에 대한 법적 근거를 마련한 이후 강력한 규제 조치를 시행해왔다. 2017년에는 디지털자산의 초기코인공개Initial Coin Offering, ICO와 채굴을 전면 금지하였으며, 금융기관의 디지털자산 발행과 채굴을 금지하는 정책을 실행하였다.

2019년부터 주요 도시인 상하이, 선전, 베이징 등에서 디지털자산 관련 활동을 하는 기업과 거래소를 위법한 경영으로 간주하고 퇴출을 명령하는 시정조치를 내렸으며, 2020년에는 개정된 중국인민은행법 초안을 통해 위안화를 실물과 디지털 형식으로 구분하고, 금융기관, 조직, 개인의 디지털자산(화폐) 제작·유통을 금지하도록 규정하였다. 또한, 2021년에는 금융기관이 디지털자산의 등록, 거래, 투자, 결제 등 관련 업무를 수행하는 것을 금지하고, 민간 채굴기업에 대한 신고를 권고하여 디지털자산에 대한 엄격한 규제 정책을 강화하였다.

중국 당국이 디지털자산에 대한 규제를 강화하는 주된 배경에는 자금세탁과 같은 불법 행위 방지, 디지털자산 채굴에 따른 과도한 에너지 소비 등이 있지만, 근본적으로는 중앙은행 디지털 화폐CBDC인 디지털 위안화 발행을 추진하는 가운데, 비트코인과 같은 탈중앙화된 디지털자산이 화폐시스템에 미칠 수 있는 불안정성과 통화주권 침해 가능성에 대한 우려가 크게 작용한 것으로 보인다.

한편 중국은 AI 분야에서 강력한 역량을 보유한 국가 중 하나로, 중국의 AI 관련 특허 보유량은 전 세계 1위를 기록하고 있다. 더불어 중국의 AI는 음성·이미지 인식, 자연어 처리 등의 다양한 분야에서 세계를 선도하고 있다. 중국은 AI 규제에 있어 유럽연합의 포괄적인 접근방식과는 달리, 필요에 따라 단편적인 규제를 신속히 제정하고 개선하는 접근방식을 채택하고 있다.

최근 중국의 AI 관련 규제 움직임을 살펴보면, 2022년 3월, '인터넷 정보 서비스 알고리즘 추천 관리 규정Internet Information Service Algorithmic Management, IISARM'으로 알려진 새로운 데이터 개인정보 보호법이 시행되었으며, 중국 사이버공간관리국Cyberspace Administration of China, CAC을 포함한 네 개의 감독기관이 공동으로 발표했다. 해당 법안은 모바일 앱의 맞춤서비스에 적용되며, 기업의 알고리즘 운영이 공중의 권리를 침해하지 않도록 유도하고, 이를 체계적으로 관리하기 위해 설계되었다.

해당 규정에 따라 기업은 차별적이거나 편향된 사용자 태그를 제거해야 하며, 알고리즘을 통해 가짜뉴스를 생성하거나 조장하는 행위도 금지된다. 또한 인터넷 사용자가 타겟팅 키워드를 선택 또는 해제할 수 있게 함으로써 알고리즘 기반 추천서비스를 수신할지 여부와 그 범위를 결정할 수 있는 선택권을 부여한다. 이와 더불어, 사이버 활동에 취약한 노인 등 취약계층을 보호하는 조치도 포함된다. 알고리즘 추천 서비스를 제공하는 기업은 해당 서비스의 기본 원칙, 목적, 동기 등을 사용자에게 명확히 알리고 적절한 방식으로 공개하도록 규정하고 있다.

이후 중국 사이버공간관리국CAC, 공업정보화부Ministry of Industry and Information Technology, MIIT, 공안부Ministry of Public Security, MPS는 2022년 11월 25일 '중국 인터넷 정보 서비스 심층합성 관리 규정Provisions on the Administration of Deep Synthesis of Internet-based Information Services'을 공동으로 발표했다.

이 규정은 일명 딥페이크 규정으로 불리며, 5개 장에 걸쳐 총 25개 조항으로 구성되어 있다. 해당 규정은 심층합성 데이터 및 기술 관리에 대한 규제를 명확히 하고, 심층합성 서비스 제공업체와 기술 지원 업체가 주요 서비스 영역에서 법률 및 규정을 준수할 의무를 부과한다. 이 규정에 따라, 딥페이크 기술을 활용한 법령상 금지된 정보의 제작·복제·배포·전파 행위와 허위뉴스 등 불법 콘텐츠의 제작이 명시적으로 금지되었다.

2023년 7월, 중국 사이버공간관리국을 비롯한 6개 감독기관은 생성형 AIGenerative AI 서비스의 건전한 발전과 사회적 안정을 도모하기 위해 '생성형 인공지능서비스 잠정관리 방법Interim Measures for the Management of Generative Artificial Intelligence Services(이하 잠정관리 방법)'을 발표하고, 8월 15일부터 시행에 들어갔다. 이는 전 세계 최초로 생성형 AI를 규제하는 법령으로, 중국 내 AI 기술의 책임 있는 운영을 위한 규제적 토대를 마련하였다.

잠정관리 방법은 제2조에서 규제의 적용 범위를 중국 내 일반 대중이 접근할 수 있는 서비스로 한정하고 있다. 기업, 연구 및 학술 기관, 기타 공공기관에서 개발 및 활용하는 생성형 AI 서비스는 규제 대상에서 제외되며, 중국 외 사용자를 대상으로 하는 기술 역시 규제 범위에 포함되지 않는다. 또한, 잠정관리 방법 제22조는 생성형 AI 기술, 생성형 서비스 이용자 및 서비스 제공자에 대한 정의를 명확히 규정하고 있다. 생성형 AI 기술은 텍스트, 그림, 오디오, 비디오 등의 콘텐츠를 생성할 수 있

중국의 생성형 AI 관련 법률 및 규제

법안명	반포기관	통과일	시행일
사이버 보안법 (中华人民共和国网络安全法)	• 전국인민대표대회 상무위원회	• 2016년 11월 7일 제12기 전국인민대표대회 상무위원회 제24차 회의 통과	2017년 6월 1일
데이터 보안법 (中华人民共和国数据安全法)	• 전국인민대표대회 상무위원회	• 2021년 6월 10일 제13기 전국인민대표대회 상무위원회 제29차 회의 통과	2021년 9월 1일
개인 정보 보호법 (中华人民共和国个人信息保护法)	• 전국인민대표대회 상무위원회	• 2021년 8월 20일 제13기 전국인민대표대회 상무위원회 제30차 회의 통과	2021년 11월 1일
인터넷 정보 서비스 알고리즘 추천 관리 규정 (互联网信息服务算法推荐管理规定)	• 국가인터넷정보판공실 • 공업정보화부 • 공안부 • 국가시장감독 • 관리총국	• 2021년 11월 16일 국가인터넷정보판공실 2021년 제20차 실무회의 심의·의결, 2021년 12월 31일 공포	2022년 3월 1일
인터넷 정보 서비스 심층 합성 규정 (互联网信息服务深度合成管理规定)	• 국가인터넷정보판공실 • 공업정보화부 • 공안부	• 2022년 11월 3일 국가인터넷정보판공실 2022년 제21차 실무회의 심의·의결, 2022년 11월 25일 공포	2023년 1월 10일
생성형 인공지능서비스 잠정관리 방법 (生成式人工智能服务管理暂行办法)	• 국가인터넷정보판공실 • 국가발전개혁위원회 • 공업정보화부 • 교육부 • 과학기술부 • 공안부 • 국가방송총국	• 2023년 5월 23일 국가인터넷정보판공실 제12차 실무회 회의 심의 통과	2023년 8월 15일

┃ 출처: 장진보(Zhang, Zhen-Bao), 노소우(Lu, Xiao-Yu)(2023), '중국의 생성형AI 법적 규제에 관한 연구'

는 모델과 관련 기술로 정의되며, 생성형 서비스 이용자는 이 서비스를 통해 콘텐츠를 생성하는 조직 및 개인을 의미한다. 생성형 AI 서비스 제공자는 API 또는 기타 방식으로 생성형 AI 서비스를 제공하는 데 필요한 생성형 AI 기술을 활용하는 법인 또는 개인으로 정의된다.

잠정관리 방법은 생성형 AI 서비스 제공자에게 다양한 책임을 부과하며, 여기에는 AI 거버넌스, 교육 데이터 요구사항, 태그 및 레이블 지정 표준, 데이터 보호 프로토콜, 사용자 권리 보호 등이 포함된다. 또한, 생성형 AI 서비스 제공자는 잠정관리 방법 제9조에 따라 콘텐츠 생산자로서의 책임을 지며, 불법 콘텐츠가 발견될 경우 즉시 콘텐츠 생성 및 전송 중지, 삭제, 모델 최적화를 통한 문제 해결 등의 조치를 취하고, 제14조에 따라 이를 감독기관에 보고하도록 의무화되어 있다.

아울러, 생성형 AI 서비스 제공자는 합법적인 소스로부터 데이터와 기반 모델을 확보하고, 타인의 지적 재산권을 존중하며, 중국 법률에 따라 적법한 동의 또는 법적 근거를 바탕으로 개인정보를 처리해야 한다. 제7조는 생성형 AI 서비스 제공자가 데이터의 진실성, 정확성, 객관성 및 다양성을 유지하기 위해 트레이닝 데이터의 품질을 향상시킬 것을 요구하며, 제8조에서는 개발 단계에서 명확하고 구체적이며 실용적인 라벨링 규칙을 수립하고 데이터 라벨링 및 샘플 검증의 품질 평가를 통해 라벨링의 정확성을 보장할 것을 요구한다. 이와 더불어, 제12조에 따라 생성형 AI 서비스 제공자는 심층합성 관리 규정에 근거하여, 생성형 AI를 통해 생산된 콘텐츠에 식별 가능한 태그를 부착해야 한다.

제11조는 사용자의 권리와 개인정보 보호를 보장하기 위한 다양한 조항을 포함하고 있다. 서비스 제공자는 불필요한 개인정보 수집을 금지하

며, 입력 정보와 이용 기록을 이용자를 식별할 수 있는 방식으로 저장하는 것을 금지하고, 이용자의 정보와 이용 기록을 제3자에게 공개하는 것을 제한한다. 또한, 제11조와 제15조에 따라 서비스 제공자는 사용자 불만 사항을 접수하고 해결하기 위한 메커니즘을 마련해야 하며, 이용자가 개인정보의 열람, 사본 요청, 정정, 삭제를 요구할 경우 이를 신속히 처리해야 한다. 잠정관리 방법은 고위험 서비스를 명시적으로 식별하지는 않지만, 제17조에 따라 여론 형성이나 사회적 동원과 관련된 생성형 AI 서비스에 대해 보안 평가를 수행하고 관련 알고리즘을 제출할 것을 요구하고 있다.

중국은 AI 규제 정립과 관련하여 국가 차원에서 유독 발빠르게 대응하고 있다. 중국의 AI 규제 정책은 디지털 주권과 국가 안보 강화를 목표로 하고 있다. 특히, 딥페이크 및 생성형 AI에서의 민감한 데이터 활용과 불법 콘텐츠 생성을 엄격히 차단하기 위한 구체적인 통제 조치 마련에 집중하는 경향을 보이고 있다. 이러한 정책 방향은 AI 기술이 초래할 수 있는 사회적 혼란과 정보 왜곡을 사전에 차단하고, 중앙 정부의 디지털 통제력을 강화하는 데 목적이 있는 것으로 판단된다. 이는 미국과의 패권 및 기술 경쟁 속에서 국내 안정을 우선시하려는 중국 정부의 의도를 반영한 조치라 할 수 있다. AI와 디지털 기술의 사회적 적용이 확대되는 상황에서 중국 정부의 신속한 규제 대응은 정부가 기술 활용의 방향성과 속도를 주도하고 감독할 수 있는 기반을 확보하게 함으로써, 안정적인 사회 질서를 유지하고 글로벌 디지털 주권 경쟁에서 우위를 확보하려는 전략적 의도가 반영된 것으로 판단된다.

중국 생성형 AI 서비스 주요 의무

의무 유형	관리 조치	상세
감독관리기제에 관한 의무	• 분류분급 감독규칙(제3조) • 관리기관이 대응하는 분류분급 감독규칙 또는 지침(제16조) • 안전평가 및 알고리즘 등록 의무 (제17조) • 사용자 불만처리 및 제보 메커니즘(제18조) • 감독내용(제19조)	• 감독기제에서「관리 조치」는 분류분급 감독을 채택하고 있으며,「인터넷 정보 서비스 알고리즘 추천 관리 규정」의 인터넷 정보 서비스 감독 방식을 계승하여, 정보통신관련 기관에게 언론 특성 또는 사회 동원 능력이 있는 생성형 인공지능 서비스 제공자가 안전평가 및 알고리즘 등록 의무를 준수하도록 요구. 동시에 사용자 불만처리 및 제보 메커니즘을 갖추어 사용자가 감독기관에 제소 및 신고할 수 있는 경로를 제공
알고리즘 훈련에 관한 의무	• 알고리즘 훈련 데이터의 요구사항(제7조) • 인공 가중치 규칙, 데이터 주석 품질 평가 및 교육 요구사항 (제8조) • 알고리즘 교정 의무(제14조, 제15조)	• 알고리즘 훈련에 대해,「관리 조치」는 사전, 중간, 사후 전체적인 감독 체계를 구축하고 있으며, 아래와 같은 내용을 포함. ①알고리즘 훈련 데이터와 기본 모델의 출처가 합법적임을 보장하는 요구사항, ②인공적인 알고리즘 주석은 규범을 준수하도록 제정하고, 주석 인력에 대한 교육을 실시하며, 주석 내용을 샘플로 검토, ③데이터 주석의 품질 평가를 실시하며, 주석 내용의 정확성을 샘플로 검토, ④부적절한 내용이 생성되었을 경우 알고리즘 수정 조치
콘텐츠 관리 및 서비스 제공에 관한 의무	• 차별금지 내용 생성(제4조) • 콘텐츠 제공자 책임(9조) • 내용표시(제12조) • 위법내용 처리 메커니즘 (제14조)	• 전반적으로,「관리 조치」는 불적절한 콘텐츠의 생성을 방지하고 그에 상응하는 콘텐츠 표시 의무를 이행하도록 요구. '의견 청취 원안'과 비교하여 「관리 조치」는 더 이상 사용자가 신원 정보를 제공하는 것을 강제하지 않으며, 서비스 제공자와 사용자가 서비스 계약을 체결하는 요구사항이 추가되었으며, 불법적인 콘텐츠 처리 문제에서 3개월 내에 모델 최적화를 강제하는 의무가 삭제되었고, 서비스 제공자의 경고 및 보고 의무는 추가
사용자 관련 의무	• 중독 방지 메커니즘(제10조) • 이용자 지도의무(제10조) • 사용자 입력 데이터 보호 (제11조) • 서비스 안정성 의무(제13조) • 사용자 불만 처리 메커니즘 (제15조)	• 생성형 인공지능이 사용자에게 미칠 수 있는 영향을 고려하여,「관리 조치」는 제공자가 다양한 조치를 취하도록 요구하며, 사용자의 권리를 보호하면서 최종 사용자가 생성형 인공지능에 대해 올바른 태도를 가질 수 있도록 촉진하고 사용자가 합리적으로 이를 사용하도록 안내
기타	• 해외 서비스 제공자의 위법한 처분(20조) • 법에 의한 행정허가 취득 의무 (제23조) • 외국인 투자 요건(제23조)	• 가능한 상황에 대한 원칙적인 규정은 대부분 구체적인 규정이 없으며 향후 관련 지원 규정이 도입될 것으로 예상

┃ 출처: 장진보(Zhang, Zhen-Bao), 노소우(Lu, Xiao-Yu)(2023), '중국의 생성형AI 법적 규제에 관한 연구'

POINT

- 금융산업 내 신기술 적용 및 새로운 비즈니스 모델 등장 등에 따라 리스크 또한 크게 증가하였으며, 이에 전 세계 금융감독기관들을 중심으로 새롭게 부상한 금융산업 내 리스크를 신속하고 정확하게 식별하고, 해당 리스크를 통제·완화할 수 있는 규제 대응의 필요성이 증가하였다.

- 디지털 금융 비즈니스 모델의 발전 양상
- 미래 금융산업의 패러다임을 제시하는 디지털 혁신 사례

제6장

미래 금융 패러다임을 선도하는 혁신 비즈니스 모델

✦✦ 용어해설 ✦✦

환율 스프레드
특정 통화의 매입 환율과 매도 환율의 차이를 의미.

스위프트(Society for Worldwide Interbank Financial Telecommunication, SWIFT)
단어는 국제은행간통신협회를 뜻하지만, 일반적으로는 글로벌 금융기관들이 서로 안전하게 금융거래 및 결제를 할 수 있도록 지원하는 전산(통신)망을 의미.

재보험
보험사가 리스크 관리 측면에서 인수한 보험계약 일부 또는 전부를 다른 보험사에 다시 넘기는 것을 의미.

보험 손해율
보험사가 받은 보험료 가운데 사고가 발생했을 때 피해자에게 지급한 보험금의 비율.

서비스형 뱅킹(Banking as a service, BAAS)
은행 인프라 개방을 통해 데이터와 기능에 대한 접근을 허용함으로써 은행의 디지털 뱅킹을 제3자의 상품·서비스 혹은 제3자가 운영하는 플랫폼에 통합하는 비즈니스 모델.

디지털 금융 비즈니스 모델의 발전 양상

디지털 금융 비즈니스 모델은 디지털 기술을 활용하여 금융서비스의 접근성, 효율성, 고객 편의성 등을 획기적으로 높이고, 고객 경험을 혁신하며 새로운 가치를 창출하는 비즈니스 모델이다. AI, 빅데이터, 블록체인, 사물인터넷 등 첨단기술을 기반으로 디지털·언택트Untact 채널을 통해 사용자에게 맞춤화되고, 편의성이 극대화된 다양한 금융서비스를 제공한다.

디지털 금융은 세 가지 주요 기능 및 기대효과를 통해 가치를 창출한다. 첫째, 디지털 기술을 기반으로 디지털화Digitalization 및 자동화Automation 등을 통한 업무 및 서비스의 고도화이다. 이는 비즈니스 모델의 변경이 아닌, 콘텐츠를 디지털 형식으로 전환하는 것을 의미하며, 업무 자동화 프로세스 도입, 모바일뱅킹 등 디지털 채널 확장 등을 예로 들 수 있다.

둘째, 디지털 기술을 활용하여 기존 금융서비스의 편의성과 접근성을 크게 개선하는 금융 혁신Financial Innovation이다. AI 기술을 활용하여 중저신용자의 대출 접근성을 개선한 P2P 대출 및 대안 신용평가, 자산가들의 전유물이었던 자산관리서비스에 대한 접근성을 높인 로보어드바이저, 소비자에게 보다 유리한 환전 조건을 제시하는 핀테크 환전서비스 등이 이에 해당한다.

셋째, 디지털 기술을 바탕으로 기존에 존재하지 않았던 새롭고 혁신적인 금융상품, 서비스 및 비즈니스 모델을 개발Creating Innovative Business Models하는 것이다. 이는 금융시스템의 기존 패러다임을 근본적으로 변화시키려는 접근방식으로, 블록체인, 스마트계약 등 혁신적 기술을 활용해 금융의 본질을 재정립하려는 디파이DeFi, 디지털자산 등이 이에 해당한다.

더불어 디지털 금융은 세 가지 주요 방향성을 중심으로 진화하고 있다. 첫째, 고객 중심적 접근을 통해 '고객 편의성과 만족도 극대화'라는 목표로 발전하고 있다. 이는 고객의 니즈를 정확히 파악하여 이를 충족할 수 있는 편의성과 차별화된 경험을 제공하는 금융서비스로 구현된다. 이를 위해 금융서비스 제공업체들은 고객 맞춤형 콘텐츠와 피드를 적극 활용하거나, 금융상품 선물하기와 같은 독창적 서비스를 도입하여 새로운 경험을 제공하고 있다. 또한, 금융에 재미와 스토리 등 엔터테인먼트적 요소를 접목한 펀Fun 금융을 도입하여 고객이 금융서비스를 보다 친숙하고 즐겁게 경험할 수 있도록 함으로써, 고객과의 관계를 강화하고 만족도를 높이는 데 주력하고 있다.

둘째, 디지털 금융은 '데이터 활용의 극대화'를 통해 고객 서비스를 더욱 정교하고 맞춤화된 방식으로 제공하고 있다. 금융데이터를 수집·분석하여 고객별 맞춤형 금융서비스를 제안하는 것을 넘어, 검색·쇼핑 기록, 소셜 네트워크, 소비 패턴, 위치, 동선 등 비금융데이터를 통합 분석해 고객의 니즈를 보다 세밀하게 파악하려는 시도가 확대되고 있다. 이러한 데이터 기반 접근은 인공지능과 머신러닝 기술을 통해 고객의 행동을 예측하고 최적의 금융서비스를 제안하는 데 활용되며, 이를 통해 금융기관은 고객의 요구에 더욱 정밀하게 대응할 수 있다.

셋째, 디지털 금융은 산업 간 경계를 넘어 '다양한 산업과의 융합'을 통해 새로운 가치를 창출하는 방향으로 발전하고 있다. 전통 금융기관뿐 아니라 핀테크 및 빅테크 기업들 또한 헬스케어, 리테일, 모빌리티 등 이종 산업과 협력하여 새로운 서비스 생태계 구축에 힘쓰고 있다. 예를 들어, 리테일 플랫폼에서 소비 데이터를 기반으로 임베디드 금융상품을 제공하거나, 헬스케어 데이터를 연계하여 건강 상태에 따른 보험료 산정 모델을 개발하는 등 금융과 타 산업이 융합하는 사례가 점차 증가하고 있다. 이러한 디지털 금융의 흐름은 금융산업을 넘어 다양한 산업과의 융합을 통해 혁신적 금융서비스의 지속적인 개발과 확산을 촉진할 것으로 예상된다.

디지털 금융서비스는 향후 인공지능, 머신러닝, 빅데이터 분석 등 고도화된 기술을 기반으로 더욱 편리하고 비용 효율적이며 정교하게 맞춤화된 서비스로 발전할 전망이다. 이러한 기술적 진보는 고객의 요구를 사전에 예측하고 실시간으로 대응할 수 있는 맞춤형 금융서비스를 가능하게 하며, 복잡한 금융 의사결정까지 지원하는 고도로 편의화된 금융 환경을 제공할 것이다. 향후 금융산업의 경쟁 구도는 고객 경험의 질과 혁신적 금융서비스 제공 역량을 중심으로 재편될 것으로 보이며, 이러한 변화 속에서 디지털 금융은 금융산업 전반에서 혁신의 중심에 서며 금융의 미래를 새롭게 정의하는 핵심 경쟁 요소로 자리 잡을 것이다.

본 장에서는 혁신적 디지털 금융 비즈니스 모델을 통해 금융산업의 패러다임 전환을 주도하며, 금융 혁신과 시장 트렌드를 선도하는 기업들을 심층적으로 분석하고, 이를 바탕으로 미래 금융산업의 발전 방향을 조망하고자 한다.

미래 금융산업의 패러다임을 제시하는 디지털 혁신 사례

와이즈 *wise*

와이즈Wise는 더 저렴하고 빠르며 편리한 해외송금 서비스를 제공하는 것을 목표로 하는 핀테크 기업이다. 2011년 런던에서 금융 전문가 타베트 힌리쿠스Taavet Hinrikus와 크리스토 카아르만Kristo Kaarmann이 트랜스퍼와이즈TransferWise라는 이름으로 설립했으며, 2021년 2월 현재의 와이즈Wise로 사명을 변경했다. 두 설립자는 런던에 거주하는 외국인으로, 자신들이 번 자금을 고국으로 송금할 때마다 높은 수수료에 불만을 느꼈고, 이를 해결하기 위해 어떻게 하면 더 저렴하게 해외송금을 할 수 있을지 고민한 것이 와이즈 설립의 계기가 되었다고 알려져 있다.

2023년 기준 와이즈는 전 세계적으로 1,600만 명 이상의 사용자를 보유하고 있으며, 글로벌 해외송금 거래의 약 5%가 와이즈를 통해 이루어지고 있다. 와이즈에 따르면, 2023년 회계연도 동안 와이즈를 이용한 고객들이 은행을 통해 송금할 때보다 약 15억 파운드에 달하는 수수료를 절감한 것으로 나타났다.

국제송금과 관련하여 고객들이 큰 불편을 느끼는 부분은 높은 수수료와 더불어 서비스 속도가 느리다는 점이다. 은행의 해외송금 수수료는 송금에 이용하는 은행에 따라 최대 20%까지 상이한 수수료율이 적용되기도 한다. 소비자 입장에서는 각 은행의 해외송금 수수료를 개별적으로

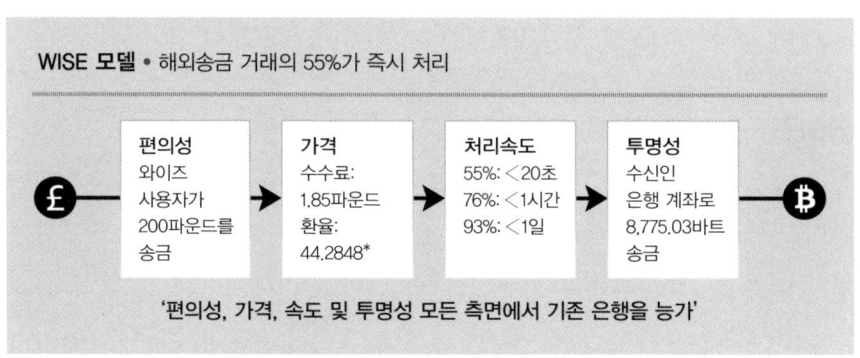

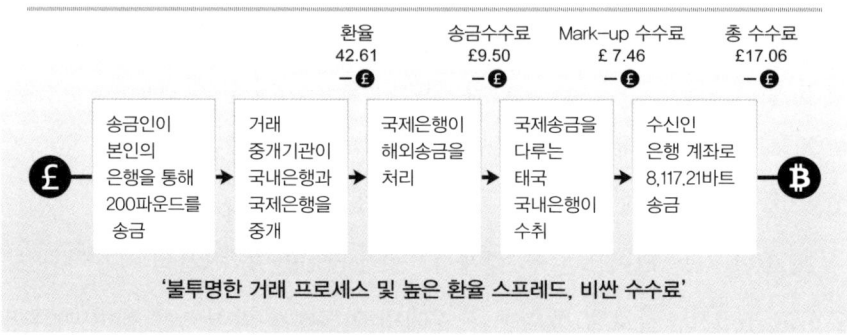

┃ 출처: Wise, 2023 Annual Report and Accounts
　* 2023년 6월 16일 기준 와이즈 적용 환율 / 와이즈를 통해 영국 파운드화를 태국 바트화로 송금

확인하기 어려워, 그간 은행을 비롯한 금융기관의 해외송금 서비스는 수수료 투명성이 부족하다는 비판을 받아왔다.

또한 환전 시 은행별로 제시하는 환율 스프레드(매입 환율과 매도 환율 간 차이)가 달라, 소비자들은 금융기관에 따라 상이한 스프레드를 적용받게 되며, 금융기관이 제시하는 스프레드가 클수록 소비자의 비용 부담은 더욱 커지게 된다. 전통적으로 해외송금 서비스는 은행을 중심으로 이루어져 왔는데, 은행의 해외송금 서비스는 낡은 인프라에 의존하고, 중개 중심 네트워크Intermediary-heavy Network와 관련된 비용을 충당하기 위해 상대적으로 높은 수수료를 부과하는 경향이 있다.

와이즈는 2024년 6월 기준 전 세계 160개 이상의 국가에서 40개 이상의 통화로 해외송금을 지원하며, 수신인은 와이즈 플랫폼에 별도의 계좌를 개설할 필요 없이 자신이 보유한 은행 계좌로 직접 송금을 받을 수 있다. 사용자는 자신의 은행 계좌, 카드, 또는 와이즈 계좌에 보유한 잔액을 활용해 국제송금 서비스를 이용할 수 있다. 와이즈는 기존 은행의 해외송금 서비스에 비해 훨씬 낮은 수수료와 더 빠른 속도로 해외송금을 제공하는 것이 특징이다. 와이즈의 수수료는 송금액에 따라 차이가 있지만, 최저 수수료율은 0.41%이며, 평균적으로 와이즈 사용자는 송금액의 약 0.6%에 해당하는 저렴한 수수료를 지불하게 된다.

와이즈가 은행 대비 저렴하고 빠른 해외송금 서비스를 제공할 수 있는 이유는 그 송금 방식이 기존 은행과는 근본적으로 다른 메커니즘을 채택하고 있기 때문이다. 은행은 해외로 자금을 송금할 때 국제 금융 및 외환 거래와 관련한 자금 결제, 메시지 전송 등을 처리하기 위해 국제 은행 간 통신망인 스위프트Society for Worldwide Interbank Financial Telecommunication,

SWIFT를 사용한다. 반면, 와이즈는 스위프트 대신 전 세계 70여 개 파트너십을 기반으로 구축된 수천 개의 은행 계좌 네트워크를 활용한다. 쉽게 이야기해서 각 국가별로 해당 국가의 통화를 보유한 계좌(돈주머니)를 전 세계 곳곳에 보유하고 있다는 말이다.

예를 들어, 영국에 있는 와이즈 사용자가 미국으로 송금을 요청하고 영국의 와이즈 계좌로 송금액을 입금하면, 와이즈는 미국에 보유한 계좌에서 수신인에게 필요한 금액을 송금하는 구조로 거래가 이루어진다. 즉, 송금인의 자금은 자국 내 와이즈 보유 계좌로 이동하고, 수신인의 자금은 수신인 국가 내 와이즈 계좌에서 지급되기 때문에 실제로는 자금이 국경을 넘지 않는다.

와이즈는 스위프트와 중개인을 거치지 않는 방식으로 자금을 이동하여 더 낮은 비용과 더 빠른 속도로 송금 서비스를 제공하며, 이를 통해 소비자는 보다 낮은 수수료와 유리한 환율을 적용받게 된다. 송금 소요 시간도 전통적인 은행의 해외송금보다 훨씬 단축된다. 와이즈에 따르면, 전체 해외송금 거래의 55%가 25초 이내에 완료되며, 76%는 1시간 내, 93%는 24시간 이내에 이루어진다.

소비자가 와이즈 계정을 개설하고 자금을 예치하면, 40개 이상의 통화로 잔액을 보유할 수 있으며, 필요할 때마다 저렴한 환율과 수수료로 원하는 통화로 손쉽게 환전할 수 있다. 해외송금을 위해 필요한 정보는 수취인의 성명, 은행명, 은행 계좌번호, 국가 코드, 송금액이 전부다.

만약 수신인이 와이즈 계정을 보유하고 있다면, 송금은 더욱 간편해진다. 사용자가 와이즈 앱에서 스마트폰 연락처를 동기화하면, 수신인의 전화번호나 이메일 주소만으로도 자금을 와이즈 계정으로 직접 이체할 수 있다. 수신인의 이메일 주소나 전화번호를 통해 와이즈 계정 간 송금이 가능하기 때문에, 와이즈 계정을 가진 사용자는 연락처에 있는 누구에게나 손쉽게 해외송금을 보낼 수 있다.

또한, 사용자 계좌정보를 클릭하여 '계좌정보 복사' 기능을 통해 간편하게 자신의 계정정보를 다른 사람에게 전달할 수 있다. 와이즈 계정 간 동일 통화 이체는 수수료 없이 무료로 진행되며, 수수료는 환전이 필요한 다른 통화로의 이체 시에만 발생한다.

와이즈는 사용자가 계정 내 예치된 자금을 더욱 자유롭게 사용할 수 있도록 와이즈 직불카드 서비스를 제공한다. 직불카드를 신청하는 데에는 한 번의 수수료로 9달러가 부과되며, 와이즈 직불카드는 온라인 결제뿐 아니라 오프라인에서의 ATM 출금 등 다양한 용도로 사용할 수 있다.

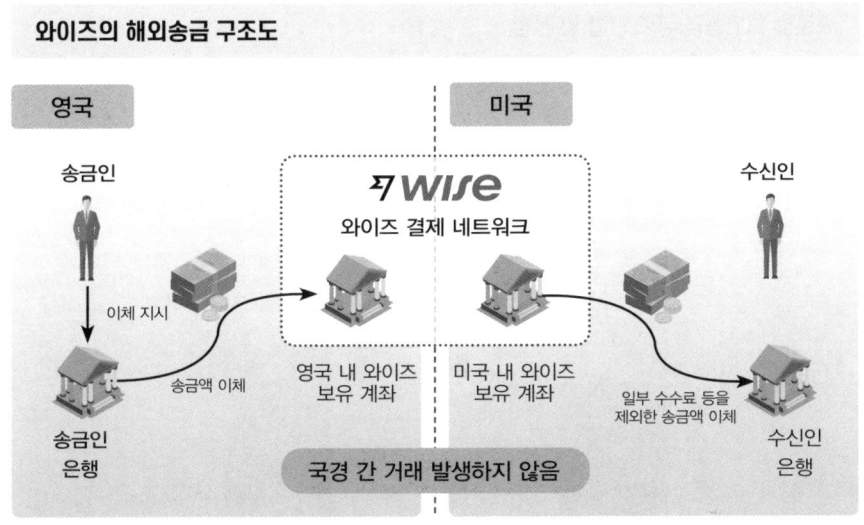

| 출처: 저자 작성
* 영국 내 송금인이 미국 내 수신인에게 송금하기 위해 본인 은행 계좌로 와이즈 해외송금 서비스를 이용하는 경우를 가정

와이즈 직불카드를 통해 ATM에서 인출 시, 미화 100달러 이하의 금액은 월 최대 2회까지 수수료 없이 인출 가능하며, 이후에는 건당 1.5달러와 인출 금액의 2%에 해당하는 수수료가 부과된다.

세계가 점차 국제화됨에 따라 국제 무역과 해외여행의 증가로 자금 이동과 관리의 필요성도 커지고 있다. 글로벌 전략 컨설팅 기업 에드가 던 앤 컴퍼니Edgar, Dunn & Company의 분석에 따르면, 해외송금, 전자상거래 결제, 부동산 투자, 국경 간 결제, 해외 상품 및 서비스 결제 등을 포함한 국경 간 송금 시장 규모는 2021년 기준 약 22.2조 파운드에 이르렀으며, 2027년에는 약 28.5조 파운드에 이를 것으로 예상된다.

해외송금 시장의 지속적 확대에 따라 와이즈의 성장 잠재력 또한 높아질 것으로 전망된다. 와이즈는 기존의 은행 중심 해외송금 방식에서 벗

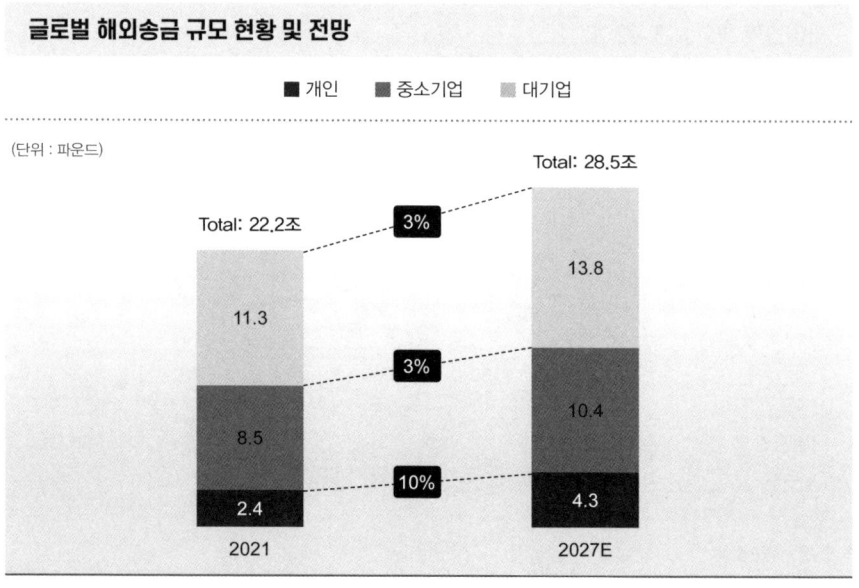

출처: Wise, 2023 Annual Report and Accounts

어나 자체적인 결제 및 송금망을 구축하여 소비자에게 더 편리하고 합리적인 해외송금 서비스를 제공하는 데 기여하고 있다.

비바 리퍼블리카(Viva Rupublica) toss

핀테크 기업 비바 리퍼블리카Viva Republica는 간편송금 및 결제서비스로 시작해 현재 종합금융플랫폼으로 성장한 '토스Toss'를 운영하고 있으며, 2013년 8월, 치과의사 출신인 이승건 대표에 의해 설립되었다. 2018년 기업가치 10억 달러로 국내 최초의 핀테크 유니콘이 된 토스는 이제 기업가치 100억 달러를 의미하는 '데카콘Decacorn'을 목표로 하고 있으며, 2024년 토스의 상장 주관사들이 제시한 기업가치는 15조~20조 원으로 알려졌다. 비바 리퍼블리카는 라틴어로 '공화국 만세'라는 의미를 가지며, 18세기 프랑스 혁명의 구호로도 알려져 있다. 이승건 대표는 프랑스 혁명만큼 새롭고 혁신적인 서비스를 만들겠다는 비전이 사명에 담겨 있다고 언급한 바 있다.

토스는 복잡하고 불편한 금융거래를 보다 편리하게 만들고자 하는 사회적 문제 해결의 필요성에서 출발했다. 토스의 간편결제 서비스는 공인인증서나 보안카드 없이도 상대방의 계좌나 휴대폰 번호만으로 간편하게 송금을 할 수 있는 기능을 제공하여 국내 금융 접근성을 크게 향상시켰다.

토스는 2015년 2월 혁신적인 모바일 간편결제 서비스를 출시한 것을 시작으로, 대출, 보험, 저축, 투자 등 70개 이상의 다양한 금융서비스를

토스 기업소개

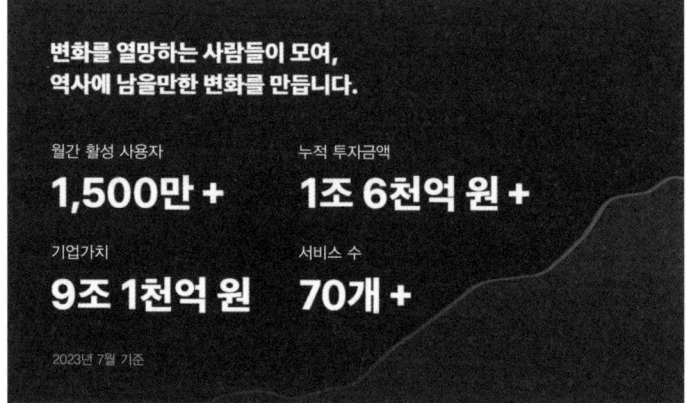

┃ 출처: 토스(Toss)

제공하는 종합금융플랫폼으로 빠르게 성장했다. 2022년 4월 기준 누적 가입자 수는 2,200만 명에 달하며, 2023년 7월 기준 월간 활성 사용자 수는 1,500만 명으로 대한민국을 대표하는 금융 슈퍼앱SuperApp으로 자리 잡았다. 특히 국내 20대의 90% 이상, 30대의 79%, 40대의 67%가 토스를 사용하고 있다.

토스는 CMSCash Management Service 자동이체를 위한 펌뱅킹Firm banking 네트워크를 활용해, 비금융기관이 금융기관을 거치지 않고도 자금을 출금할 수 있다는 점에 착안하여 공동인증서 없이 송금이 가능한 간편송금 서비스를 출시했다. 기존 은행 송금 서비스에 비해 획기적으로 개선된 이 높은 편의성은 MZ세대 사이에서 큰 호응과 인기를 얻었다. 또한, 토스는 젊은 고객층을 겨냥한 세련된 디자인과 직관적인 사용자 인터페이스User Interface, UI, 탁월한 사용자 경험User Experience, UX을 제공하여 이들의 관심과 호응을 끌어내는 데 성공했다.

토스는 간편송금 외에도 카드, 대출, 보험, 부동산, 자동차 정보 등을 한 번에 확인할 수 있는 금융통합 조회 서비스와, 유료였던 신용등급을 무료로 조회할 수 있는 신용등급 조회 서비스 등 혁신적인 금융서비스를 통해 국내 금융권에서 입지를 강화해왔다. 특히 토스는 지속적인 성장과 함께 서비스 범위를 점진적으로 확장하고, 사용자의 금융 생활을 한층 편리하게 하는 다양한 기능을 추가함으로써 사용자 만족도를 높이는 슈퍼앱 전략을 효과적으로 구현하고 있다.

2020년 8월에는 LG유플러스의 전자지급결제대행사Payment Gateway, PG를 인수해 간편결제 서비스 '토스페이'를 제공하는 토스페이먼츠를 설립했다. 2023년 3월, 토스페이먼츠는 애플의 글로벌 간편결제 서비스인 애플페이Apple Pay의 공식 PG 파트너사로 선정되어, 가맹점이 애플페이를 도입할 수 있도록 지원하고 있다.

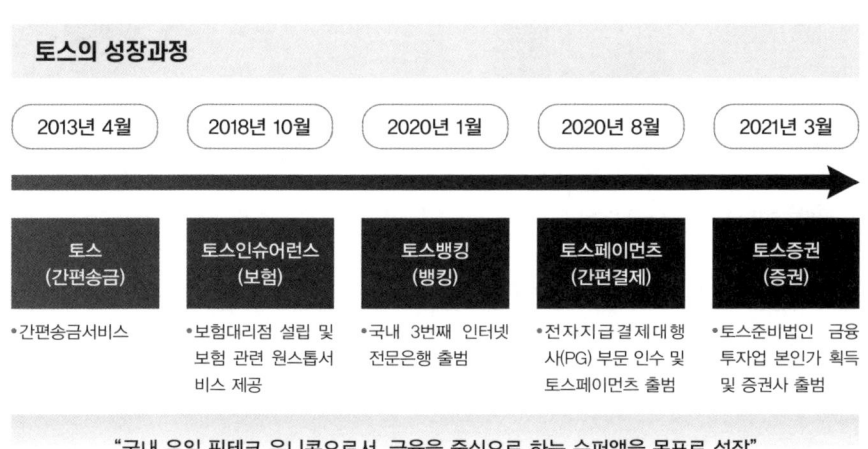

출처: 저자 작성

2023년 7월, 토스페이먼츠는 토스페이의 결제 영역을 오프라인으로 확장하였고, 11월에는 해외 42개국에서 토스페이 오프라인 결제서비스를 출시했다. 같은 해 9월에는 '알리페이플러스Alipay+'와의 제휴를 통해

출처: 토스(Toss)

중국 내 오프라인 결제를 개시했으며, 이후 말레이시아, 미국, 영국, 호주, 일본, 싱가포르 등 아시아, 미주, 유럽, 호주 지역으로 서비스 범위를 확대했다. 이를 통해 약 2,600만 명의 토스 사용자들이 해외의 다양한 지역에서 오프라인 결제서비스를 이용할 수 있게 되었다.

토스는 보험사업 진출을 위해 2018년 10월 법인보험대리점General Agency, GA 자회사인 토스인슈어런스를 설립했다. 2022년 1월, 토스인슈어런스는 비대면 보험 상담 중심에서 벗어나 대면 보험시장에 진출했다. 대면 영업 전환 이후, 2023년 11월까지 누적 상품 판매 건수는 약 8.6만 건에 이르렀으며, 이 기간 동안 금융감독원에 분쟁 관련 민원이 단 한 건도 접수되지 않은 것으로 집계되었다.

2023년 10월 기준 토스인슈어런스는 대형 법인보험대리점의 기준이 되는 소속 설계사수 500명을 넘어, 소속 설계사 수가 1천 명을 돌파하며 GA로는 이례적으로 빠른 성장세를 보이고 있다. 토스인슈어런스는 향후 3년 내 소속 설계사 5,000명을 확보하여 전체 GA 10위권 내 진입을 목표로 하고 있다.

또한, 토스인슈어런스는 고객에게 최적화된 보험 상품을 제공하기 위한 '상품 내비게이터'를 운영 중이며, 성별과 연령 등의 정보를 입력하면 48개 원수사의 상품 중 가장 적합한 3가지 보험을 고객에게 추천해준다. 상품 내비게이터는 상담에서 분석, 가입까지 보험과 관련된 원스톱One-stop 서비스를 제공한다.

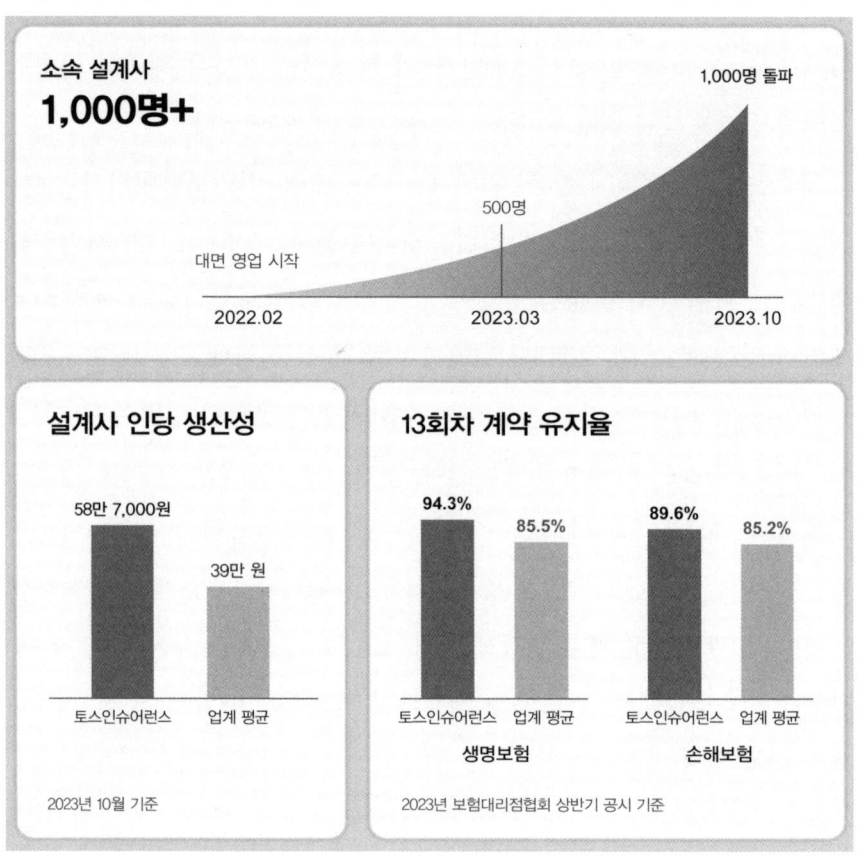

출처: 토스(Toss)

2021년 3월에는 12년 만에 한국에서 새로운 증권사의 탄생을 알리며 토스증권이 설립되었다. 토스증권은 모바일 트레이딩 시스템Mobile Trading System, MTS을 자체적으로 개발·적용하여, 기존 증권사의 거래 수수료의 약 10분의 1 수준으로 서비스를 제공한다. MTS 공개 후 약 78일 만에 350만 명 이상의 고객이 계좌를 개설했으며, 이는 국내 주요 증권사들이 18년에 걸쳐 달성한 실적과 유사한 규모다. 2023년 3분기에는 영업이익과 당기순이익이 전년 동기 대비 각각 62%, 64% 증가하여 흑자 전환에 성공했다.

토스뱅크는 대한민국의 세 번째 인터넷전문은행으로, 2020년 1월 설립되었다. 2021년 10월 대고객 서비스를 시작한 이후, 2년 만인 2023년 9월 말 기준으로 가입 고객 수 800만 명을 돌파했으며, 2024년 6월 말 기준 1,055만 명을 기록하며 전년 동기 대비 약 1.5배 증가했다. 같은 시기 여신 잔액은 14조 7,828억 원, 수신 잔액은 28조 5,342억 원을 기록했다.

출시 초기, 타 은행 대비 높은 금리를 제공한 '토스뱅크 통장', 저축에 재미를 더한 이색 적금 상품 '굴비적금', 자금 관리 부담을 덜어주는 '모임통장', 가입 즉시 이자를 지급하는 '먼저 이자 받는 정기예금' 등 혁신적인 금융상품들이 큰 호응을 얻으며 지속적인 성장세를 이어가고 있다.

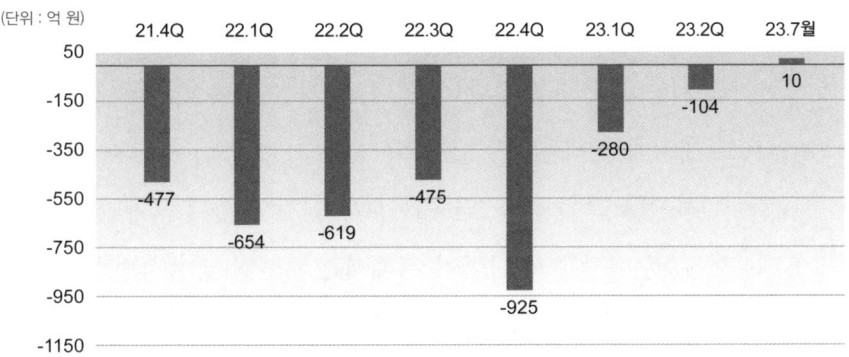

출처: 토스뱅크(Toss Bank)

토스뱅크는 2023년 7월, 출범 약 22개월 만에 월간 기준으로 처음으로 10억 원의 흑자를 달성했으며, 2024년 상반기 245억 원의 순이익을 기록하며, 첫 연간 흑자가 전망되고 있다.

이와 더불어 토스는 디지털 기반 금융서비스의 높은 접근성을 통해 청소년, 시각장애인, 중·하위 신용등급 소비자들이 이용할 수 있는 금융서비스의 범위를 확대함으로써, 소외된 금융소비자를 포용하는 데도 기여하고 있다. 토스에 따르면, 토스는 일반 은행 대비 3배, 인터넷전문은행 대비 1.7배 더 많은 중·저신용자에게 대출을 제공하고 있다.

또한, 토스는 슈퍼앱 전략의 일환으로 2021년 10월 국내 최초의 승차 호출 서비스 '타다TADA'를 인수했다. 타다 인수는 고객 경험 강화와 결제 영역과의 시너지를 위해 진행되었으나, 자동차 반도체 수급난 등으로 기대했던 성과를 달성하지는 못했다. 그럼에도 불구하고, 토스는 사용자 경험의 지속적 개선을 목표로 2022년 7월 알뜰폰 사업자인 '머천드코리아'를 인수했다. 요금제 탐색부터 개통까지 알뜰폰 가입 전 과정을 간소화하는 과정을 거쳐 2023년 1월 공식적으로 알뜰폰 자회사 '토스모바일'을 출범시키며, 알뜰폰 사업으로 영역을 확장했다. 토스모바일은 사전 신청에 약 15만 명이 몰린 것으로 알려졌으며, 사용자는 토스앱에서 남은 데이터 잔여량을 쉽게 확인할 수 있고, 미사용 잔여 데이터에 따라 토스포인트로 캐시백 혜택을 제공받을 수 있다.

토스는 회사 블로그를 통해 '금융은 모든 사람의 삶에 크게 영향을 미치기 때문에 삶을 윤택하게 만들기 위해서는 훌륭한 금융서비스가 반드시 필요한데, 우리와 비슷한 경제 규모를 가진 다른 나라들과 달리 우리나라엔 유독 제대로 된 금융서비스가 없기 때문에, 토스는 이런 상황에

종지부를 찍고자 탄생했다'고 밝히고 있다. 이는 기존 금융 관행을 혁신하고 사용자 편의성을 극대화한 서비스를 제공하려는 토스의 의지를 반영하며, 더 나아가 금융서비스의 본질을 재구성함으로써 국내 금융업계에 소비자 중심의 금융 환경을 조성하고자 하는 토스의 철학과 비전을 잘 보여준다.

레모네이드(Lemonade) *Lemonade*

레모네이드는 주택, 세입자, 반려동물, 자동차, 생명 보험 등 다양한 보험 상품을 제공하는 미국의 인슈어테크 기업이다. 2015년 다니엘 슈라이버Daniel Schreiber와 샤이 위닝거Shai Wininger가 공동 설립한 이 회사는, '레모네이드'라는 사명을 통해 인생의 어려움을 신선한 레모네이드처럼 긍정적으로 바꾸겠다는 비전을 담고 있다. 레모네이드는 첨단기술, 데이터 분석, 인공지능, 그리고 현대적인 디자인을 활용하여 전통적인 보험 비즈니스 모델을 혁신적으로 재구성함으로써 보험서비스를 더욱 즐겁고 투명하며 저렴하게 제공하는 것을 목표로 한다.

레모네이드는 미국과 유럽에서 직접 보험사를 설립하여 보험의 생산, 유통, 판매 등 모든 단계를 독자적으로 수행하고 있다. 미국 내에서는 50개 주와 워싱턴 D.C.에서 보험상품을 판매할 수 있는 라이선스를 확보하고 있으며, 2022년 12월 31일 기준으로 38개 주와 워싱턴 D.C.에서 실제로 사업을 운영 중이다. 또한, 유럽 30개국에 걸쳐 사업을 전개할 수 있는 범유럽 보험 라이선스를 보유하고 있으며, 2019년 독일, 2020

년 네덜란드와 프랑스 시장에 진출했다. 2022년 10월에는 임시 라이선스 제도를 통해 영국에서 보험 판매를 시작했으며, 영국 내 두 개의 지점 Lemonade Insurance N.V., Lemonade Agency B.V.을 운영하고 있다.

레모네이드는 기존 보험사와는 근본적으로 차별화된 비즈니스 모델을 갖추고 있다는 점에서 독특하고 특별한 점이 많다. 일반적인 보험 사업은 고객 유지율 관리 등을 통해 매출 예측이 어느 정도 가능하지만, 순이익과 같은 수익성은 전염병, 기후변화, 지진, 산불, 폭풍 등의 자연재해와 같은 예측 불가능한 변수와 리스크에 따라 큰 변동성을 보이는 구조이다. 감독기관은 이러한 불확실성에 대비하기 위해 보험사들이 상당한 준비금을 유지하도록 규제하고 있으며, 그 결과 보험사는 가능한 한 고객에게 지급금을 줄이려는 자본집약적 구조로 운영되게 된다.

결국, 전통적인 보험사의 비즈니스 모델은 미래의 리스크가 현실화될

미국 MZ세대들의 특히 열광하는 보험사 레모네이드

The (Almost) 5 Star Insurance Company

Lemonade has earned 4.9 stars in the App store, and is also top-rated by Supermoney, Clearsurance, and others

★★★★★

 Stephen Huber
stephen_huber
Wow. Just filed a claim with @Lemonade_Inc and got paid in literally 7 seconds. If you rent or own a home, you NEED to get this insurance. #insurance #lemonade #NotAnAd

 Maria Salamanka
MariaSalamankaM
Always disappointed in how much insurance will fight against customer in a claim. Just had my first good experience with filing. Unbelievably quick and solid customer experience with @Lemonade_Inc.

 Rohan Gandhi
timesnewrohan
@Lemonade_Inc I just bought home insurance from you and I'm pretty sure it was easier than ordering pizza. Awesome job on the experience.

┃ 출처: Lemonade 홈페이지

경우 고객에게 보험금을 지급하겠다는 약속을 기반으로 하지만, 실제로는 그 리스크가 발생했을 때 고객의 청구를 최대한 거절함으로써 수익성을 유지해야 하는 구조적 이해상충을 내포하고 있다. 이로 인해 보험업에 대한 일반 소비자들의 인식은 다른 업종에 비해 부정적인 경향을 띠는 경우가 많다.

레모네이드는 기존 보험업계의 이해상충 문제를 해결하기 위해 전통적인 비즈니스 모델을 따르지 않고, 독창적인 방식으로 보험 사업을 운영하고 있다. 그 핵심요소는 ①재보험의 전략적 활용, ②사회적 가치를 실현하는 기부 프로그램Giveback, 그리고 ③고도화된 기술력이다. 이러한 요소들은 다른 보험사와 차별화되는 레모네이드만의 특징이다. 레모네이드의 창업자들은 보험업계에서 관행처럼 여겨지던 기존 규칙을 탈피하여, 재보험을 효과적으로 활용하여 보상금을 안정적으로 지급하는 동시에 준비금을 최소화하고, 수익성과 마진을 예측 가능한 구조로 설계한 비즈니스 모델을 구축하였다.

재보험은 재보험사가 일부 보험료를 원보험사로부터 수취하는 대가로 원보험사가 인수한 보험계약상의 책임, 즉 청구액(잠재적 지급액)에 대해 그 전부 또는 일부를 보장하는 금융상품이다. 보험사가 보유한 보험계약으로 인한 위험을 다른 보험사에 분산시키기 위한 계약으로, 보험사를 위한 보험이라고 할 수 있다. 레모네이드는 수익성과 안정성을 동시에 확보하기 위해 비례적 재보험Proportional Reinsurance과 비비례적 재보험Non-Proportional Reinsurance을 결합하여 운영하고 있다. 비례적 재보험은 원보험사와 재보험사가 보험계약 시 발생하는 보험료와 손해액을 계약비율로 일정하게 나누는 형태이고, 비비례적 재보험은 보상한도를 정해 그 이하는 원보험사에서 손해액을 지급하고 그 이상은 재보험사가 원보험사를 통해 지급하는 형태이다.

레모네이드는 보험사업의 상당 부분을 비례적 재보험으로 커버하고 있는데, 이를 통해 원보험사인 레모네이드와 재보험사 간 보유액과 인수액의 비율에 따라 보험료(수익)와 보험금(비용)이 분배되는 구조를 취하게 된다. 이 방식에서 레모네이드는 보험료의 고정 비율을 재보험사들에 이전하며, 그 대가로 재보험사들은 레모네이드가 보유한 전체 계약에 대한 일정 보험금을 보장하는 동시에 최대 25%의 출재 수수료Ceding Commission(재보험사가 원보험사에 지급하는 수수료. 보험인수 비용 등 원보험사의 사업비를 지원하기 위한 목적을 가짐)를 지급한다.

레모네이드의 이러한 비즈니스 구조는 재보험사에 고정 비율의 보험료를 지출함으로써 청구에 따른 수익성 변동을 방지하고, 자본 효율성을 크게 향상시키는 효과를 갖는다. 이는 미래의 청구 발생 여부에 대비하여 준비금을 지속적으로 적립할 필요성을 크게 감소시키기 때문이다. 그러나 비례적 재보험을 통해 수익 변동성을 최소화하고 자본 효율성을 극대화할 수 있으나, 고정적인 재보험 비용으로 인해 손해율이 개선되더라도 수익성 향상에는 한계가 발생할 수 있다.

이에 따라 레모네이드는 인수 역량을 강화하는 동시에 고정 재보험 비용을 줄이기 위해 비례적 재보험보다 높은 수익성을 확보할 수 있는 비비례적 재보험을 병행하여 활용하고 있다. 결국, 레모네이드 비즈니스 모델의 핵심은 수익 변동성을 낮추고 자본 효율성을 극대화하기 위해 비례적 재보험을, 수익성 강화를 목적으로 비비례적 재보험을 전략적으로 조합하여 보험사업에 적용하는 데 있다. 레모네이드의 창업자들은 이러한 재보험 전략을 통해 회사가 목표로 하는 이상적인 성과를 대부분 달성했다고 확신하고 있다.

아울러 레모네이드는 재보험을 전략적으로 활용하여 보험사업의 변동성을 최소화하는 동시에, 신뢰와 사회적 영향력을 극대화할 수 있는 '기부'라는 독창적인 요소를 비즈니스 모델에 통합하였다. 재보험을 통해 보험사업의 내재된 변동성을 낮추고 손해율이 증가하여 발생하는 초과 보험금 부담을 재보험사에 전가하는 한편, 손해율이 개선되어 남은 보험료의 일부를 고객이 선택한 비영리 단체에 기부할 수 있도록 했다. 이를 통해 고객은 말랄라 펀드Malala Fund, 다이렉트 릴리프Direct Relief, 미국시민자유연맹American Civil Liberties Union, 우리 삶을 위한 행진March for Our Lives

보험가입을 90초 내, 보험청구를 3분 내 처리하는 레모네이드 AI

| 출처: Lemonade 홈페이지

Action Fund, 트레버 프로젝트The Trevor Project 등 다양한 비영리단체에 기부할 수 있는 기회를 얻는다.

재보험과 기부라는 두 가지 방식을 통해 레모네이드는 사업의 변동성을 줄이는 동시에 고객이 사회적 가치를 실현할 수 있도록 지원하는 조화롭고 균형 잡힌 비즈니스 모델을 구축하였다.

레모네이드는 재보험과 기부로 대표되는 독특한 비즈니스 모델뿐만 아니라, 인공지능AI 및 자연어 처리Natural Language Processing 기술을 기반으로 한 AI 챗봇 서비스, 마야Maya와 짐Jim의 탁월한 성능으로도 주목받고 있다. 레모네이드의 첨단 플랫폼은 인공지능을 활용하여 마케팅, 보험 인수, 고객 관리, 청구 처리 등 모든 업무를 처리하며, 고객에게 쾌적하고 즐거운 경험을 제공한다. 레모네이드에 따르면, 자사의 기술 스택Technology Stack은 인공지능이 고객과 상호작용을 통해 생성되는 방대한 데이터를 지속적으로 학습하여, 고객 응대 및 보험 리스크 평가의 정확성을 더욱 향상시키는 구조를 갖추고 있다.

AI 챗봇 마야Maya는 고객에게 쉽고 즐거운 고객 여정을 제공하며, 자연어 처리를 통해 정보 수집, 보험의 개인화 및 맞춤화, 견적 생성, 결제에 이르기까지 온보딩Onboarding과 고객 경험 전반을 담당한다. 고객의 응답 데이터를 바탕으로 임대인 보험, 주택 소유자 보험, 반려동물 보험, 자동차 보험, 생명보험 등 다양한 보장 범위를 개인화하여 고객에게 최적화된 보험상품을 추천하며, 보험 가입 절차를 30초 안에 처리할 수 있다.

AI 짐Jim은 청구 업무를 전담하는 챗봇으로, 청구 접수 및 보험금 지급 지시를 단 3분 내에 처리할 수 있다. 2022년 12월 31일 기준으로, 짐은 레모네이드 전체 청구 접수 건의 98%를 인간의 개입 없이 자동 처리하고 있다. AI 짐은 스스로 처리하기 어렵거나 문제가 있다고 판단되는 청구 건에 대해서는 별도로 분류하여 레모네이드의 청구 담당자에게 전달한다. 이 과정에서 담당자의 전문 분야, 자격증, 업무량, 일정 등을 종합적으로 분석하여 해당 청구 건을 가장 적합한 담당자에게 배정한다.

CX.AI Customer Experience AI는 고객의 요청을 인간의 개입 없이 이해하고 즉각적으로 해결할 수 있도록 설계된 커뮤니케이션 봇 플랫폼이다. 보험사의 대고객 업무는 보험 관련 문의, 보장 범위 조정, 결제 방식 변경, 계약 변경 등 다양한 사전 및 사후 지원을 포함하며, CX.AI는 자연어 처리 기술을 활용하여 이러한 요청을 분석하고 파악하여 신속하게 대응한다. 현재 레모네이드의 전체 고객 문의 중 약 27%가 CX.AI를 통해 자동으로 처리되고 있다.

레모네이드는 주택 보험을 주로 취급하면서, 고객이 새로운 거주지로 이사할 때 주소 변경 등 보험 조건의 수정을 요청하는 사례가 빈번하게 발생한다. 해당 업무는 2018년 12월까지 CX팀의 직원들이 직접 처리해 왔으나, 이후 CX.AI가 도입되면서 이러한 업무를 자동화하였다. CX.AI는 고객과의 질의응답을 통해 상황 변화를 파악하고, 추가 정보 수집, 적절한 시점에서의 기존 보험 해지, 새로운 주소에 대한 리스크 평가와 가격 책정, 맞춤형 보장의 신규 보험으로의 전환, 결제 처리, 그리고 새로운 보험증권을 이메일로 전달하는 전 과정을 단 몇 초 만에 처리한다. 고객과의 대화를 통해 수집된 데이터를 기반으로 AI 마야, AI 짐, CX.AI는 타 플랫폼에서는 찾아보기 어려운 탁월한 고객 경험을 제공한다.

레모네이드의 창업자 슈라이버는 뉴욕시에 거주하는 보험 가입자가 도난당한 캐나다구스 파카의 보험금을 레모네이드가 단 3초 만에 지급함으로써 세계 기록을 세웠다고 언급한 바 있다. 이는 레모네이드의 청구 처리 봇이 18개의 사기 방지 알고리즘을 실행한 후, 은행에 729달러를 가입자 계좌로 입금하도록 지시하는 데 소요된 시간이다. 이러한 최첨단기술을 기반으로 한 레모네이드의 밸류체인 자동화는 타 보험사 대비 매우 낮은 비용으로 보험상품을 제공할 수 있는 경쟁력을 가능하게 한다. 예를 들어, 세입자보험은 월 5달러, 주택보험은 25달러, 자동차보험은 30달러, 반려동물보험은 10달러, 생명보험은 9달러부터 제공된다.

레모네이드의 기술 스택은 여기서 그치지 않는다. 마야, 짐, CX.AI 외에도 레모네이드는 고객에게 직접 노출되지 않는 세 가지 독점 애플리케이션인 포렌식 그래프Forensic Graph, 블렌더Blender, 쿠퍼Cooper를 보유하고 있다. 포렌식 그래프는 행동 경제학, 빅데이터, AI 기술을 결합하여 고객의 사기 및 부정 행위를 예측하고 이를 감지·차단하는 머신러닝 기반 시스템이다. 레모네이드에 따르면, 포렌식 그래프는 사소하거나 명확하지 않은 다중 상관관계Multivariate Links를 분석하여 사기 징후를 포착함으로써 수백만 달러에 달하는 잠재적 손실을 방지한다.

블렌더는 고객 경험, 인수, 청구, 마케팅, 재무, 리스크 관리 등의 업무를 지원하는 고도화된 백엔드Backend 시스템으로, 레모네이드의 내부 운영 효율성을 극대화하는 관리 도구다. 블렌더는 고객의 배경 정보, 행동 패턴, 청구 이력, 위험 지표, 보험 내역 등 방대한 정보를 종합적으로 제공하여 업무의 정확성과 속도를 향상시킨다. 블렌더를 통해 레모네이드의 각 팀은 고객의 요구를 보다 정교하게 파악하고, 고객 중심의 워

레모네이드의 핵심기술 스택

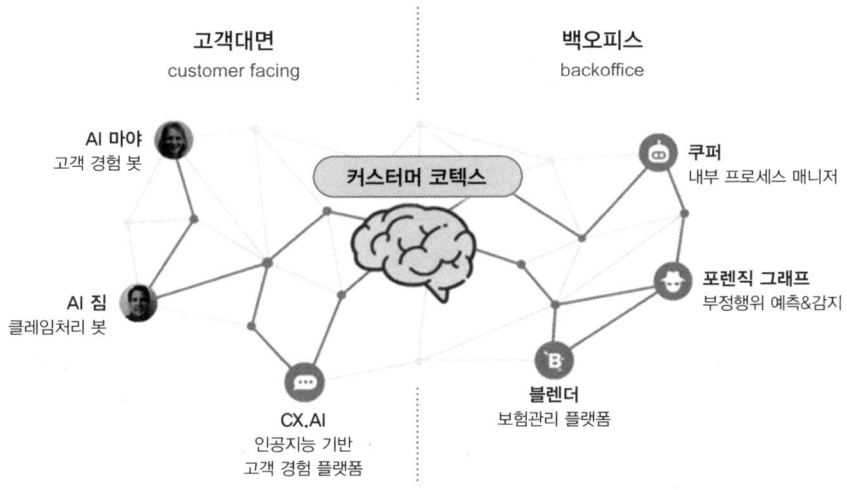

출처: Lemonade S-1 Filing

크플로우Workflow를 구축할 수 있다. 또한 블렌더는 각 팀의 업무를 자동화하고 부서 간 연계를 강화하여 업무의 효율적 처리를 지원한다. 아웃소싱이 필요한 경우, 필요한 벤더Vendor 목록이 블렌더에 표시되며, 버튼 하나만으로 해당 벤더를 즉시 현장에 파견할 수 있다.

쿠퍼Cooper는 데브옵스DevOps 엔지니어링 팀을 지원하는 내부 봇으로, 주로 개발 환경을 지원한다. 이 봇은 엔지니어링 팀의 작업 할당, 테스트 환경 준비, 테스트 실행 자동화, 업데이트 배포, 규제 관련 보고자료 수집 등을 지원하여 엔지니어링 효율성을 크게 향상시키고 팀의 생산성 증대에 기여한다. 또한, 쿠퍼는 미국 항공우주국NASA의 위성에서 수집되는 분광 이미지Spectrometry Imaging를 지속적으로 분석해 산불을 실시간으로 식별하고, 영향을 받는 지역의 보험 광고와 판매를 자동으로 차단하

레모네이드 보험상품별 월 최소보험료

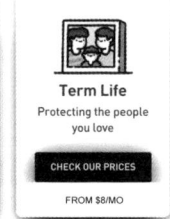

출처: Lemonade 홈페이지

는 역할도 수행한다. 레모네이드의 연차보고서에서는 쿠퍼를 레모네이드의 '자비스Jarvis(마블 시네마틱 유니버스에서 아이언맨 토니 스타크의 인공지능 비서)'에 비유할 만큼, 쿠퍼는 내부 엔지니어링 팀의 효율성을 획기적으로 향상시키는 역할을 하고 있다. 쿠퍼는 또한 지속적인 학습을 통해 기능을 고도화하며, 레모네이드의 엔지니어링 작업을 더욱 정교하게 지원하고 있다.

레모네이드는 고객 데이터 허브인 커스터머 코텍스Customer Cortex에 고객 데이터를 저장하고 분석하며, 포렌식 그래프, 블렌더, 쿠퍼는 AI 마야, AI 짐, CX.AI와 함께 커스터머 코텍스 내에서 운영된다. 커스터머 코텍스에 저장된 모든 고객 데이터는 지속적으로 분석되어, 업무 효율성을 향상시키고 고객에게 최상의 경험을 제공하기 위해 여섯 개의 애플리케이션 모두에서 활용된다. 이처럼 레모네이드의 첨단기술은 최상의 고

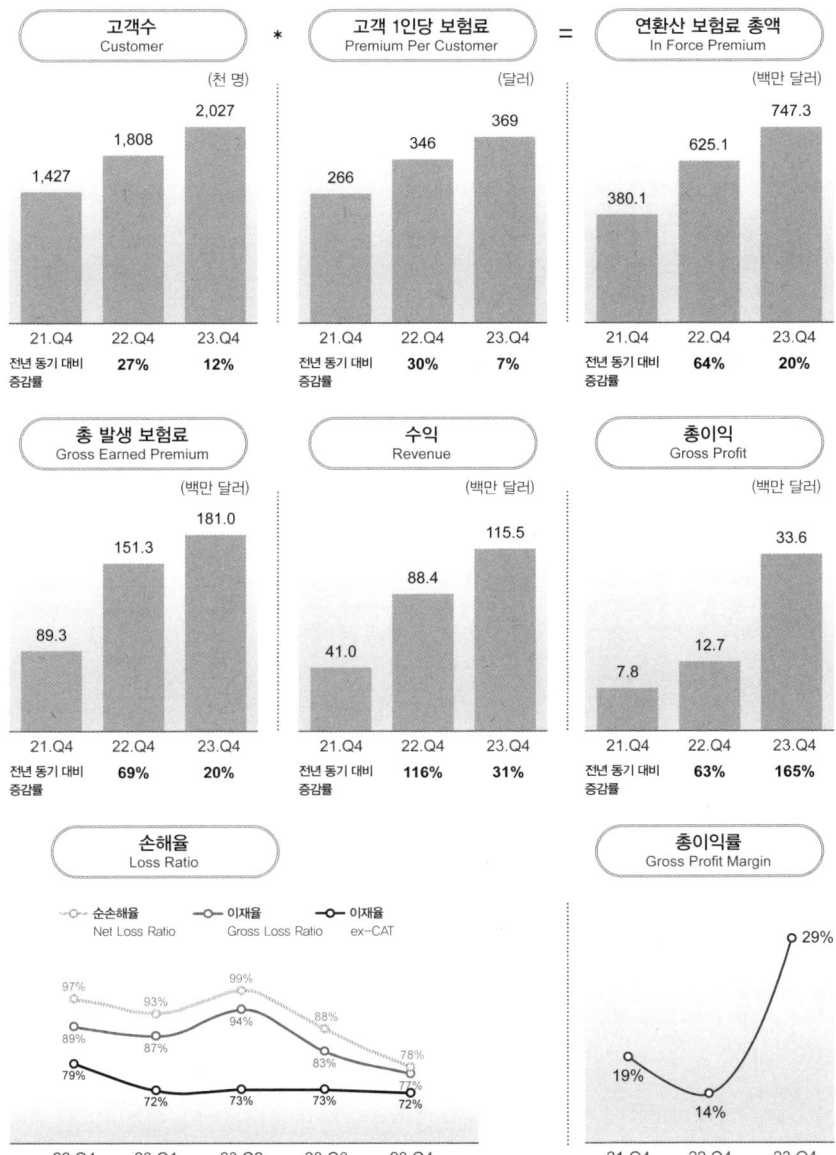

제6장. 미래 금융 패러다임을 선도하는 혁신 비즈니스 모델

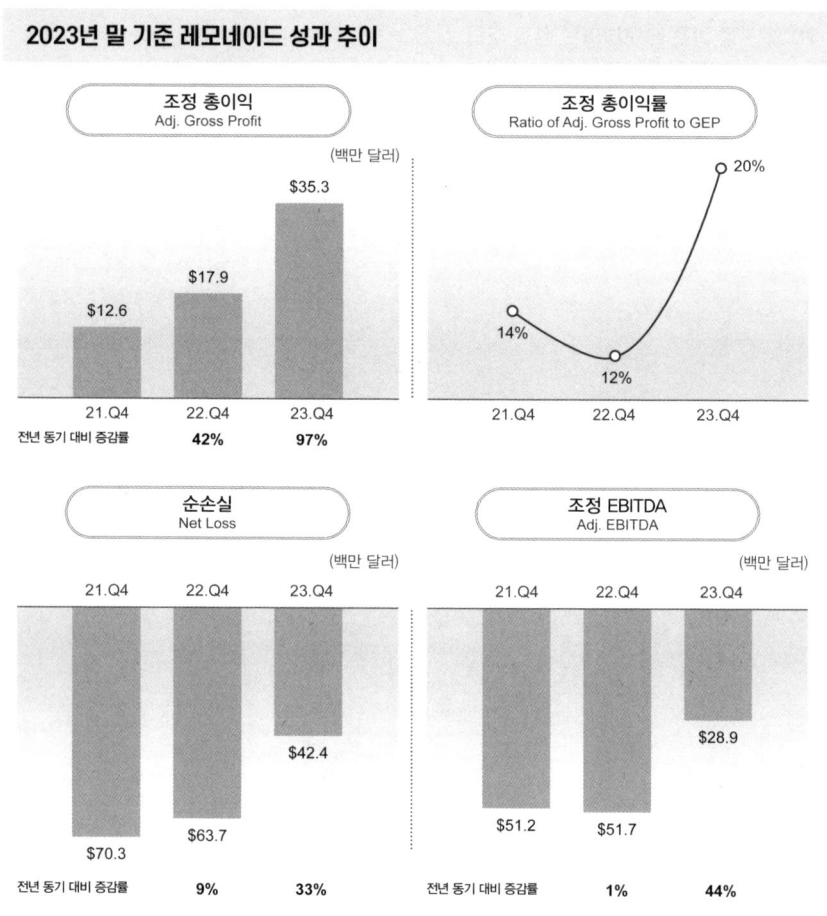

| 출처: Lemonade(2023.Q4), Shareholder Letter

객 경험을 제공할 뿐만 아니라, 고객 중심의 효율적인 업무 처리를 지원하여 내부 업무 효율성 향상에도 기여하고 있다. 아울러 이러한 혁신적인 기술 기반 비즈니스 모델은 레모네이드가 보험산업의 혁신을 선도하는 기업으로 자리매김하는 데 핵심적인 역할을 하고 있다.

한편 레모네이드의 성과 지표는 견고하고 긍정적인 성장세를 보여주고 있다. 2024년 9월 말 기준 고객의 연간 보험료 총액을 의미하는 총 유효계약 보험료In Force Premium는 전년 동기 대비 23.7% 증가한 8.89억 달러를 기록하였다. 동기간 고객 수는 16.6% 증가한 231만 명에 도달했으며, 고객 1인당 보험료는 6.1% 증가하여 384달러를 기록했다.

수익성을 확인하는 주요 지표인 순손해율Net Loss Ratio은 2023년 말 기준 78%로, 전년 동기의 97% 대비 19%p 감소하였으며, 동기간 조정 EBITDA(비현금 비용과 일회성 비용을 제외한 기업의 재무 성과를 측정하는 지표, Adjusted Earnings Before Interest, Tax, Depreciation, and Amortization) 손실은 2,890만 달러로, 전년 동기의 5,170만 달러 손실 대비 44% 개선되는 등 전반적으로 안정적인 개선세를 유지하고 있다. 2023년 주주 서한에서 레모네이드는 2024년에 매출 성장과 순이익 개선이 이루어질 것으로 전망하며, 이를 바탕으로 2025년에는 현금흐름이, 2026년에는 조정 EBITDA가 흑자로 전환될 것으로 예상하고 있다.

디지털 환경에 익숙한 고객층이 증가하는 상황 속에서, 기존 보험사와 차별화된 경쟁력을 지닌 레모네이드의 비즈니스 모델은 MZ세대를 중심으로 뜨거운 호응을 얻으며 큰 주목을 받고 있다. 레모네이드는 전통 보험사의 수익 추구와 보험금 지급이라는 소비자 의무 사이에 존재하는 구조적 이해상충 문제를 '재보험', '기부', '첨단기술'을 활용하여 재구성함으로써, 보험산업의 기존 틀을 혁신적으로 재편하고자 하는 노력을 지속하고 있다. 보험산업의 혁신을 추구하는 레모네이드의 실험은 여전히 현재 진행형이다. '사회적 선의 실현'과 '디지털 기술을 활용해 고객과 이해관계를 일치시키는 고객 중심의 보험'이라는 매력적인 철학을 토대로 한

| 레모네이드를 통해 고객이 추가 보험료를 기부할 수 있는 비영리단체 |

출처: Lemonade 홈페이지

레모네이드의 잠재력이 향후 보험 산업의 미래를 어떻게 변화시킬지 그 귀추가 주목된다.

싱가포르개발은행(Development Bank of Singapore, DBS)

싱가포르에 본사를 둔 싱가포르개발은행DBS은 영국에서 창간된 글로벌 금융 전문지인 유로머니Euromoney로부터 4년 연속 '세계 최고의 은행World's Best Bank'에 선정되었다. 또한 '세계 최고의 디지털 은행World's Best Digital Bank'이라는 영예도 함께 수상했으며, 동일 기관이 두 개의 타이틀을 동시에 획득한 것은 DBS가 최초이다. DBS는 디지털 혁신 역량을 기반으로 글로벌 디지털 금융 업계에서 선도적인 위치를 차지하고 있으며, 세계에서 가장 혁신적인 은행으로 평가받고 있다.

2021~2022년 DBS 주요 수상 내역

	Global Finance: World's Best Bank 2022		Euromoney Awards for Excellence 2021 World's Best Bank		Euromoney Awards for Excellence (Regional) 2021
	Euromoney: World's Best Bank for SME's 2022		Asiamoney Banking Awards (Hong Kong) 2021 Best Bank for CSR		Euromoney Awards for Excellence (Regional) 2021
	Euromoney: Financial innovation of the Year 2022		Asiamoney Banking Awards (Taiwan) 2021 Best Int. Bank		FinanceAsia Country Awards 2021
	Euromoney: Asia's Best Bank for SMEs 2022		Asiamoney Best Bank Awards (India) 2021 Best Int. Bank		Global Trade Review Leaders in Trade Awards 2021
	Euromoney: Asia's Best Bank for Wealth Management 2022		The Asset Treasury, Trade, Sustainable Supply Chain and Risk Management Awards 2021		Global Finance World's Best Bank Awards 2022
	Global Finance: Most Innovative Financial Institutions		The Asset Infrastructure Awards 2021		Global Finance Trade Finance and Supply Chain Finance Awards 2021

│ 출처: DBS, 저자 재구성

    1968년 싱가포르 정부가 국가의 현대화를 위해 설립한 DBS는 현재 3만 6천 명 이상의 직원을 두고 있으며, 전 세계 19개 시장에서 운영되고 있다. DBS는 2023년 한 해 동안 103억 싱가포르 달러(한화 약 10.7조 원)에 달하는 기록적인 순이익Net Profit을 달성하였다. 이는 전년 대비 26% 상승한 수치다. 2024년 들어 DBS의 수익성은 더욱 증가세를 보이고 있는데, 2024년 상반기 순이익은 전년 동기 대비 9% 증가한 57억 6천만 달러로 사상 최고치를 기록하며, 높은 수익성을 유지하고 있다.

DBS는 폴 코번Paul Cobban을 최고전환책임자Chief Transformation Officer, CTO로 영입했을 때인 2009년에는 은행업계의 혁신을 이끄는 최고의 은행과는 거리가 멀었다. 폴 코번에 따르면, 그가 택시를 타고 이동하며 자신이 DBS에서 일한다고 택시기사에게 말하자, 택시기사는 DBS가 'Damn Bloody Slow(너무나도 느려 터진)'를 상징한다고 조롱했고, 폴 코번은 DBS에 대한 일반 대중들의 이런 인식에 충격을 받았다고 한다. 그 당시 DBS는 싱가포르의 그 어떤 은행보다도 낮은 고객 만족도를 기록했다.

DBS의 혁신적 변화는 최고경영책임자Chief Executive Officer, CEO 피유시 굽타Piyush Gupta와 그의 리더십 팀에 의해 2014년에 본격적으로 시작되었다. 피유시 굽타는 2014년 초 알리바바의 CEO 마윈과의 만남을 통해 기술 발전이 미칠 영향력을 깊이 인식하게 되었다. 그의 설명에 따르면, 약 1시간에 걸친 회의에서 그는 기술과 디지털 혁신이 은행업의 판도를 근본적으로 변화시킬 것이라는 확신을 얻었다.

피유시 굽타는 알리바바와 구글과 같은 테크 기업들이 강력한 경쟁자로 떠오르면서 은행업계가 심각한 위협에 직면해 있음을 깨달았다. 그는 은행업이 근본적인 혁신과 개선을 이루지 못하면 도태될 수밖에 없으며, 변화의 흐름을 주도하는 은행만이 생존할 수 있다는 점을 단호히 역설했다.

더불어 DBS는 디지털 전환 전략의 일환으로, 고객의 니즈를 충족하는 가치 창출 과정에 최신 기술을 도입하여 고객 여정을 혁신적으로 재구성하고, 더욱 탁월한 고객 경험을 제공하며, 원활하고 강력한 해결책을 통해 고객 만족도를 극대화하는 것을 최우선 목표로 설정하였다. DBS는

DBS의 2023년 사업 및 지속가능경영 실적

주요 사업 실적

수익	총자산	기업 고객수
SGD 202억	SGD 7,390억	280,000 이상

순이익	자기자본이익률	개인뱅킹/WM 고객수
SGD 103억	18%	1,790만 명 이상
		임직원 자원봉사 활동을 통해 총 20만 시간 이상 사회공헌 참여

지속가능성 주요 실적

자금조달 지원	생계 지원 공약	중소·사회적 기업 지원
SGD 180억	SGD 10억	SGD 370만
DBS가 주요 주간사로 참여한 ESG 채권 발행을 통해 총 180억 싱가포르달러 규모의 자금 조달을 지원	저소득층과 취약계층의 삶의 질과 생계 개선을 위해 향후 10년간 최대 10억 싱가포르달러를 지원할 것을 공약	DBS 재단 지원금(DBS Foundation Business for Impact Grant Award)을 통해 24개의 중소·사회적 기업에 총 370만 싱가포르달러의 보조금 지급

영세·소규모 기업 자금 지원	생활비 부담 완화 지원	사회공헌 참여
> 4,400	467만	>200,000시간
영세·소규모 기업의 자본 부족 문제 해결을 위해 4,400건 이상, 총 6억 6,500만 싱가포르달러 규모의 무담보 대출 제공	생활비 상승에 따른 부담 완화를 위해 싱가포르 국민 및 거주자를 대상으로 467만 끼니에 해당하는 식사 비용 지원	임직원 자원봉사 활동을 통해 총 20만 시간 이상 사회공헌 참여

출처: DBS, Annual Report 2023

기존 지점 중심의 물리적 영업망을 넘어 디지털 뱅킹 서비스를 지원하는 솔루션이 필수적임을 인식하고, 2014년부터 향후 3년간 디지털 뱅킹을 통한 강력한 성장을 목표로 2억 달러를 투자할 것을 선언하였다.

DBS가 변화를 위해 가장 먼저 착수한 것은 고객을 위한 프로세스 개선이었다. DBS는 가장 우선적으로 고객이 뱅킹서비스를 이용하는 과정에서 소요되는 불필요한 시간을 줄이는 데 집중했다. 내부 프로세스를 고객 중심으로 재정비하기 위해 DBS의 여러 부서에서 참여한 직원들로 구성된 복합기능팀Cross-functional Team 조직인 PIEProcess Improvement Event를 설립하고, 고객이 서비스를 이용하는 과정에서 겪는 불편함을 파악하여 이를 개선하는 데 주력하였다. 결과는 극적이었다. 1년 후 DBS는 싱가포르에서 최고 수준의 고객 만족도를 기록한 은행으로 거듭나 있었다. DBS의 자체 분석에 따르면, PIE는 고객 여정 개선을 통해 불필요하게 낭비되었던 고객의 시간을 2억 5천만 시간 절감하는 성과를 달성했다고 한다.

고객 중심적 조직문화, 조직 역량 강화 등을 위한 DBS의 내부 교육 프로그램

DBS Future Tech Academy

- 2021년 1월 7일 출범
- 임직원을 대상으로 ①사이트 안정성 엔지니어링(Site Reliability Engineering), ②데이터 처리 및 분석(Data Processing and Analytics), ③애플리케이션 보안(Application Security)의 세 가지 기술 분야를 1인당 약 39.2시간 교육 진행
- 내부적으로 개발된 콘텐츠와 자격증뿐만 아니라 외부 전문가를 통합하는 혼합적 교육 접근방식으로 내부학습 생태계를 구축하는 것을 목표로 함

DBS Academy

- 학습활동, 컨설팅 솔루션, 역량 강화에 중점을 두고 직원의 지속적인 발전을 육성하기 위해 2015년 출범
- 비즈니스 목표 달성, 조직문화 강화, 직원 역량 강화를 위한 학습 솔루션을 제공하며, 2021년 기준 약 120만 시간의 교육 진행
- 임직원을 위한 리더십 개발, 역량 향상 및 디지털 등을 포괄하는 경력 기반 학습 커리큘럼을 제공. 애자일 프로젝트 관리, 인간 중심 디자인 등 매년 새로운 과정 도입

｜ 출처: DBS, 저자 재구성

아울러 DBS는 디지털 은행으로의 전환뿐만 아니라 조직 전체의 문화를 혁신하기 위한 여정에도 박차를 가하며, 고객 서비스에 대한 고유한 브랜딩과 방향성을 확립하기 위해 'RED'라는 비전을 제시하였다. 'RED'는 'Respectful(존중)', 'Easy to Deal With(간편함)', 'Dependable(신뢰)'을 의미하며, DBS는 RED를 통해 모든 구성원이 조직의 지향점에 대해 명확한 이해와 일치된 인식을 공유하도록 하는 데 중점을 두었다. 또한, 비전을 현실에서 구현하기 위해 다양한 이니셔티브를 실행에 옮기며 조직문화의 변화와 혁신을 적극적으로 유도하였다.

DBS는 고객 중심 사고를 기업 문화로 확고히 정착시키기 위해 다양한 교육 및 훈련 프로그램을 강력히 추진하여, 3만 6천 명 이상의 구성원들이 스타트업 직원처럼 사고하고, 고객 중심 서비스의 중요성을 깊이 이해하며, 애자일Agile 조직문화를 내재화할 수 있도록 적극적으로 독려하였다. 또한, DBS는 구성원들이 자유롭게 아이디어를 제안하고 이를 실행할 수 있는 환경과 조직문화를 구축하여, 신속하고 과감한 의사결정이 이루어질 수 있는 체계를 구축했다. 이를 위해 DBS는 수평적 의사결정 구조를 고수하고, 구성원들의 의견을 적극적으로 반영하며, 회의에서 직급에 관계없이 누구나 피드백을 직접 제공할 수 있도록 하고, 모든 구성원에게 동등한 발언권을 보장하고 있다.

뿐만 아니라 DBS는 고객의 요구와 경험을 중심에 두고 상품과 서비스를 설계하는 '인간 중심 디자인Human-centered Design'을 조직 변화의 핵심 방법론으로 채택하였다. DBS는 '프로세스'는 사업 운영상의 책임이고 '고객'은 특정 조직 단위의 책임이라는 기존 개념에서 벗어나, 변화의 초점을 '프로세스'에서 '고객 여정'으로 전환하였다. 이 접근방식은 고객의 행동, 니즈, 감정 등에 대한 심층적인 이해를 바탕으로 문제의 핵심 원인을 파악하고, 이를 기반으로 보다 근본적인 문제 해결과 개선을 가능하게 하는 DBS만의 독창적인 방식이다.

DBS는 단순히 서비스를 제공하기 위한 사업 확장을 넘어, 다양한 산업군과의 폭넓은 파트너십을 통해 생태계를 구축하는 전략적 접근방식을 채택하였다. DBS는 파트너십을 선정할 때, 서비스형 뱅킹Banking as a Service을 통해 디지털 뱅킹 서비스를 고객에게 제공하고자 하는 기업, DBS의 디지털 플랫폼에 혁신적인 솔루션을 도입해 고객 경험을 향상시킬 수 있는 기업, 그리고 DBS의 가치제안을 확장할 수 있도록 다양한 서비스나 기능을 지원하는 기업을 중심으로 협력 범위를 확장해 나갔다.

DBS는 최첨단 디지털 서비스를 제공함과 동시에, 고객과의 오프라인 상호작용도 중요시하는 고객 중심적 접근방식을 기반으로 오프라인과 디지털 서비스를 원활하게 통합한 '피지털Phygital' 고객 여정에도 주력하고 있다. '피지털'은 오프라인 공간을 뜻하는 '피지컬Physical'과 '디지털Digital'의 합성어로, 디지털 기술을 활용해 온라인의 편리함을 오프라인 환경에 접목하여 오프라인 고객 경험을 극대화하는 것을 의미한다.

DBS는 자체 분석을 통해 대부분의 고객이 디지털 채널을 통해 뱅킹 서비스를 시작하지만, 특정 상황이나 자산관리 상담 등의 서비스 이용 시 오프라인 서비스를 선호한다는 사실을 확인했다. 이에 따라 고객이 언제든 원하는 서비스를 원활하게 이용할 수 있도록 지원하고, 온라인과 오프라인 모두에서 최고의 경험을 제공하기 위해 피지털 지점 전환 이니셔티브를 시행하고 있다.

DBS의 피지털 지점은 복잡한 거래를 고객이 직접 처리할 수 있도록 다양한 첨단 디지털 셀프 서비스 옵션을 제공하여 고객의 편의성과 자율성을 높인다. 이러한 디지털 서비스는 신속하고 효율적인 업무 처리를 가능하게 하며, 대기 시간을 줄이고 고객 경험의 질을 향상시킨다. 또한, 자산관리와 같은 고도의 전문성을 요하는 서비스에 대해서는 대면 지원을 강화해 고객이 보다 심층적인 상담과 맞춤형 솔루션을 받을 수 있도록 지원한다. 이로써 피지털 지점은 기술의 이점을 극대화하면서도 고객과의 개인화된 접점을 유지해 최상의 경험을 제공한다.

DBS는 미래에는 고객이 단순히 가격, 상품, 편의성만을 기준으로 금융서비스를 선택하지는 않을 것으로 전망한다. 앞으로 디지털 속도Digital Speed, 간결함Simplicity, 그리고 맥락적 요소Contextuality가 금융서비스의

DBS의 주요 애플리케이션

Digibank

- DBS의 모바일뱅킹 앱으로 계좌 잔액 확인, 자금 이체 및 청구서 지불, 재무관리 관리 등 150개 이상의 온라인 뱅킹 서비스 이용 가능
- 인공지능(AI)과 머신러닝(ML) 기술을 사용하여 고객의 투자 목표와 위험 선호도에 따라 최적화된 투자 포트폴리오를 제공하는 로보어드바이저(digiPortfolio)를 내장
- 고객의 투자 현황을 실시간 모니터링하고, 필요에 따라 투자 조언 제공

DBS PayLah!

- DBS의 간편결제 서비스 애플리케이션으로 QR코드를 통해 간편하게 결제 가능
- 싱가포르에서 인지도와 사용량이 가장 높은 간편결제 서비스로, 2022년 6월 기준 220만 명의 사용자 보유
- 카드 보상 포인트 및 캐시백을 원활하게 적립 및 관리하는 기능도 제공

DBS IDEAL

- 기업 고객의 금융 니즈를 충족시키기 위해 고객 편의성과 디지털 토큰(digital token+) 기능, 보안 기능 등을 강화한 DBS의 기업용 뱅킹 솔루션
- 금융 및 테크 부문 리서치 기업 셀렌트(Celent)는 2021년 기업 디지털 뱅킹 부문 셀렌트 모델 어워드(Celent Model Bank 2021 Award for Corporate Digital Banking) 수상자로 DBS IDEAL을 선정

| 출처: DBS, 저자 재구성

핵심요소로 자리 잡게 될 것이며, 이에 따라 차세대 디지털 뱅킹 서비스는 고객에게 눈에 띄지 않을 정도로 지능적이고 직관적인 형태로 발전해야 한다고 보고 있다. 이러한 통찰과 비전은 DBS의 미래 전략과 방향성을 설정하는 중요한 토대가 되고 있으며, 이를 바탕으로 DBS는 디지털 뱅킹 서비스가 고객의 일상에 자연스럽게 내재되어 '보이지 않는 뱅킹 Invisible Banking' 형태로 발전하는 것을 목표로 한다.

이를 실현하기 위해 DBS는 데이터와 AI 등 첨단기술을 활용해 고객이 별도로 요청하지 않아도 필요한 정보와 서비스를 정확히 제공하는 지능적이고 직관적인 뱅킹 서비스를 구현하는 데 주력하고 있다. 이러한 노

뱅킹 경험에 대한 새로운 시각을 제공하는 DBS의 피지털 지점

출처: DBS

력의 일환으로, DBS는 홍콩에 50명 이상의 데이터 사이언티스트로 구성된 팀을 운영하고 있으며, 이 팀은 고객 커뮤니케이션을 위해 사람과 구별되지 않을 정도로 자연스럽고 맥락적인 대화가 가능한 100만 건이 넘는 초개인화된 표현을 생성한 것으로 알려져 있다.

인공지능을 활용한 서비스 혁신에도 박차를 가하고 있는 DBS는 머신러닝 기반의 지능형 뱅킹Intelligent Banking 서비스를 선도적으로 구축하며, 서비스 범위를 지속적으로 확대해 고객 경험 혁신을 주도하고 있다. 자

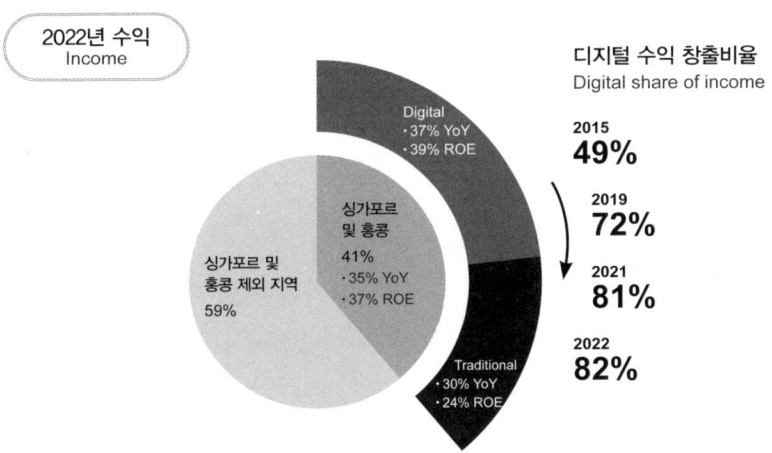

2022년 DBS의 싱가포르 및 홍콩 지역 디지털 뱅킹 실적

- → DBS는 싱가포르와 홍콩 지역의 리테일 및 기업 부문 디지털 뱅킹 실적에서 상당한 진전을 기록
- → 리테일 및 기업 뱅킹 실적에 힘입어 **싱가포르 및 홍콩 지역은 그룹 전체 수익의 41%를 기여** (전년도 35% 대비 6%p 증가)
- → 2022년 **싱가포르 및 홍콩 지역의 디지털 고객 비중은 60%를 기록**(7년간 27% 포인트 증가)함으로써 2017년 설정한 목표치를 달성
- → 디지털 고객은 기존 고객보다 평균 2배 이상 은행 수익창출에 기여
- → 싱가포르 및 홍콩 지역의 **디지털 고객이 해당 지역의 수익 창출에 기여하는 비율은** 7년간 33%포인트 증가하여 2022년 82%를 기록
- → 2022년 그룹의 전체 ROE는 37%, **디지털 부문은 39%**, 비디지털 부문은 24%를 기록

출처: DBS, Annual Report 2022, 저자 재구성

체 개발한 머신러닝 시스템을 통해 15,000개 이상의 데이터 포인트에서 수집된 데이터를 100여 개의 알고리즘으로 분석하고, 이를 기반으로 매월 3천만 건 이상의 고도화된 개인 맞춤형 정보를 제공함으로써 고객의 효율적인 금융 의사결정을 지원하고 있다. 2022년 11월 기준, 싱가포르에서만 350만 명 이상의 고객이 이 서비스를 이용하고 있다.

DBS는 아시아에서 디지털 뱅킹 서비스를 선도하는 가장 성공적인 금융기관 중 하나로 자리 잡고 있다. 고객 여정을 중심으로 프로세스 개선, 인간 중심 디자인, 데이터 및 인공지능의 적극적인 활용을 통해 새로운 차원의 디지털 뱅킹을 구현하고 있다. 이러한 디지털 혁신은 미래를 향한 강력한 비전을 반영하며, 국경을 넘나드는 지능적이고 직관적인 차세대 디지털 뱅킹 솔루션을 제공하기 위해 전사적으로 박차를 가하고 있다.

DBS는 고객의 요구와 경험을 최우선으로 고려하는 고객 중심 사고를 바탕으로 급변하는 금융 환경에 과감히 대응하며 새로운 기회를 선점해왔다. 이러한 성과는 경영진의 강력한 리더십과 끊임없는 혁신 정신이 뒷받침한 결과다. DBS의 성공은 디지털 DNA가 부족하고 핀테크 기업 대비 기술 대응 속도가 느리다고 평가받는 전통 금융기관조차도 과감한 디지털 혁신으로 경쟁력을 확보할 수 있음을 입증했다. 앞으로도 DBS는 강력한 고객 중심 사고, 탄탄한 브랜드 파워와 아시아 시장에서의 확고한 입지를 바탕으로 글로벌 은행 산업에서 리더십을 확고히 할 것으로 보인다. 또한, 지속적인 디지털 혁신을 통해 금융시장의 패러다임을 주도하고 새로운 기술과 서비스 모델을 통해 글로벌 고객층을 확대하면서 디지털 뱅킹 분야에서 독보적인 선도 기업으로 자리매김할 것으로 전망된다.

"핵심을 철저히 디지털화하고, 고객 여정에 적극적으로 참여하며, 스타트업 문화로 경영하는 우리의 전략은 DBS를 기술 분야에서 무시할 수 없는 강력한 존재로 탈바꿈시켰다." DBS 그룹의 최고 정보 책임자Chief Information Officer, CIO이자 기술 및 운영 부문 책임자Head of Technology & Operations인 지미 잉Jimmy Ng의 이 발언은 디지털 전환을 최우선 과제로 삼고 있는 다수의 금융기관에 새로운 관점을 제시하며, 금융업계의 디지털 혁신에 대한 깊이 있는 통찰을 제공한다.

이더리움(Ethereum)

2009년, 사토시 나카모토Satoshi Nakamoto라는 가명을 사용한 개발자가 비트코인Bitcoin을 오픈소스 소프트웨어로 공개하면서 비트코인과 그 핵심기술인 블록체인이 세상에 등장했다. 비트코인은 P2P 네트워크Peer-to-peer Network(인터넷에 연결된 다수의 개별 사용자가 중개기관 없이 직접 데이터를 주고받는 구조), 암호화 기술Cryptography, 합의 알고리즘(블록체인 참여자들이 일관된 의사결정을 내리기 위해 사용하는 메커니즘)을 활용해 구현된 최초의 디지털 화폐다.

비트코인과 블록체인 기술은 그 혁신성에도 불구하고, 낮은 거래 처리율과 제한된 응용성 및 확장성으로 인해 기술적 파급력이 제한적이었다. 이러한 이유로 비트코인은 주로 디지털 통화나 결제 용도로 사용되었다. 그러나 블록체인이 단순한 화폐의 기능을 넘어 다양한 분야에 적용될 수 있다고 믿었던 비탈릭 부테린Vitalik Buterin에 의해 블록체인은 큰 전환점을 맞는다. 그가 이끄는 이더리움Ethereum 프로젝트는 블록체인 기술을 단순한 화폐 수단을 넘어 다양한 분야에 적용 가능한 범용 플랫폼으로 확장시키며, 블록체인 시대의 본격적인 개막을 알렸다.

　비탈릭 부테린은 1994년 러시아에서 태어난 러시아계 캐나다인으로, 20세에 이더리움을 창시할 만큼 수학과 프로그래밍에 뛰어난 재능을 지닌 인물로 알려져 있다. 그의 블록체인에 대한 관심은 재미있고 독특한 경험에서 비롯되었다. 2007년부터 2010년까지 부테린은 세계적인 게임 제작사 블리자드Blizzard의 '월드 오브 워크래프트World of Warcraft' 게임을

비트코인 관련 주요 마일스톤

- 비트코인 및 블록체인 백서가 사토시 나카모토에 의해 공개
- 2009년 1월 1일, 첫 비트코인 채굴
- 비트코인 환율 설정
- 1만 비트코인(2021년 기준 약 4,500억 원)으로 피자값을 지불한 첫 실물거래 발생
- 국제은행간통신협정(SWIFT)의 연례 금융행사인 시보스 컨퍼런스에서 블록체인 논의 및 블록체인 관련 R&D 활동 가속화
- 블록체인이 검증된 분산형 원장저장기술이라는 인식 확대
- 핀테크·금융기관 관심 증가
- 블록체인 기술의 상용화 가속 및 비트코인 활황장(Bull Markets) 진입
- 비트코인 가격이 폭락하여 3천달러 기록
- 비트코인 가격이 약 2만 달러를 기록하여 첫 전고점 기록
- 비트코인 가격이 약 7만 달러를 기록. 신고점을 경신
- 글로벌 금융긴축 등의 영향으로 3만 달러대 횡보 중

2008 2009 2010 2012 2013 2014 2015 2016 2017 2019 2021 2022

출처: 삼정KPMG 경제연구원(2022), 'Web 3.0의 핵심기술, 블록체인'

즐겼다. 그러나 한 번의 업데이트로 그가 가장 아끼던 게임 캐릭터의 기능이 변경되었고, 이 사건은 그가 중앙 집중형 시스템(정보와 권한이 특정 기관에 집중된 시스템)의 단점과 문제점을 깊이 인식하게 되는 계기가 되었다고 한다. 부테린은 이 사건이 향후 분산형 시스템 개발을 결심하는 데 큰 영향을 미쳤다고 회고한 바 있다.

2011년, 그는 아버지를 통해 비트코인을 처음 접했고, 비트코인이 지향하는 탈중앙화의 가치에 큰 매력을 느꼈다. 비탈릭 부테린은 비트코인이 화폐 거래 기록뿐만 아니라 추가적인 정보와 프로세스를 기록할 수 있는 가능성에 주목했다. 그는 블록체인의 처리 속도와 블록 용량 등 여러 측면을 개선하고, 스마트 계약Smart Contract, 튜링 완전성, 플랫폼 응용성 등의 기능을 추가하여 탈중앙화 애플리케이션Decentralized Application, DApp(이하 디앱)을 개발 및 실행할 수 있는 블록체인 플랫폼인 이더리움을 개발했다.

블록체인, 가치 저장·전달 기능만의 한계를 벗어던지다

비트코인은 블록체인에 '과거 발생했던 거래'만 기록(가치의 저장과 전달에만 국한)하지만…

이더리움은 스마트계약 기능을 통해 블록체인에 코딩대로 특정 조건이 충족된다면 '앞으로 일어날 거래'가 실행되도록 블록체인에 '신뢰'라는 새로운 가치를 구현

출처: 삼정KPMG 경제연구원(2022), 'Web 3.0의 핵심기술, 블록체인'

비트코인이 블록체인 기술을 기반으로 투명하고 안전한 결제 기능을 제공하는 데 주로 국한되었던 반면, 이더리움은 블록체인 플랫폼으로서 스마트 계약 기능을 통해 자동화된 거래를 지원하고, 다양한 탈중앙화 애플리케이션의 개발 및 실행을 가능하게 함으로써 블록체인 생태계의 형성을 위한 기반을 마련했다. 이러한 점이 비트코인과의 가장 큰 차이점이라 할 수 있다. 이처럼 진화된 블록체인 플랫폼인 이더리움의 등장은 블록체인 시대의 본격적인 서막을 열었다.

이더리움의 스마트 계약은 제3의 기관 없이 계약 당사자인 개인들 간의 합의 내용을 프로그래밍하여 디지털 전자계약서를 생성할 수 있는 기능을 제공한다. 계약 충족 조건, 기간, 금액 등을 미리 코드로 정의해 두어, 해당 조건이 충족되면 자동으로 계약이 실행될 수 있도록 설계되어 있다. 이 과정에서는 중개자의 개입이나 지원이 필요하지 않아 수수료

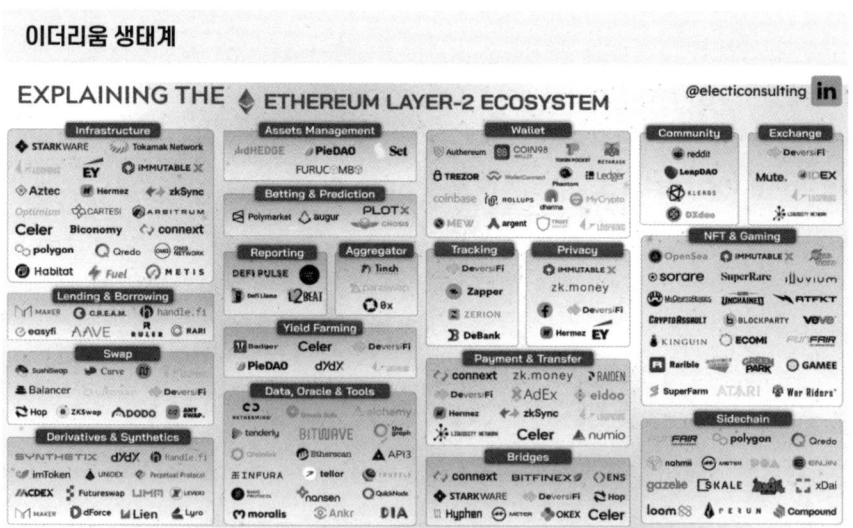

| 출처: Electi Consulting(2022), 'Ethereum Layer-2 Ecosystem'

지급이 불필요하며, 사전에 정의된 알고리즘이 코드에 따라 정확하게 계약을 실행하기 때문에 중개자나 제3자가 없는 상황에서도 거래의 신뢰성이 보장된다. 이처럼 이더리움에 호스팅되는 사전 정의된 자동화 계약인 스마트 계약의 개발은 탈중앙화 생태계의 본격적인 활성화를 촉진하는 중요한 계기가 되었다.

이더리움 생태계는 크게 세 가지로 구분할 수 있다. 첫째, 탈중앙화 금융Decentralized Finance, DeFi인 디파이다. 디파이는 이더리움 생태계에서 가장 활발히 성장하는 분야로, 다양한 금융서비스를 포괄한다. 주요 서비스에는 디지털자산을 거래하는 탈중앙화 거래소Decentralized Exchange, DEX, 디지털자산을 담보로 제공하는 대출 서비스, 기존 은행의 예금 기능을 수행하는 스테이킹Staking, 전통적 현물시장의 파생상품과 유사한 예측시장Prediction Market, 스마트 계약을 통해 보험금 청구와 정산 과정을 자동화한 보험 서비스Insurance Market 등이 포함된다.

2022년 5월 기준, 이더리움의 총 예치금은 716.7억 달러를 기록했다. 이는 디파이 기반 블록체인 총 예치금의 63.8%에 해당하는 비중으로, 디파이 블록체인 플랫폼 중 가장 높은 비중을 기록하고 있다. 이러한 수치는 디파이 시장에서의 이더리움이 지배적인 위치를 확고히 하고 있음을 보여준다. 이더리움의 디파이 생태계는 금융서비스의 접근성과 투명성을 높이며, 중개자 없이 사용자 간의 직접적인 거래를 가능하게 함으로써, 전통적인 금융에 새로운 패러다임을 제시하고 사용자들에게 보다 투명하고 신뢰할 수 있는 금융 환경을 제공하고 있다.

두 번째는 디파이를 제외한 탈중앙화 애플리케이션Decentralized Application, DApp이다. 디앱은 주로 콘텐츠 배포, 음악 스트리밍, 게임과 같은 다양한 유틸리티 서비스를 지원하며, 사용자에게 디지털자산으로 보상을 제공함으로써 참여와 기여를 유도한다. 이는 사용자들이 단순히 소비자가 아니라 생태계 확장에 기여하는 주체로 작동하게 만든다.

중앙화된 애플리케이션이 특정 서비스 제공에만 집중하고 소유권 및 수익이 주로 해당 기업에 귀속되는 것과 달리, 디앱은 보상 메커니즘을 통해 사용자 간 직접적인 가치 교환이 가능하며, 플랫폼의 성장과 발전이 사용자들에 의해 자율적으로 이루어진다. 이러한 특징 덕분에 디앱은 기존의 애플리케이션과 비교해 더 높은 참여도와 지속가능한 생태계 구축이 가능하다.

세 번째로, 대체불가토큰Non-Fungible Token, NFT을 들 수 있다. NFT는 고유한 인식값을 부여해 디지털자산에 대한 소유권을 증명하는 토큰으로, 블록체인 기술을 통해 소유권의 불변성과 거래의 투명성을 보장한다. 이더리움은 NFT의 발행과 거래가 가장 활발하게 이루어지는 핵심 플랫폼으로, 이더리움 내 NFT 거래량은 2021년 기준 약 136억 달러에 달해 전체 NFT 시장 거래량의 약 78%를 차지했다. NFT는 단순한 디지털자산의 소유권을 넘어서, 향후 디지털 경제와 다양한 산업 분야에서의 응용 가능성을 확대하며 그 영향력을 넓혀가고 있다.

NFT는 예술품, 디지털 수집품, 게임 아이템, 메타버스Metaverse 자산 등 다양한 분야에서 활용되고 있으며, 유틸리티 측면에서도 각광받고 있다. 예술가들은 NFT를 통해 디지털 작품의 소유권을 명확히 하고, 경매나 판매를 통해 직접적인 수익을 창출할 수 있게 되었다. 게임 업계에서는 NFT가 캐릭터, 장비, 아이템 등의 디지털자산의 소유권을 제공해 사용자들이 실제 소유권을 갖고 거래할 수 있는 시장을 열었다. 메타버스에서는 가상 부동산이나 디지털 아바타 등 다양한 형태의 자산 소유권을 보장하며 사용자 참여를 강화하고 있다.

이더리움은 블록체인 생태계의 발전에 있어 핵심적인 역할을 수행해 왔다. 이더리움의 가장 큰 의의는 스마트 계약과 탈중앙화 애플리케이션 DApp 지원을 통해 블록체인의 활용 범위를 결제나 단순 거래를 넘어 확장했다는 점에 있다. 이를 통해 디파이를 비롯하여 예술, 게임, 소셜 미디어, 메타버스 등 다양한 산업 분야에서 혁신적인 응용 사례가 등장할 수 있는 기반을 마련했다. 이더리움의 등장과 발전은 블록체인 기술을 한 단계 높은 수준으로 발전시키는 계기가 되었으며, 생태계 참여자들에게 더 많은 가능성과 기회를 제공해왔다.

이더리움의 미래는 기술적 업그레이드의 성공 여부와 밀접하게 관련되어 있다. 현재 이더리움 커뮤니티는 확장성, 효율성 등의 문제를 해결하기 위해 지속적인 개선을 추진 중이다. 이더리움 2.0으로 알려진 기술적 업그레이드는 작업 증명Proof of Work에서 지분 증명Proof of Stake으로의 전환, 샤딩Sharding(탈중앙화 데이터베이스 상 데이터를 여러 개의 샤드(Shard)로 나누어 관리함으로써 트랜잭션 처리 속도와 확장성 문제를 해결하는 것을 의미) 도입 등을 포함하여 네트워크의 거래 처리 속도와 확장성을 크게 향상시키고, 에너지 효율성을 높이는 것을 목표로 하고 있다. 2023년 5월 기준, 이더리움 네트워크는 초당 약 29건의 거래를 처리할 수 있지만, 장기적으로는 초당 10만 건의 거래를 처리할 수 있는 성능을 달성하는 것을 목표로 하고 있다. 이러한 개선이 성공적으로 이루어진다면, 이더리움은 블록체인 산업에서 그 입지를 더욱 강화하고 다양한 분야의 기술적 요구를 충족할 수 있을 것으로 기대된다.

[참고] 이더리움 재단

이더리움 재단(Ethereum Foundation)은 이더리움의 창시자 비탈릭 부테린이 2014년에 설립한 비영리 조직으로, 블록체인 기술을 기반으로 탈중앙화 애플리케이션(Decentralized Application, DApp)을 구축할 수 있는 플랫폼인 이더리움의 개발을 지원한다. 재단은 이더리움 개발자 팀과 커뮤니티와 긴밀히 협력하며, 이더리움의 탈중앙화 비전과 지속적인 발전을 추진하는 데 주력하고 있다.

이더리움 재단은 이더리움의 개발 및 재정적 지원을 담당하며, 이더리움의 비전을 실현하기 위해 자원을 할당한다. 2022년 연례 보고서에서 재단은 자신들을 단순한 기술 기업이나 전형적인 비영리 조직이 아닌, 이더리움 생태계의 비전을 실현하는 촉진자로 설명했다. 재단은 이더리움에 대한 소유권이나 통제권을 주장하지 않지만, 이더리움의 발전을 위한 전략적 자원 배분의 책임을 맡고 있다. 이더리움 재단은 이더리움 생태계뿐만 아니라, 디지털자산 생태계 전반에 걸쳐 다른 알트코인(비트코인 외 다른 코인들을 의미, Alternative Coins)에도 중요한 영향을 미치는 핵심조직으로 평가된다.

2014년 7월부터 8월까지, 초기 이더리움 팀은 프로젝트에 필요한 추가 자금을 조달하기 위해 초기코인공개(ICO)를 시행하기로 결정했으며, 투자자들에게 비트코인 1개당 2,000 이더(이더는 이더리움 네트워크에서 사용되는 디지털자산이나 플랫폼인 이더리움과 명칭이 혼용되어 사용됨, Ether)를 제공하는 조건을 제시했다. 당시, 미국 내 디지털 토큰 판매는 무면허 증권 판매(Unlicensed Security Sale)와 같은 법적 문제와 규제 불확실성이 컸기 때문에, 팀은 스위스에 기업을 설립해 ICO를 진행하기로 결정했다. 이에 따라 2014년 2월, 비탈릭 부테린과 개빈 우드(Gavin Wood) 등 이더리움 팀은 스위스 추크(ZUG)에서 이더리움 스위스(Ethereum Switzerland Ltd.)를 설립했다.

이후, 법적 문제와 과세 리스크를 최소화하기 위해 이더리움 재단이 2014년 여름에 설립되었고, 재단 명의로 ICO가 진행되었다. 이 ICO는 큰 성공을 거두어 42일 만에 1,800만 달러 상당의 비트코인을 조달했다. 2018년 이후, 이더리움 스위스는 청산되었고 이더리움 재단이 주로 이더리움의 재정을 담당하게 되었다. 이더리움 재단은 3명의 이사회에 의해 운영된다. 아야 미야구치(Aya Miyaguchi)와 패트릭 스토치네거(Patrick Storchenegger)가 이사로 활동하고 있으며, 재단 내 가장 영향력 있는 핵심 인물인 창시자 비탈릭 부테린은 재단 이사로서 재단 이사회에서 활발하게 활동하고 있다.

| 출처: Ethereum Foundation

향후 이더리움은 블록체인 기술의 중심에 있는 대표적인 플랫폼으로서 역할을 계속할 가능성이 크다. 기술적 업그레이드가 성공적으로 실행되고 생태계의 안정적이고 지속적인 발전이 이루어진다면, 이더리움은 새로운 디지털 경제의 기반을 형성하고, 다른 블록체인 플랫폼과의 경쟁에서도 우위를 점할 것으로 보인다. 이를 통해 다양한 산업에서의 디지털 전환을 가속화하고 블록체인 기술의 표준으로 자리매김하며, 글로벌 기술 생태계의 핵심 축이 될 전망이다.

핑안보험(Ping An Insurance) PING AN

금융업계에서 핀테크나 빅테크 기업이 아닌, 전통적인 금융기관이 '기술적 파괴자Tech Disruptor'의 역할을 수행하는 경우는 극히 드물다. 그러나 예외는 존재한다. 그 대표적인 사례가 바로 중국의 핑안보험Ping An Insurance Company of China, Ltd.,(이하 핑안)이다. 핑안은 2022년 기준 포춘 글로벌 500 리스트에서 25위(글로벌 금융기관 중 4위), 포춘 차이나 500 리스트에서 4위, 포브스 글로벌 2000 리스트에서 17위를 기록했으며, 2023년 5월 기준 시가총액 기준으로 전 세계에서 두 번째로 높은 보험사로 자리하고 있다.

불과 몇 년 전까지만 해도 생명보험, 재산보험, 상해보험 등을 주력으로 판매하던 핑안은 이제 보험 산업을 넘어선 글로벌 첨단기술기업으로 성장했다. 핑안은 AI, 블록체인, 클라우드 등 다양한 기술 분야에서 세계 최정상급 기술력을 보유하고 있으며, 기술 부문의 계열사뿐만 아니라 금융의 경계를 초월한 B2B 기반의 기술 생태계도 구축하고 있다. 현재 핑안은 애플Apple, 아마존Amazon, 메타Meta와 같은 거대 기술기업과 견줄 만한 기술적 역량과 시장 지위를 확보하고 있다.

핑안의 설립자이자 회장인 마밍저Ma Mingzhe는 1988년 3월 중국 선전에서 핑안을 설립했다. 설립 이후 그는 사장, 이사, 회장, 최고경영자 등의 역할을 맡으며 회사 운영과 경영을 총괄했다. '핑안'을 의미하는 사명인 핑안은 고객에게 건강과 안녕을 상징하는 명확한 메시지를 전달하

기 위해 채택되었다. 13명의 직원으로 시작된 핑안은 2022년 12월 기준으로 36.2만 명의 직원을 보유하며 세계 최대 금융서비스 그룹 중 하나로 성장했다. 또한, 핑안은 2억 2천 7백만 명 이상의 리테일 고객과 6억 9천 3백만 명 이상의 온라인 고객에게 다양한 금융서비스를 제공하고 있다.

1994년, 핑안은 중국 금융기관 중 최초로 외국인 투자를 허용했고, 이때 모건 스탠리Morgan Stanley와 골드만 삭스Goldman Sachs가 첫 투자자로 참여했다. 이후 1995년 증권시장에 진출했으며, 2003년 복건아시아은행 Fujian Asia Bank 인수, 2006년 선전상업은행Shenzhen Commercial Bank 인수를 통해 종합금융그룹으로 성장했다. 또한, 2012년에는 자산 관리 플랫폼 루팍스Lufax를 설립하며 사업 포트폴리오를 다각화했다.

마밍저는 인터넷이 물리적 공간과 시간의 제약 없이 언제 어디서나 활

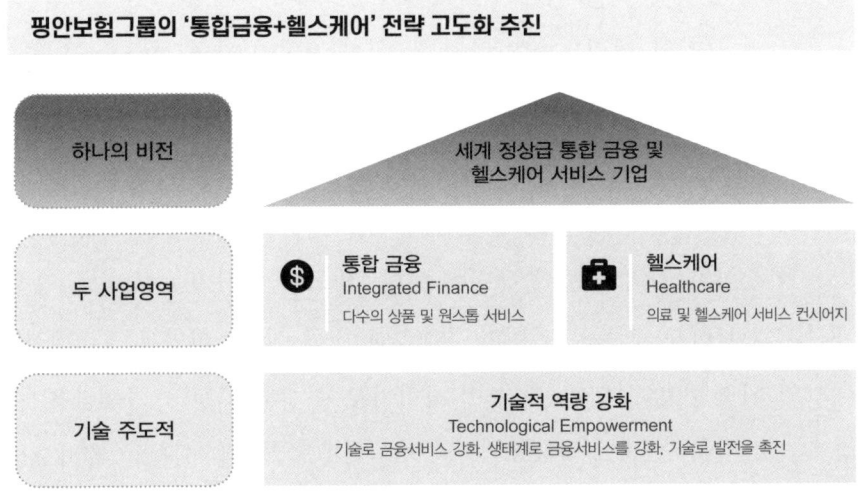

핑안보험그룹의 '통합금융+헬스케어' 전략 고도화 추진

출처: Ping An Insurance(2022), Annual Results Report

용될 수 있다는 가능성에 주목했다. 그는 인터넷이 전통적인 금융서비스와 사람들의 생활에 미칠 거대한 파급력과 변화를 인식하고 이를 기회로 삼기 시작했다. 2013년, 그는 핑안이 클라우드 컴퓨팅에 적극 투자하도록 주도하며, 자체 클라우드 인프라 구축에 집중했다. 당시 클라우드 기술은 시장에서 큰 주목을 받지 못했으나, 핑안은 이를 통해 고급 데이터 분석Advanced Data Analytics을 개발할 수 있었고, 이는 핑안이 기술 중심 기업으로 전환하는 중요한 전환점이 되었다.

핑안은 철저히 생태계 관점에서 사업을 운영하는 것으로 잘 알려져 있다. 핑안은 '기술로 금융과 생태계를 성장시키고, 생태계로 금융에 힘을 더한다'는 의미를 담은 '금융+기술Finance+Technology'과 '금융+생태계Finance+Ecosystem' 두 가지 전략을 지속적으로 유지해왔다. 이러한 전략의 중심에는 높은 기술력 확보가 자리하고 있으며, 이를 위해 핑안은 매년 총수익의 1%, 순수익의 약 10%를 연구 개발에 투자해왔다. 2008년 이후 R&D에 약 70억 달러를 투자했으며, 앞으로 10년 동안 총 150억 달러를 추가 투자할 계획으로 알려져 있어, 선도적인 기술 역량을 구축하기 위해 지속적으로 R&D에 힘쓰고 있다.

세계 최고 수준의 기술력과 R&D에 대한 투자는 현재의 핑안을 구축한 그룹의 초석이며, 이는 그룹의 금융 비즈니스를 강화하고 생태계 개발을 가속화하는 데 널리 활용되어 왔다. 핑안은 핵심기술 개발과 지적 재산권 확보에도 집중하고 있다. 2022년 12월 기준, 핑안은 30,000명 이상의 기술 개발자와 3,900명의 과학자로 구성된 최상급 기술팀을 보유하고 있으며, 그룹의 총 특허 출원 수는 46,077건에 이른다. 특히 AI, 핀테크 및 디지털 헬스케어 분야에서의 특허 출원 수에서는 세계 1위를

핑안보험그룹 주요 기술 현황

기술 인프라	• 30,000명 이상의 기술 개발자 및 3,900명의 과학자로 구성된 정상급 기술팀 보유
	• 2022년 말 기준 그룹의 특허 출원은 한 해 동안 7,657개 증가하여 총 46,077개에 달함
	  – 발명 관련 특허가 전체 특허의 95% 차지
	  – 9,325건의 특허가 국제특허협약(Patent Cooperation Treaty) 및 해외를 통해 이루어짐
	• AI, 핀테크, 디지털 헬스케어 관련 특허건수는 전 세계 1위를 기록

인공지능	• 핑안의 핵심기술 중 하나로 예측 AI, 인지 AI, 의사결정 AI 등 일련의 솔루션으로 구성 • 예측 AI : 특히 질병 예측 모델에 특화되어 있으며, 인플루엔자 등 다양한 질병 예측에 활용 • 인지 AI : 안면인식, 성문 인식, OCR, 이미지 인식 등의 기술은 이미 상용화 • 의사결정 AI : AI 플랫폼 핑안브레인(Ping An Brain)의 지능형 엔진은 딥러닝, 데이터 마이닝, 생체인식 등 첨단 AI 기술을 통합하여 운영, 마케팅, 리스크 관리, 의사결정, 서비스, 예측 관련 6가지 서비스 통합 모듈 제공
클라우드 컴퓨팅	• 핑안이 자체 개발한 핑안 클라우드(Ping An Cloud)는 핑안 계열사의 95%를 지원하고 있으며, 비즈니스/IT 시스템의 경우 80%를 지원 • 금융, 의료, 자동차, 부동산, 스마트시티 등 5대 생태계에 심층 서비스를 제공 • 종합 클라우드 플랫폼으로 전 산업을 대상으로 서비스형 인프라스트럭처(Infrastructure as a Service), 서비스형 플랫폼(Platform as a Service), 서비스형 소프트웨어(Software as a Service) 등 풀스택(Full stack)의 클라우드 서비스를 제공

출처: Ping An Insurance(2022), Annual Results Report

기록하고 있다.

  핑안은 세계 최고 수준의 기술력을 금융의 전 영역에 활용하여 금융 경쟁력을 지속적으로 강화해왔다. 2022년 기준, 핑안의 AI는 연체대출의 49%를 회수하는 성과를 거두었으며, AI가 제공한 서비스는 전년 대비 26% 증가하여 26억 회에 달했다. AI 서비스로 실현한 2022년 판매액은 전년 대비 25% 증가한 3,444억 위안으로, 전체 판매액의 48.5%(전년 대비 19.2%p 증가)에 해당하는 규모다. 핑안손해보험의 경우, 주요 문서 처리에 광학 문자 인식Optical Character Recognition, OCR 기술을 적용해 보험

증권 발행, 청구 자료 수집, 손실 평가 등의 업무에서 264만 시간의 절감 효과를 달성하기도 했다.

핑안의 기술력은 핵심 사업의 경쟁력, 사업 효율성, 고객 경험 및 리스크 관리 강화를 위한 강력한 수단으로 자리 잡고 있으며, 핑안이 인큐베이팅한 기술 계열사들은 금융, 헬스케어, 자동차, 부동산, 스마트시티 등 5개 주요 산업에 걸쳐 맞춤형 솔루션을 제공하며 업계의 생태계를 선도하고 있다.

핑안은 새로운 고객 유치보다는 보유한 각 생태계의 고객들이 서로 다른 5개 생태계 내로 이동하여 신규 고객이 되는 고객 마이그레이션 Customer Migration과 생태계 내 교차판매Cross-Selling에 전략적 초점을 맞추고 있다. 금융 부문의 신규 리테일 고객 중 30%가 핑안의 헬스케어 생태

핑안그룹의 AI 관련 실적

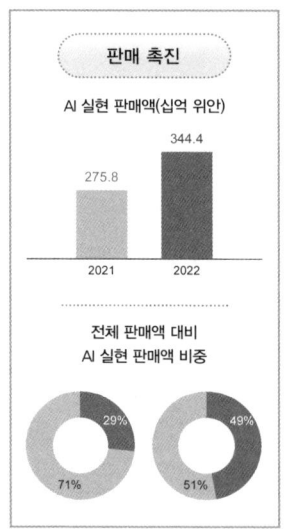
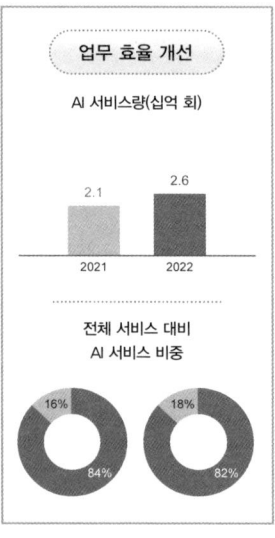
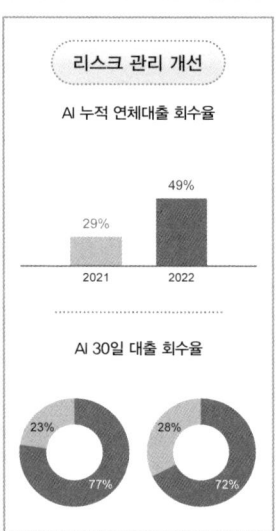

출처: Ping An Insurance(2022), Annual Results Report

계를 통해 유입되고 있으며, 2022년 기준 그룹 내 여러 계열사와 다수의 계약을 체결한 리테일 고객 비율은 전체 리테일 고객의 39.8%에 해당하는 약 9,020만 명에 이른다. 그룹 전반에서 타 생태계로부터 유입된 신규 고객 수는 2021년 약 3,100만 명, 2022년 약 3,000만 명에 이르렀으며, 이는 전체 신규 고객의 각각 37%와 35%를 차지한다. 이는 그룹 전체 신규 고객의 약 36%가 내부 생태계에서 유입되어 교차판매 매출을 창출하고 있음을 의미한다.

이러한 고객 마이그레이션과 생태계 내 교차판매 전략은 특정 생태계에서 파악된 고객 니즈를 그룹 내 다른 생태계로 확장해 실질적인 실적 향상으로 이어질 뿐만 아니라, 신규 고객 유치 비용과 고객 이탈률을 효과적으로 줄여 그룹 전체의 수익 창출 효율성이 극대화되는 결과로 이어

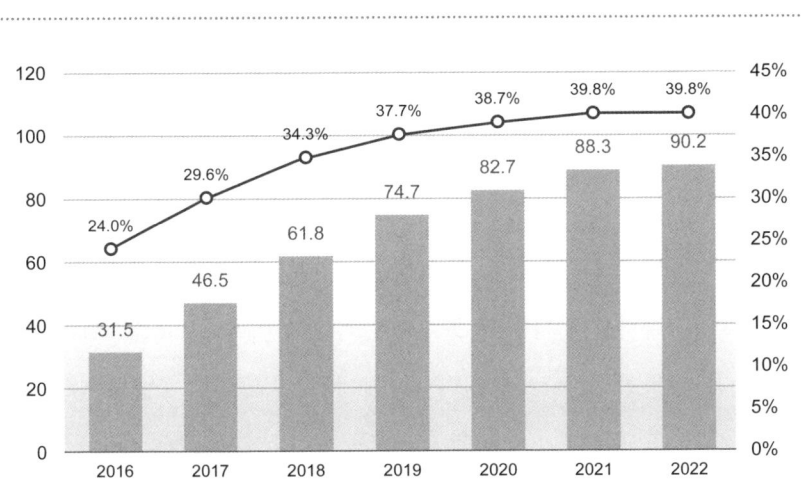

핑안그룹의 여러 계열사와 다수의 계약을 체결한 리테일 고객 추이

출처: Ping An Insurance(2022), Annual Results Report

진다. 이처럼 핑안은 생태계 간 연계를 강화하며 강력한 교차판매 전략을 통해 고객 유입과 매출 증대를 동시에 실현하며, 시너지를 극대화하고 있다.

핑안은 광범위한 고객 접점을 통해 수집된 데이터를 심층 분석하고, 이를 통해 도출된 인사이트를 기반으로 타 생태계의 상품 및 서비스를 고객에게 제안하여 마이그레이션을 촉진한다. 이러한 전략을 뒷받침하기 위해 핑안의 총 고객 서비스의 82%는 AI가 담당하고 있다. 핑안에 따르면, 핑안 생명보험Ping An Life에서 시작된 고객 마이그레이션이 타 생태계 부문의 교차판매로 이어지며 발생한 보험료 수익은 핑안손해보험Ping An P&C의 경우, 전체 수입보험료의 13%, 핑안연금보험Ping An Annuity은 38%, 핑안건강보험Ping An Health Insurance은 69%를 차지하고 있다.

핑안은 축적된 기술 및 데이터 역량을 바탕으로, 데이터 애널리틱스, 클라우드, 안면 인식 등의 B2B 금융 솔루션을 제공하는 기술 플랫폼 사업을 통해 기존 밸류체인을 확장했다. 인하우스 솔루션으로 시작된 원커넥트OneConnect Financial Technology는 금융 부문에서 다양한 비즈니스 솔루션을 제공하는 세계 최대 규모의 서비스형 기술Technology-as-a-service 제공 플랫폼으로 발전했다.

핑안은 시장 기회를 포착하고 사업의 우선순위를 정하면, 스타트업 초기 단계에서 정기적으로 외부 투자자를 유치하는 전략을 사용했다. 이는 원커넥트와 같은 신규 사업이 초기에는 수익성이 낮고 리스크로 인한 부담이 크기 때문인 것으로 보인다. 원커넥트는 2018년 2월 시리즈 A 첫 대규모 자금 조달에서 소프트뱅크SoftBank의 비전펀드Vision Fund로부터 6억 5천만 달러의 투자를 유치했으며, 2019년 뉴욕 증권거래소에 상장되

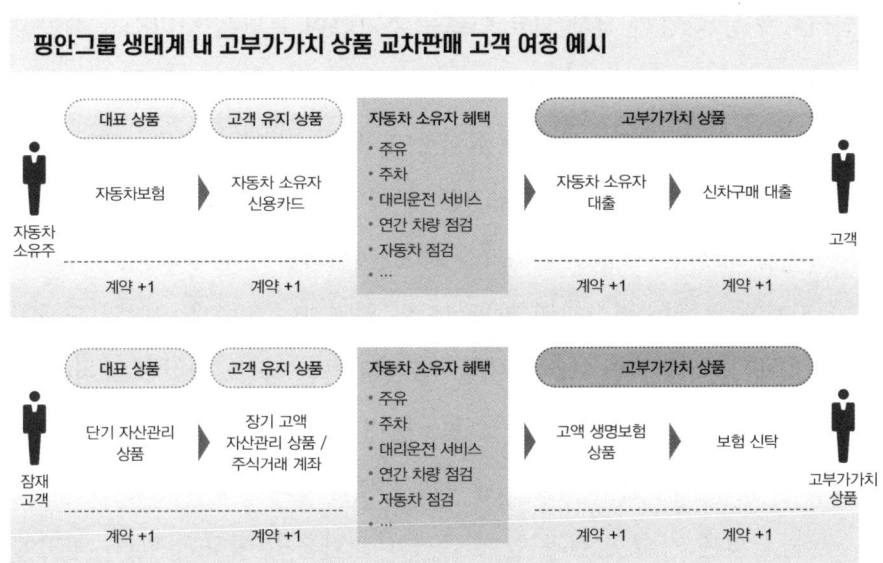

출처: Source: Ping An Insurance

었다. 2020년 기준 중국 내 상업은행의 99%와 보험사의 53%를 포함한 주요 금융기관에 다양한 B2B 서비스를 제공하고 있다.

핑안 굿닥터Ping An Good Doctor(이전 Ping An Healthcare and Technology)는 전문적이고 포괄적인 고품질의 원스톱 헬스케어 서비스를 온라인으로 제공하는 원격 의료 플랫폼이다. 이 플랫폼은 모바일을 통해 온라인 상담, 병원 진료 및 예약, 건강 관리, 웰니스Wellness 서비스를 지원하며, 소비자와 의료진을 연결하는 중개 역할도 수행한다. 2022년 6월 말 기준, 사용자 수는 4억 4천만 명을 넘어섰으며, 누적 상담 건수는 13억 건에 달한다.

핑안 굿닥터는 약 4.9만 명의 내·외부 의료진을 포함한 20개 분야의 전문가 팀을 보유하고 있으며, 여기에 피트니스 트레이너, 영양사, 상담 심리학자 등 다양한 전문 의료 인력을 추가하여 폭넓은 서비스를 제공하고 있다. 3,000개 이상의 병원(그중 85%는 상급종합병원) 및 20.8만 개의 약국(중국 전체의 35%에 해당)과 협력하며, 10만 개 이상의 헬스케어 서비스 제공업체와 파트너십을 통해 150개 이상의 도시에서 1시간 내, 80개 도시에서 24시간 연중무휴 의약품 배달 서비스를 실현하고 있다. 또한, 1,800개에 달하는 건강검진 파트너사와 협력하여 320개 이상의 도시에서 749개 고객사에 헬스케어 서비스를 제공하는 등 그 영향력을 지속 확대하고 있다. 특히, 2020년 코로나19 팬데믹 상황에서 핑안 굿닥터는 미화 10억 달러 이상의 수익을 창출하며 강력한 성과를 기록했다.

금융산업은 기술 발전과 함께 급격한 변화를 맞이하고 있다. 과거에는 금융서비스가 복잡하고 이해하기 어려웠으나, 기술의 진보로 금융서

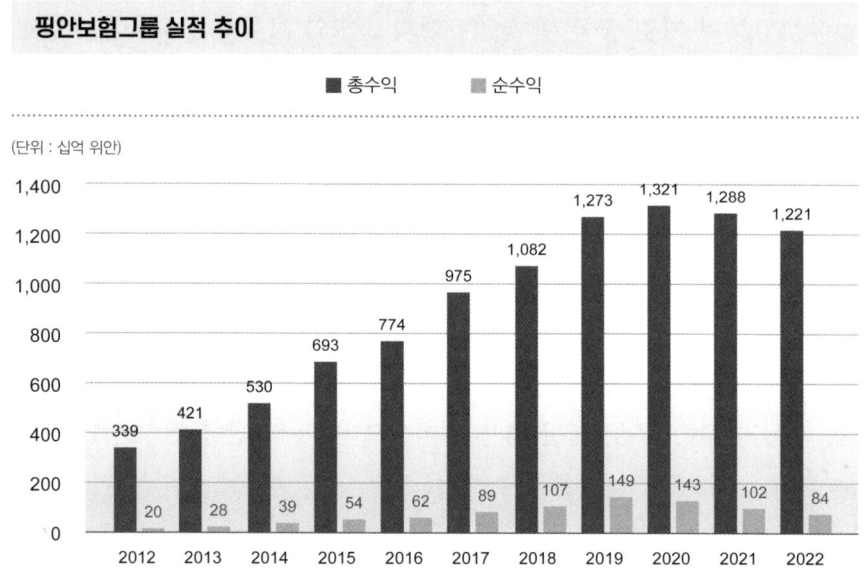

출처: Ping An Insurance, Annual Results Report
* 총수익은 Total Revenue, 순수익은 Net profit attributable to shareholders of the parent company 기준

비스는 더욱 간편하고 직관적으로 제공되고 있다. 이와 함께 기술의 발전은 금융산업의 진입장벽을 낮추며 경쟁을 한층 더 치열하게 만들고 있다. 금융기관의 경쟁력이 전통적인 금융 역량에서 기술, 디지털, 데이터 역량으로 점차 중심축이 이동함에 따라 금융산업의 경쟁 구도가 급격히 변화하고 있음을 부정하기 어렵다. 우수한 기술, 디지털 및 데이터 역량을 갖춘 금융기관은 변화하는 금융 환경과 고객의 소비 행태에 맞춰 지속적으로 새로운 상품과 서비스를 개발하고, 고객에게 차별화된 서비스를 제공할 수 있을 것이다. 반면, 이러한 역량이 부족한 금융기관은 변화에 대한 대응력이 점차 약화되어 경쟁에서 뒤처지고 도태하게 될 것이다.

핑안은 미래 금융산업의 변화 방향성을 선제적으로 예측하며, 생존과 성장을 위해 필수적인 요소가 정상급 기술력과 고객을 락인Lock-in할 수 있는 다양한 생태계의 보유 및 강화라는 결론을 내렸다. 이에 따라 핑안은 기술 개발과 더불어 비금융 및 금융서비스를 통합하는 디지털 전환을 통해 고객 경험을 개선하고, 새로운 사업 기회와 성장 동력을 창출하는 데 성공했다. 이러한 전략을 통해 핑안은 전통적인 보험사 중에서도 시대의 흐름을 읽고, 자사 철학을 기반으로 미래 비즈니스 모델을 성공적으로 구현하고 있는 거의 유일한 보험사라 할 수 있다.

고객과의 상호작용을 어떻게 강화하고, 고객 데이터를 어떻게 확보하고, 어떻게 데이터 분석의 질을 높일 수 있는지, 생존을 위해 디지털 전환 과정에서 갖추어야 할 것은 무엇인지 등 비슷한 환경 변화를 겪고 있는 보험사에게 핑안은 디지털 전환과 관련하여 어떠한 방향성을 가지고 나아가야 하는지를 잘 보여준다. 특히, 디지털 전환이 타 산업에 비해 뒤처지고, 중개인, 설계사, 대리인에 의존해 고객과의 상호작용 기회가 제한적이며, 상품 가입 후 거래 빈도가 낮은 비즈니스 모델을 가진 국내 보험사들에게 핑안의 사례는 많은 것을 시사한다.

> **POINT**
>
> ☑ 디지털 금융은 금융산업의 미래를 이끌어가는 핵심요소이며, 디지털 금융 비즈니스 모델의 진화는 기존 금융서비스의 편의성, 효율성 등을 획기적으로 개선하며 금융산업의 패러다임을 바꾸고 있다.

미래 금융 지도

초판 1쇄 발행 2025년 5월 27일

지은이 곽호경
펴낸이 서재필

펴낸곳 마인드빌딩
출판신고 2018년 1월 11일 제395-2018-000009호
이메일 mindbuilders@naver.com

ISBN 979-11-92886-86-2 (03320)

*책값은 뒤표지에 있습니다.
*잘못된 책은 구입하신 곳에서 바꿔드립니다.

> 마인드빌딩에서는 여러분의 투고 원고를 기다리고 있습니다. 출판하고 싶은 원고가 있는 분은 mindbuilders@naver.com으로 기획 의도와 간단한 개요를 연락처와 함께 보내주시기 바랍니다.